民國文化與文學_{研究文叢}

四編　南京大學特輯

李怡　沈衛威　主編

第 6 冊

論二十世紀二、三十年代南京文學生態

張　勇　著

國家圖書館出版品預行編目資料

論二十世紀二、三十年代南京文學生態／張勇 著 -- 初版 -- 新
北市：花木蘭文化出版社，2014〔民 103〕
目 2+230 面；19×26 公分
（民國文化與文學研究文叢 四編；第 6 冊）
ISBN 978-986-322-800-4（精裝）
1.中國文學　2.文學評論
541.26208　　　　　　　　　　　　　　　　103012901

ISBN-978-986-322-800-4

9 789863 228004

民國文化與文學研究文叢
四 編 第 六 冊　　　　　ISBN：978-986-322-800-4

論二十世紀二、三十年代南京文學生態

作　　者　張勇
主　　編　李怡　沈衛威
企　　劃　四川大學現代中國文化與文學研究中心
　　　　　北京師範大學民國歷史文化與文學研究中心
總 編 輯　杜潔祥
印　　刷　普羅文化出版廣告事業
出　　版　花木蘭文化出版社
發 行 人　高小娟
聯絡地址　235 新北市中和區中安街七二號十三樓
　　　　　電話：02-2923-1455／傳真：02-2923-1452
網　　址　http://www.huamulan.tw 信箱 hml810518@gmail.com
初　　版　2014 年 9 月
定　　價　四編 12 冊（精裝）新台幣 20,000 元

論二十世紀二、三十年代南京文學生態

張　勇　著

作者簡介

張勇（1979～），山西靈石人。2007 年畢業於南京大學中文系，獲文學博士學位，現爲東南大學藝術學院博士後，南京信息工程大學中文系副教授，主要從事民國文學及思潮研究。

提　　要

「文學南京」不僅指文學作品中呈現的南京這座城市的風貌，更是一種深入寬泛的文學努力：試圖溝通時間與空間、物質文化與精神文化、歷史地理與文學想像，重建對二十世紀二三十年代的南京的歷史想像，加深對這一時期的南京的日常生活形態、文人社團組織、文學的生產與知識的傳播。全書由緒論、民國時期南京的文化保守主義傳統、民國時期南京的文學社團與傳媒、和「文學南京」的獨特性四個部分組成。

全書首先從保守與激進的思想衝突中全面認識民國時期南京文學的狀況。民國時期南京教育的發展與變革推動了新文化理念的傳播，從而形成了民國時期南京文學新舊並存、不斷交鋒的面貌。

其次從傳統與現代的互補中賞析民國時期文學作品中的南京。在舊文學作品中南京呈現出十朝古都特有的滄桑感，新文學陣營雖然對南京的自然風物進行了類似的讚美，對南京的城市建築、現代衛生設備和南京人的國民意識卻抱怨多多。而通俗文學中對南京民間風俗人情進行了更爲細緻的觀察和描述。

整體看來，南京作爲民國時期的政治、教育、文化中心，文學形態多元化，新舊文化理念並存，兼具傳統文學美感和現代文學意識。

目

次

緒　論

　　20 世紀 80 年代以來，中西方掀起了城市文學研究的熱潮，這表明學者們試圖超越「現代民族國家」的局限，尋找歷史和文學更爲生動具體的對象。中外學者以本民族當代或歷史上的城市文學或文學中的城市爲研究對象，探討城市與文學的相互關係。Richard Lehan 在《文學中的城市》一書裏（Richard Lehan: *The City in Literature: An Intellectual and Cultural Histroy*, University of California Press, 1998）明確提出「文學中的城市」這一概念，認爲歐美城市不同發展階段文學的表現方式，「對高度發展和機構複雜的城市的逃避和拒斥，構成了現代主義（印象主義、唯美主義、象徵主義）的源泉。現代主義轉而表現城市壓力的主觀印象和內心現實。」〔註1〕在「文學中的城市」研究中，西方學者慣於聯繫作者的城市生活經驗與文學文本中經過創作而構成的生活圖景進行分析，在個人的城市經驗轉化爲文本的過程中，作者的獨特想像不可或缺。

　　以中國城市爲研究對象的論著，早期從地域文化角度分類論述，90 年代後往往以都市文化爲著眼點，運用想像性城市敘述理論來進行評析。如美籍華裔學者張英進的《中國現代文學和電影中的城市：空間、時間和性別的結構》（Yingjing Zhang, *The city in Modern Chinese Literature and Film: Configurations of Space, Time, and Gender*, Stanford: Stanford UP, 1996）。趙稀方的《小說香港》（生活・讀書・新知三聯書店 2003 年）著重探索文學與城市之間互動關係，將香港的文學文本敘述分爲三類：英國人的殖民敘述、大陸的國族敘述以及香港

〔註 1〕 參見季劍青：《體例與方法——讀〈文學中的城市〉》，陳平原主編《現代中國》
　　　　第 5 輯，湖北教育出版社，2004 年版，第 227 頁。

—1—

人的香港敘述。黎湘萍的《文學臺灣——臺灣知識者的文學敘事與理論想像》
（人民文學出版社，2003）以知識者的視角，採取個案研究方式，梳理和探
討了臺灣文學史上的若干重大問題。王德威的《如此繁華》（上海書店出版社，
2006）則以北京、上海、香港、臺北四座城市的歷史脈絡、城市與作家的緊
密互動爲主題，描述了文學中的都市背後所隱含的豐富想像。近年來國內城
市文學的研究集中在香港、臺北、北京和上海這四大城市〔註2〕，尤以上海和
北京爲熱點，已出版的專著如趙園的《北京：城與人》（上海人民出版社，
1991），著力於給「文學中的北京」定位，認爲北京是文人的精神故鄉。該書
集中分析「京味」風格的文學作品，保留著城市文學形態研究的痕蹟。吳福
輝的《都市漩流中的海派小說》（湖南教育出版社，1995）是區域文化叢書中
的一種，試圖描述上海洋場中的海派文學特徵，上海作爲文學產生的背景而
存在，並沒有深入探討城市與文學之間的互動。許道明的《海派文學論》（復
旦大學出版社，1999）和李今的《海派小說與現代都市文化》（安徽教育出
版社，2000）則開始重視上海的都市文學的獨特性。自李歐梵的《上海摩登
——一種新都市文化在中國 1930～1945》（北京大學出版社，2001）出版後，
我們看到了更加豐富的文學城市的形象，既包括物質城市的變遷，又重視文
學對城市變革的反映，以及文學自身伴隨城市發展歷程的不斷演進。這本書
運用了本尼迪克特·安德森關於「想像的共同體」的觀念，引入「文化研究」
和「新文化史」的方法，在「文化想像」的基礎上建構了上海的特殊形態。
李歐梵認定上海三四十年代的都市性正是中國國家現代性的一種，借用哈貝
馬斯「公共空間」理論，對於印刷文化、媒介文化的生產、消費、傳播以及
再生產進行描述，並特別以刊物、電影、流行生活爲主要表現領域，敘述城
市對現代性的共同心理認同，從而剖析出上海城市現代性的特質。吳福輝先
生近來的研究，如論文《小報世界中的日常上海》、《老中國土地上的新興神
話》也帶有類似特徵。葉中強的《從想像到現場：都市文化的社會生態研究》
（學林出版社，2005）將上海的文學視爲被政治化、格式化的文學，是市民
文化的展現。陳惠芬的《想像上海的 N 種方法——20 世紀 90 年代「文學上海」
與城市文化身份建構》（上海人民出版社，2006）從 90 年代對於「文學上海」
的四種想像模式入手，闡述上海城市文化身份的內涵，將文學中的上海與文
化意義中的上海結合起來。陳平原最早有意識地以想像性理論研究北京文

〔註 2〕參見羅崗：《想像城市的方法》，江蘇人民出版社，2006 年版，第 84 頁。

學。2005 年 10 月，北京大學二十世紀中國文化研究中心、中文系與哥倫比亞大學東亞語言文化繫聯合主辦「北京：都市想像與文化記憶」國際研討會，會議論文結集爲《北京：都市想像與文化記憶》（北京大學出版社，2005）。陳平原以「文學中的城市」爲切入點，「談論中國的『都市文學』，學界一般傾向於從 20 世紀說起，可假如著眼點是『文學中的都市』，則又當別論。」談到「文學中的北京」這一概念時，陳平原用「想像」一詞去表述。在《「五方雜處」說北京》一文中，陳平原說：「略微瞭解北京作爲都市研究的各個側面，最後還是希望落實在『歷史記憶』與『文學想像』上。……因此，閱讀歷代關於北京的詩文，乃是借文學想像建構都市歷史的一種有效手段。」〔註 3〕這表明文學與城市的關係，不僅包括經驗，還應包括思潮、文體、傳播與受眾閱讀等等因素。城市的歷史與形態和城市文學文本之間便構成了非對應的極其複雜的關係，這種關係表現在對城市的不同表述中。從「文學中的城市」與「城市想像」角度研究北京與北京文學、上海及上海文學時，我們發現作爲現代都市人，我們往往更注意當下城市所呈現的狀態，忽略城市歷史。梳理城市與文學的關係，就是將歷史內涵與當下狀態結合起來分析，從而給文學一個完整的背景，爲城市作一個完美的敘述。從文學的角度來探討城市認同，能夠給城市的文化認同和身份建構拓展出新的空間；而從城市文化身份建構的角度來研究文學，也是文學發展、創新的新契機。在想像城市的文本敘述中，南京似乎是被文學遺忘的角落，以南京及南京文學爲研究對象的論著至今還未看到。

　　南京是江南重要而特殊的城市。江南是清末城市化程度最高的區域之一，擁有一個完整的城市發展體系，許多原本只有百戶人家的小市鎮發展爲擁有超過百萬居民的大城市，如上海、蘇州等。南京則不屬此列，作爲六朝古都，早在王朝國家時期南京就因其重要的地理位置而發展成爲具有戰略意義的城市，正如朱偰所說：「其地居全國東南，當長江下游，北控中原，南制閩粵，西扼巴蜀，東臨吳越；居長江流域之沃野，控沿海七省之腰脊；所謂『龍蟠虎踞』，『負山帶江』是也。論者每謂金陵形勢，偏於東南，都其地者，往往謂南北對峙之局，不足以控制全國，統一宇內。故三山駐師，終鼎足割據之勢。五馬渡江，開南朝偏安之局。實則金陵一隅，實中國民族思想之策

〔註 3〕陳平原：《作爲文學想像的北京——「五方雜處」說北京之五》，《北京觀察》
　　　　2004 年第 5 期。

源地。金陵之於中國，……雖未必盡爲全國中心，然有事之秋，登高一呼，天下響應。」〔註4〕在中國文化自古以來東移南遷的歷史過程中，南京作出了不可磨滅的貢獻，從南朝文學理論的創建到唐詩的黃金時代，南京都參與其中。「中國很少有地方在文學掌故的深度上能超過南京。」〔註5〕明朝，南京作爲初期都城，一方面進行了大規模的城市建設，形成了攻守兼備的城市形態；另一方面以集權中心的形式加強了自身的政治色彩，聚集了大量文化精英，使南京成爲多職能的城市：行政中心、經濟中心、軍事要地。明代中晚期南京成爲全國的文學中心。現當代文學中對於南京的描述偏向於城市文化、城市建築和城市歷史，缺乏對於南京文學的整體描述和「文學中的南京」的總結，沒有構建出完整的「文學南京」。我們現在所能見到的關於南京城市文化、文學的文集和選集有：《南京史話》（蔣贊初，南京出版社，1995），《老南京》（葉兆言，江蘇美術出版社，1998），《老南京寫照》（王娟、張遇主編，安徽文藝出版社，1999），《江城子——名人筆下的老南京》（丁帆選編，北京出版社，1999），《斜陽舊影》（莊錫華，文化藝術出版社，1999），《家住六朝煙水間——南京》（薛冰，上海古籍出版社，2000），《黃裳說南京》（黃裳，四川文藝出版社，2001），《金陵十記》（楊心佛，古吳軒出版社，2003），《江蘇舊影往事：杏花煙雨》（王曉華，山西人民出版社，2005），《民國南京 1927～1949》（秦風主編，文匯出版社2005年），《風生白下——南京人文筆記》（諸榮會，南京師範大學出版社 2005 年），《舊時燕——一座城市的傳奇》（程章燦，鳳凰出版社 2006 年）等。此外還有以現代南京城市文化爲著眼點的文集，如《城市批評·南京卷》（王幹主編，文化藝術出版社，2002），《讀城記》（易中天，上海文藝出版社，2006）等。這些資料一部分是90 年代以來懷舊風潮的產物，一部分是傳統南京文獻的重新整理。通過它們，我們大略可知民國時期的南京城市風貌，尤其是南京的傳統風俗、歷史遺蹟和文化特質，但民國時期南京的文學沒有得到完整展示和系統整理，其獨特屬性和文學價值尚有待進一步認識。

民國時期南京作爲國民政府的首都，以政治中心的地位聚集了眾多文化精英，形成文學上的繁榮局面。在文學與城市的關係中，「並不是所有的城市都能夠備受文學家關注而形成一整套與之相關的文學話語。必須是那些具有

〔註 4〕朱偰：《自序》，載《金陵古迹圖考》，中華書局，2006 年版，第 1 頁。
〔註 5〕牟復禮：《元末明初時期南京的變遷》，載施堅雅主編《中華帝國晚期的城市》，時光庭等譯，中華書局，2002 年版，第 138 頁。

政治文化意義的城市抓住了作家和人們的注意力，變成了文學中的形象，甚至深化。文學對他們的神話和話語化不斷賦予實體城市以豐富的象徵意義和文化內涵。」〔註6〕對於因政治軍事因素建城並一直佔據重要政治地位的南京來說，政治文化意義促使南京成為古今文學中的主題，「嘗以為中國古都，歷史悠久，古蹟眾多，文物制度，照耀千古者，長安、洛陽而外，厥推金陵。北京雖為遼、金以來帝王之都，然史蹟不過千年，非若金陵建都之遠在南北朝以前也。他若汴京、臨安，一開都於五代，繼於北宋；一肇建於吳越，偏安於南宋，其為時較短，而歷史遺蹟，亦不若長安、洛陽、金陵、北京之眾。而此四都之中，文學之昌盛，人物之俊彥，山川之靈秀，氣象之宏偉，以及與民族患難相共、休戚相關之密切，尤為金陵為最。」〔註7〕

　　20 世紀 20 年代初，南京的文學籠罩在文化保守主義傳統之下，以古典文學為基礎，試圖融合傳統文學與西方文學的精粹，形成藝術價值較高的文學作品，駁斥新文學中浮泛虛誇的成分，樹立與新文化陣營截然不同的溫厚廣博的文學規範。這一時期南京文學的主要社團和成員以大學校園為活動場所，新舊文學陣營共同進行文學活動。北伐戰爭以後，中國的政治文化中心南移，1927 年 4 月國民黨定都南京後，南京文學分化為三個部分：一部分弘揚文化保守主義傳統，不斷加強傳統文化的傳播和研究；一部分不完全贊同國民政府的政治主張，形成評論干預時事的公共領域；另一部分則將文學視為政治的宣傳工具，作品在題材選擇上具有強烈政治傾向，還隱含著政治權力運作機制及政治行為，廣泛涉及到不同的黨群利益和個人的政治意圖。

　　南京的悠久歷史促使其形成文化保守主義傳統。中國文化保守主義思潮是中西文化交融過程中，力圖維護中國文化主體地位的一種社會思潮。南京的文化保守主義傳統是在中西文化都出現了嚴重危機的背景下活躍起來的。它一方面在維護傳統的基礎上反省傳統，一方面在批判西方的前提下學習西方，主張以中國傳統文化為主體、為本位，融彙調和西方文化，重建中華民族的文化系統。這種傳統帶有強烈的民族主義色彩，「國粹派」、南社、國學研究會和「學衡派」都致力於恢復儒家學說在中國現代文化體系中的地位，體現在文學創作上則是對於傳統文學觀念和文學形式的繼承與發展。在文化保守主義思潮中，中國文化傳統與西方文化保守主義理念交融並進，形成了

〔註6〕陳曉蘭：《文學中的巴黎與上海：以左拉和茅盾為例》，廣西師範大學出版社，2006 年版，第 4 頁。
〔註7〕朱偰：《自序》，載《金陵古迹圖考》，中華書局，2006 年版，第 1 頁。

不成體系卻有共同指向的文化觀念。余英時曾指出：「事實上，20世紀中國思想史上幾乎找不到一個嚴格意義的『保守主義者』，因爲沒有人建立一種理論，主張保守中國傳統不變，並拒絕一切東西方的影響。從所謂中體西用論、中國文化本位論，到全盤西化論、馬列主義，基本取向都是『變』，所不同的僅在『變』多少，怎樣『變』以及『變』的速度而已。因此接近全變、速變、暴變一端的是所謂『激進派』，而接近漸變、緩變一端的則成了『保守派』。」〔註8〕這大致描摹出了中國文化保守主義者的思想心理趨向。「學衡派」是南京文化保守主義陣營中的重要團體，其成員構成比「國粹派」等團體複雜，既有傳統文化的忠實衛士，如柳詒徵等；也有留學歐美、以中學爲基礎博采西方文化精粹的學者，如吳宓、梅光迪等。他們不滿意新文化、新文學運動的理論主張和實踐，從西方引進了「新人文主義」與之抗衡。

近代體制下，大學與媒體是文化發展的兩個重要方面，也是孵化文學的兩個重要場域。隨著科學技術的發展、工業革命的深入和民主政治的推行，社會發展迅速，舊知識體系遠遠落後於現代社會的發展。促進知識體系更新「唯一可托的是大學。大學必須給思想家、科學家、發明家、教師和學生提供庇護並促進他們的發展，使他們免於現實俗務的紛擾，探索社會生活中的各種現象並努力理解其眞諦。」〔註9〕中國傳統的「政教合一」的理念導致學統、道統與政統在理論上一致起來，即教育與社會道德標準、官方政治哲學合而爲一。辛亥革命以後知識分子紛紛進入大學，他們不僅擔負著傳承中國傳統文化、吸納西方先進文明的重任，在爭取「學術獨立」的基礎上還致力於現代文化觀念的傳播。南京的大學作爲民國時期備受偏愛的首都高等學府，教授及學生也往往以「學術權力」對抗「政治權力」，東南大學——中央大學的數次驅趕校長風潮，集中體現了知識與權力之間的對立。南京的公立大學、私立大學不僅在政治選擇上與政府保持距離，在文學取向上與主流文化也不盡相同。通過大學這個相對獨立的領域，他們集結同人、組成社團、出版刊物、發表言論，在現代傳媒技術的支持下，弘揚自身的文學主張。1927年國民政府建都南京後，對思想文化領域的控制加劇，對進步文人進行迫害，南京的大學文人社團由於缺乏經費和不堪政府壓制逐漸消解。國家作爲政治

〔註8〕余英時：《錢穆與新儒家》，載《錢穆與中國文化》，上海遠東圖書館，1994年版，第38頁。

〔註9〕Flexner, Abraham. *Universitie: American, English, German*.轉引自劉寶存：《大學理念的傳統與變革》，教育科學出版社，2004年版，第46頁。

實體利用自身的壟斷性的力量遏制一切具有離心傾向的力量，設法把它們加以分化、重構乃至消滅；同時國家還通過主流媒體的灌輸傳播建立起一個封閉的話語體系，並通過動員整個社會捍衛這個話語體系的合法性，通過對這個話語體系內部異己力量的排斥鬥爭，通過教育體制對這個話語體系的加強和再生產，不斷加固自己的中央集權的壟斷地位。在國家的強大控制力量下，大學雖是現代文明的傳播地，也不免因政治的侵入而淪為官方控制下的教育機構，「學術獨立、教育獨立」的口號從民國初年提出，卻一直沒能實現。

　　現代傳媒打破了封建正統文化的壟斷地位，推動了現代文化的普及，突破了傳統精英文化獨霸的局面，使大眾文化得以進入主流並形成獨立於官方之外的傳媒話語權，改變了文化傳播的形式，擴大了受眾群體和社會層面，在一定程度上普及了接受傳播的權力，拓展了人們的認知空間，促成了新的價值系統的形成；同時也為社會變革確立了有效的社會價值評判，改變了民眾的集體行為方式，吸引了廣大民眾對先進勢力倡導的變革運動給予關注並產生反響，形成文化集團對社會的制衡力量。二十世紀二三十年代南京的大學校園文化影響下出版的刊物為傳媒先進性的代表。無論《學衡》還是《國風》都突破了新文學陣營建立的文學範式，在文化保守主義理念的指導下創立了新舊結合的文學形態。這些刊物不是國民政府的宣傳工具，以相對獨立的姿態發揮自身的文化影響。二三十年代大眾傳媒中既有極力保持獨立品格，尊重事實的政府異見群體；也有依附於政治勢力之上為虎作倀，充當主流政治文化的傳聲筒，協助當權者散佈流言、攻擊進步團體、麻醉迷惑群眾的媒體。這一時期南京文學內部的鬥爭是代表著保守政治集團和新興政治勢力各自利益的文學家之間的鬥爭，鬥爭的前提在於主流文化是雙方共同默認的基本準則。這種默認乃是文學家生存的必要條件，也是當權政治集團為文學制定的基本規範。在前現代社會，文學被主流文化所控制，被改造為可利用的文化資本，誘使政治集團之外的文人自願與政治力量合謀。這一現象集中體現在 30 年代的南京右翼文學團體中，團體成員多數為國民黨黨員，在政府中有固定職務，文學是他們用來闡發或攻擊其他政治集團的工具，文學團體也就是他們與其他政治勢力爭奪文學話語權以傳達自身政治意願的媒介。為了與左翼文學陣營相抗衡，國民黨大力創建「三民主義文學」，發起民族主義文藝運動，組織「開展文藝社」、「矛盾社」，國民黨右翼黨派社團如「中國文藝社」、「流露社」等，試圖建立與政治方略相適應的文化統治。民族主義

文學及右翼黨派文學社團及媒體文學理念僵化，文學創作實績缺乏，不符合時代潮流，對文學並沒有構成深刻影響，充其量是 30 年代文壇上蒼白空洞的話語。

以「文學南京」為題，一方面是由於二十世紀二三十年代的南京是當時的政治文化中心，既沒有發展成如上海現代意義上的都市，也擺脫了傳統社會中如北京以政治職能為主的首都形象。南京文學展現出獨特的風貌：既不同於「京派」的精英化、官氣，也不同於「海派」的商業化、世俗氣；另一方面則由於南京文化是多種地域文化的融合體，既有江淮文化的大氣，又有吳越文化的溫婉。南京強大的文化包容力，促使南京文學形態多元化，新舊文化理念並存，成為南北文化之間的過渡。雖然民國時期政治分裂，首都南京的政治影響力局限在長江中下游，其發展完全依賴於政治地位，以致於被稱為是「一個沒有靈魂的城池」〔註 10〕。但作為文化中心的南京，既有傳統文化的輝煌印記，又中和了新文化的積極開拓，從「昔日荒涼的古城」逐漸演變為「日漸繁華的都市」〔註 11〕。這既是繼承傳統文化精髓的過程，也是吸納西方文明的過程，是理性對待中西文化的過程。南京的文學不是「京派」那種建立在封建帝都基礎上，與官方密切相連，帶有精英文化色彩的文學形態，也不是「海派」那樣帶有殖民色彩的現代都市中發展出來的世俗的商業文學。南京文學兼具二者長處，而無二者的極端，既在文化保守主義傳統的籠罩下堅持了文學自身獨立的品格，如二三十年代的傳統文學創作和研究；又因首都的政治中心地位而出現右翼黨派文學；既有適應市場要求的文學調整，如南京的各類型媒體以讀者的愛好為報刊編輯指向；又不流俗、不趨世，不放棄文學獨立價值，當讀者的審美取向與編者的文學觀完全不同時，他們捨市場效益而存文學理念，如《學衡》為了宣傳自身的學術理念寧可慘淡維持。「文學南京」不僅是對南京的文學風貌的描述，也是對南京這座城市歷史、傳統文化的綜合記述，是對民國時期都市文學研究的重要補充。文中的時間範圍為二十世紀二三十年代，實際起止時間應為 1920 年～1937 年。自 1920 年起南京文學開始出現新舊並存、不斷論爭的局面，教育從傳統書院發展為現代大學，知識分子在高校和媒體中的活動，彰顯出南京文化保守主義傳統

〔註10〕袁昌英：《再遊新都的感想》，載丁帆選編《江城子——名人筆下的南京》，北京出版社，1999 年版，第 93 頁。

〔註11〕方令孺：《南京的骨董迷》，載丁帆選編《江城子——名人筆下的南京》，北京出版社，1999 年版，第 248 頁。

的特質。1937 年 12 月 13 日南京淪陷於日寇，政治中心轉移，文化力量向西部及海外分散。在日偽政府統治下，大學與傳媒仍協助統治者麻痺群眾，但這種單一形態和目的的文學是淪陷區具有的殖民地文學，與南京文學的獨特性質無關，也與南京文學的歷史和發展關聯不大，因此不在本書研究範圍內。

第一章　民國時期南京文化
保守主義傳統

　　保守主義是近代以來的重要社會思潮，激進主義者常將保守主義與傳統主義相混淆，認為它違背社會發展規律，阻礙時代進步。實質上「根據曼海姆最初的解釋，保守主義是作為一種思考『人與社會』的方法出現的，它重視某些被理性化毀壞了的精神的和物質的利益，但又通過一個有效性標準為新近才政治化和理性化的世界提供了實踐的方向，因此，它顯然和它的對手一樣也屬於新時代。」〔註1〕保守主義傾向於在文化的延續性中適應新時代。「傳統主義行為大多只是反應性行為，而保守主義行為則是具有意義取向的行為，它總是以包含著不同時期、不同歷史階段、總是變化不居的不同客觀內容的意義復合體為取向。」〔註2〕在西方，保守主義和它的對立面激進主義是同時並存的，而在中國文化保守主義思潮則早在中國文化激進主義出現之前就存在了，它既是延續中國傳統文化命脈、挽救傳統文化危機的策略，也是對傳入中國的西方文明的抵制和改造。這種思潮有利於傳統文化的傳承和民族精神的延續，避免了「全盤西化」或狹隘民族主義導致的全盤否定西方文化的兩種極端趨勢。正如湯一介先生所說：「文化上的保守主義並非一味守舊，而是要維護傳統，並在此基礎上繼往開來。」〔註3〕

〔註 1〕 〔德〕卡爾‧曼海姆：《保守主義》，李朝暉，牟建君譯，譯林出版社，2002年版，第 3 頁。

〔註 2〕 同上書，第 60 頁。

〔註 3〕 湯一介：《論轉型時期的中國文化發展》，載湖北大學中國思想文化史研究所主編《中國文化的現代轉型》，湖北教育出版社，1995 年版，第 11 頁。

　　在中國，眞正具有現代意義的保守主義思潮形成於 20 世紀初。最早具有近代意義的文化保守主義思潮應以辛亥革命時期的國粹主義爲代表。新文化運動期間，「國故派」、「學衡派」、「東方文化派」等紛紛聚集於文化保守主義旗下，爲維護民族文化傳統和反對「西化」提出了種種主張，並在哲學、文學、史學、教育等領域展開了一系列相關的學術活動。「在清朝最後十年中，『國粹』運動在社會各領域產生並發展，它是與革命緊密聯繫在一起的，目的在於維繫漢族（相對於滿族而言）的文化。章太炎把探尋國粹運動引導至學習和宣揚清朝以前的諸子哲學和魏晉文學及佛教上。」〔註 4〕儒家倫理道德受到新文化陣營的激烈批判和西方文化的全面衝擊，教育制度和選官制度的變遷也使之失去了重新普及的可能民族文化危機出現。「由於文化危機所帶來的迷茫和消沉而失去認同，不僅是一個民族垂危敗落的徵兆，而且孕育著國家危機。」〔註 5〕同時西方第一次世界大戰的爆發使得中國知識界開始思考西方文化是否存在缺失，「近者歐戰發生，自相荼毒，殘酷無比，益證……東方高尚之風化，優美之學識，固自有不可滅者。」〔註 6〕該如何借鑒經驗教訓發展中國文化，「默守舊文化呢，還是將歐洲文化之經過老文章抄一遍再說呢？」〔註 7〕保守主義對此提出了折中的考慮，他們強調文化變動首先應具備歷史延續性，始終傾向以傳統文化爲基礎或主體的近代文化建設路徑，但卻並不像傳統主義一樣在政治上盲目維護傳統社會體制，抱殘守缺，以理性的姿態看待和認同整個社會的近代化趨勢。南京文化保守主義傳統乃是這一時期保守主義理念的一部分，它試圖保留下來的傳統文化不僅是六朝古都往日輝煌的印記，更是在歐風美雨中保留民族精神的努力。無論是國粹派、「學衡派」還是國學保存會，都是趨向現代的文化保守主義群體，但他們對傳統文化的維護具有一定的選擇性，維護的是傳統文化的精髓。他們對於傳統文化不是一味偏袒，而是有所反思和批判，對自己所維護的那部分傳統文化大多依照西方社會科學學說做過新的附會或詮釋，套用馮友蘭的說法：他們是「接著」而非「照著」傳統文化講的，其思想內涵和關注指向都是背離封建意識的建

〔註 4〕〔美〕魏定熙：《北京大學與中國政治文化（1898～1920）》，金安平、張毅譯，北京大學出版社，1998 年版，第 99 頁。

〔註 5〕徐迅：《民族、民族國家和民族主義》，載李世濤主編《知識分子立場：民族主義與轉型期中國的命運》，時代文藝出版社，2000 年版，第 129 頁。

〔註 6〕《發起亞洲古學會之概況》，《時報》，1917 年 3 月 5 日，轉引自姚奠中、董國炎：《章太炎學術年譜》，山西古籍出版社，1996 年版，第 273 頁。

〔註 7〕張君勱：《歐洲文化之危機及中國新文化之趨向》，《東方雜誌》第 19 卷第 3 號。

設性的近代文化建設意向。

　　就文化保守主義思潮演化的過程來看，文化保守主義者對傳統文化的維護，呈現出逐漸減弱的趨勢。「現代中國保守主義主要是『文化的保守主義』，根本上並不是墨守現行之社會政治現狀的『社會政治的保守主義』。許多中國『文化的保守主義者』，多半很清楚那些是該保留下來的文化要素。」〔註8〕「在傳統文化與學術的總結繼承方面，文化保守主義陣營中名家輩出，取得了極爲豐碩的成果，擁有章太炎、劉師培、王國維、陳寅恪、柳詒徵、錢穆等一大批現代國學大師。毫不誇張地說，在民族文化遺產的研究、特別是推進其向現代形態的轉化上，較之現代史上的大部分學術思想流派，文化保守主義顯然做出了更多的實質性努力。儘管他們的探索未必都成功，他們的文化理論和實踐也並不都可取，但對於今日的文化建設，依然是一份有益的啓示和可觀的思想資源。」〔註9〕文化保守主義者的另一文化指向是批判西方文化：他們認爲西方近代文化是「物質文明」，而「精神不文明」，西方人雖然創造了巨大的物質進步，但精神世界痛苦甚深，西方近代文化在其演化過程中弊端叢生，物質生活與精神生活相互分離，物質文明與精神文明沒有得到協調發展。這反映了其保守心態：他們不是爲中華民族向西方學習提供有益的借鑒，而是要說明中國固有文化比西方近代文化優越。例如，國粹派對西方議會制度的弊端進行揭露和批評，認爲與西方的議會制度相比，中國古代的任仕制度要公正優越得多。與其學西方的議會制，還不如「復古」。他們對西方近代文化進行批判的同時，也沒有將西方文化的優勢完全抹煞。熊十力曾說：「吾確信中國文化不可亡，但吾國人努力於文化之發揚，亦必吸收西洋現代文化，以增加新的原素，而有所改造，不可令成一種惰性，是則余之望也。」〔註10〕爲重建以傳統文化爲主體的新文化體系而主張吸收西方文化的一些元素，可以說是中國文化保守主義者的基本共識，是他們區別於頑固守舊分子的重要特徵。賀麟在《儒家思想的新開展》一文中明確表示：「能夠理解西洋文化，自能吸收、轉化、利用、征服西洋文化以形成新的儒家思想，

〔註8〕〔美〕史華慈：《論保守主義》，《中國近代思想人物論——保守主義》，時報文化出事業有限公司，1980年版，第33頁。

〔註9〕胡逢祥：《社會變革與文化傳統：中國近代保守主義思潮研究》，上海人民出版社，2000年版，第20頁。

〔註10〕熊十力：《中國歷史講話》，轉引自李振霞主編《當代中國十哲》，華夏出版社，1991年版，第283頁。

新的民族文化。儒家思想的新開展，不是建築在排斥西洋文化上面，而是建築在徹底把握西洋文化上面。」「欲求儒家思想的新開展，在於融會吸收西洋文化的精華與長處」。﹝註11﹞無論是在維護的基礎上反省傳統，還是在批判的前提下學習西方，其目的都是為中國文化尋找出路。

文化保守主義與近現代民族救亡的時代主題密切相關，得到了廣泛的社會認同，並且在民族矛盾激化的階段如晚清和抗戰期間都發揮了重大作用，但是在推動思想啟蒙運動和社會體制變革方面，卻顯得步履沉重。文化保守主義偏重思想觀念的中西交融，對於當時急需的富國強兵之策，基本上沒有提出建設性意見，不具備現實意義。這種與時代需求若即若離的狀態，使得文化保守主義在中國現代思想史上框定了基本格局。南京的文化保守主義傳統正是兼具合理性和局限性的思想資源，它以傳統文化為基本思路，吸納西方觀念，在民族文化保存和發展方面作出了不可磨滅的貢獻，指示出中國文化相對謹慎的「現代化」進路，是二三十年代南京文學中一以貫之的指導思想。

第一節　南京文化保守主義的傳統底蘊

中國保守主義思潮主要是指近代以來至五四前後，在強烈的民族生存危機刺激下，一部分以承續中國文化精神為使命的現代知識分子，力圖恢復中國傳統文化尤其是儒家傳統的本體和主導地位，重建中國文化的倫理精神象徵，並以此為基礎來吸納、融合西方文化，建構起一種繼往開來、中體西用式的思想文化體系，以謀求中國文化和中國社會現實出路的一種思想文化傾向。在中國新文學發展的歷程中，文化保守主義一直是作為文化激進主義的反對力量而存在的。文化激進主義以十九世紀末引入中國的進化論為哲學基礎，激進主義者創造性地把進化論自然觀運用到社會領域，發動文學改良或文學革命運動。幾乎所有文學保守主義者都反對把生物進化觀念強加於文學，認為文學傳統尤其是中國文學傳統具有永恒的價值，在長久的發展歷程中形成了一套穩固又開放的體系，其內在的精神底蘊滲透到社會的各個層面，不因時代的變化而喪失。他們往往還強調中國古代某個時段的某種文體具有不可企及的風格，是現代文學應該竭力模仿的典範。從哲學基礎看，文

﹝註11﹞ 賀麟：《儒家思想的新開展》，《文化與人生》，商務印書館，1988 年版，第 10 頁。

學保守主義似乎比激進主義有更健全合理的理由，但事實上這一問題牽涉更為複雜的各個方面，諸如對中西文化、文學價值的評估、對文學本質的看法等，對它的評價必須還原到歷史語境中細緻分析。

　　南京的文化保守主義傳統建立在悠久的城市歷史之上，是這座城市從古至今潛在而自覺的思想指向，也是南京豐厚的文化、文學遺產給南京知識分子帶來的自然的文化選擇。二十世紀二三十年代，南京與整個中國一樣，政治、經濟、文化上出現了巨大危機，文化保守主義傳統作為維護社會穩定的力量，從約定俗成的潛規則轉變成與新文化運動主張的文化激進主義傳統相抗衡的思想。這種轉變標誌著文化保守主義傳統優勢地位的喪失，也是民族危機下政治與文化關係的重大變化。南京的文化保守主義觀念首先表現在對傳統文化的固守，如同清末民初士人一樣，他們關於「國粹」、「國故」、「國學」的論說帶有泛政治化的意識形態傾向，具有反清排滿和抗衡西學的某種文化意圖。這既是文化認同和對歷史上早期民族——國家想像的體現，又是為現實的民族——社會尋求文化精神依託的需要。雖然新文化陣營也提出以科學方法「整理國故」，北京大學研究所國學門將「國學」細化為文字學、文學、哲學、史學、考古學。在形式上似乎與文化保守主義有相近之處，從基本的思想取向上看來，二者性質完全不同。胡適首先強調的是學術與政治思想之間沒有關係，「不認中國學術與民族主義有密切的關係」，「若以民族主義或任何主義來研究學術，則必有誇大或忌諱的弊病。我們整理國故，只是研究歷史而已，只是為學術而作功夫，所謂『實事求是』是也，絕無『發揚民族精神』的感情作用。」〔註12〕就這一點來看，南京的文化保守主義傳統始終站在新文學思潮的對立面，並不斷證實政治意識對文化形態、學術研究有深刻影響。其次南京文化保守主義還受到西方保守主義思想，尤其是白璧德「新人文主義」思想的影響，表現在他們對於西學有選擇地吸收利用，希望能夠找到一條能夠促進國家富強、保留傳統文化精粹和西方文化精華的文化建設方案。南京的文化保守主義傳統與民國時期政治的保守主義傾向雖然在表現形式上相近，但本質、指向和宗旨上完全不同。混淆二者的差別，是對文化保守主義理念的曲解，也是對南京文化保守主義傳統獨特價值的抹殺。

〔註12〕胡適：《胡適全集》第 23 卷，安徽教育出版社，2003 年版，第 606 頁。

一、綿延的國粹思潮

中國最早的文化保守主義思潮是 20 世紀初到辛亥革命前興起的「國粹主義」思潮。它是帶有強烈政治色彩的學術文化思潮,其政治主張、文化理念以及學術成就在中國近代政治史、思想史和學術史上都有重大、深遠的影響。甲午戰爭以來,尤其是 1900 年之後,中國的民族危機空前加劇,面對清廷的腐敗和列強瓜分中國的野心,國內民族主義情緒普遍高漲。在探索救國道路的過程中,思想界分化爲兩種傾向:一種是「全盤歐化」的民族虛無主義思潮;另一種則是文化保守主義思潮,知識分子在吸納西方先進文明的同時也注意到西方制度、文化的弊端,考慮如何在學習西方的同時避免重蹈西方的覆轍。他們重新評估傳統文化的價值,倡導向傳統文化復歸。「國粹主義作爲社會思潮的興起,是民族危機的產物,更主要是文化危機的產物,是清末國粹派對民族危機背後的文化危機加以獨特思考的結果。」〔註 13〕20 世紀初倡導「國粹」最力、影響最大的,是以鄧實、黃節、劉師培爲代表的「國學保存會」和以章太炎爲首的日本東京國學講習會。成員多是一些具有深厚傳統學術根基的知識分子,主張從中國的歷史與文化中汲取精華,以增強反清排滿革命的力量;還強調效法西方政治體制必須立足於復興中國固有文化。他們身兼二任:「既是激烈的排滿革命派,又是熱衷於重新整理和研究傳統學術、推動其近代化著名的國學大家。」〔註 14〕國粹思潮始終貫注著強烈的民族主義情緒。他們指出「民族主義如布帛菽麥,不能一日絕於天壤。」〔註 15〕特別是在民族競爭日趨激烈,列強瓜分中國的野心日漸彰顯時,「放眼大陸,虎虎數強國磨牙吮爪,各行其殖民政策、工商業政策,張翼四出,機牙相應,以肆其侵略手段,乃以斬刈弱小、驅逐蠻民自科爲白種之天職,非、澳兩洲數十萬土蠻如風卷敗揮,如雨摧萎花,淒涼零落,其侵略主義復膨脹於吾亞矣。」〔註 16〕在民族危亡的緊急關頭,「再不以民族主義提倡於吾中國,則吾中國乃眞亡矣。」〔註 17〕他們一再強調,19 世紀爲民族主義之時代,20 世紀爲民族帝國主義之時代。

〔註 13〕 陳利權:《清末國粹主義思潮百年再認識》,《浙江學刊》,2005 年第 4 期。
〔註 14〕 鄭師渠:《晚清國粹派:文化思想研究》,北京師範大學出版社,1997 年版,第 8 頁。
〔註 15〕 《嗚呼禹之謨》,《復報》第 7 號,1906 年。
〔註 16〕 鄧實:《論國家主義》,《政藝通報》第 1 號,1903 年。
〔註 17〕 餘一:《民族主義論》,《浙江潮》第 1 期,1903 年。

帝國主義者通過武力強迫政府簽訂不平等條約，運用傳教、築路、辦學等手段，逐漸侵蝕中國國土主權，掌握中國經濟命脈，破壞傳統文化和政治體系。在這種危急情勢下想要保國保種，唯有亟起奮爭，反抗侵略，「非以我國民族主義之雄風盛潮，必不能抗其民族帝國主義之橫風逆潮也。」〔註18〕由於國粹主義強調維護民族文化特性的主張，在中國這個歷來極為重視自己傳統的國家具有相當廣泛的社會文化基礎，使得聚集在「國粹」這一旗幟下的人員非常龐雜，對於許多問題的看法未能完全一致。代表機構「國學保存會」的全部會員至今尚無確切統計。「國學保存會」的會章規定：「入會毋須捐金，惟須以著述，或自撰，或按求古人遺籍，或抄寄近人新著，見贈於本會者，即為會員。」〔註19〕這種提法只是為了標榜他們「不存門戶之見，不涉黨派之私」〔註20〕，事實上該組織對會員資格的認證非常嚴格，具有正式的入會手續，對會員的要求很高。據《國粹學報》第25期所載《會員姓氏錄》可知1906年初其正式會員僅19人。至1907年8月，該會仍稱其會員「不過二十一人。」〔註21〕由此可見國粹派對成員進行了細緻篩選，在這些慎重吸納的成員中各人學養、理念的不同，對民主思想接受的程度也有所不同，因此國粹派從未形成統一、系統的民主思想，「反清排滿」主張有大漢族主義傾向。當時中國知識分子的普遍心態是既不滿於清政府的反動，又不願起而革命，擔心在推翻清廷的同時，也摧毀了自己安身立命的基礎。《國粹學報》上的各種「保教存學」言論十分典型地反映了這種思想動向。國粹派之所以能產生巨大的影響，在很大程度上是迎合了這部分人的社會心理。在他們看來，數千年來中國社會雖屢經變亂，但文化上卻始終一脈相承、從未遇到過強有力的對手，「故自三代以至今日，雖亡國者以十數而天下固未嘗亡也。何也？以其學存也。而今則不然矣，舉世洶洶風靡於外域之所傳習，非第以其持之有故，言之成理也。觀其所以施於用者，富強之效，彰彰如是，而內視吾國萎靡頹朽，不復振起，遂自疑其學為無用，而禮俗政教將一切捨之以從他人。循此以往，吾中國十年後學其復有存者乎？」〔註22〕更有甚者，一些人震於西洋的發達，竟「欲

〔註18〕鄧實：《政治通論外篇・通論四帝國主義》，《政藝叢書》，1902年。
〔註19〕《國學保存會簡章》，《國粹學報》第1期，1905年。
〔註20〕《國粹學報略例》，《國粹學報》第1期，1905年。
〔註21〕《國學保存會報告第12號》，《國粹學報》第32期，1907年。
〔註22〕潘博：《國粹學報序》，《國粹學報》第1期，1905年。

盡舉祖宗相傳以來美麗風華、光明正大之語言文字廢之而不用，一惟東西之言文是依……而庸識知其自國之粹先已蹂躪而國將無與立歟！」〔註 23〕近代以來，西方列強侵略毀滅某些弱小國家，首先採用武力，隨後就是變亂其國學語言從而滅絕其民族種性。強烈的民族文化整體危機感，激發了他們試圖以保存和發揚傳統文化來抵制西方列強的侵略，進而「保國保種」的文化保守意識。

國粹思潮在政治上尚嫌稚嫩粗糙，在學術上貢獻極大。1905 年初「國學保存會」在上海成立，大規模地從事古籍的校勘整理工作，先後編輯出版過《國粹叢書》、《國粹叢編》等著作，開辦國學講習會，發行各種講義和教科書，建立藏書樓，而且舉行一年一次集會、三年一次慶典的活動。這些活動在當時產生了一定的社會影響，使國粹主義成了清末民初很有影響的文化思潮。從學術淵源上說，國粹派承繼清代以戴震為代表的「皖派」樸學的餘緒，是以樸學為基礎、以古文經學為中堅的學術派別，主要代表有揚州學派的劉師培、浙東學派的章太炎和嶺南學派的鄧實、黃節。國粹派大多是生活在江浙、兩廣一帶，在學校或報館任職的中下層知識分子。他們出身於書香門第，從小飽受傳統教育，國學根基深厚，近代西方文明湧入中國後又率先接觸了不少西學書籍，受到近代思想不同程度的影響，在不同程度上都初步形成了以進化論和社會學為根柢的新知識體系。他們對國粹的提倡，既帶有維護傳統的色彩，又具有推動傳統學術近代化的現實意義。正如錢玄同指出：最近五十年來，為中國「學術思想之革新時代，其中對於國故研究之新運動，進步最速，貢獻最多，影響於社會政治思想文化者亦最巨。」〔註 24〕他們相當自覺和卓有成效地將傳統學術提升到了近代學術層面。國學保存會成立不久，就創辦了機關刊物《國粹學報》，辦刊宗旨在於「發明國學，保存國粹」，「愛國保種，存學救世」。〔註 25〕該刊的內容分為兩大部分：一是對經、史、子、集等國故（不僅僅局限於儒學）研究的結果，設有社說、政篇、經篇、文篇、子篇、談叢等欄目；二是刊載傳統的散文詩詞，設有文苑、詩錄、詩餘等欄目，王國維的《人間詞話》上卷，即發表於該刊。該刊除了發表過許多國故研究的論著之外，還刊載過明末一些遺民的著述，將反清情緒寄寓於對明朝的懷念中。魯迅在《雜憶》一文中說，把明末遺民的作品發表出來是

〔註 23〕鄧實：《雞鳴風雨樓獨立書》，《政藝通報》第 24 號，1903 年。
〔註 24〕錢玄同：《錢玄同文集》，中國人民大學出版社，1999 年版，第 240 頁。
〔註 25〕《國粹學報發刊詞》，《國粹學報》第 1 期，1905 年。

「希望使忘卻的舊恨復活，助革命成功。」〔註 26〕該刊的撰稿人，多爲在世的或者已經去世的著名國學專家、文學界名流以及國學保存會的會員，包括章太炎、劉師培、陳去病、高天梅、柳亞子、黃侃、鄧實、羅振玉、鄭孝胥、王闓運、陳三立、朱祖謀、況周頤、嚴復、王國維、繆荃孫、張之洞等。該刊提倡「國粹」，表現出復古主義的傾向，在這種復古主義背後，隱藏著民族主義、愛國主義的思想感情和反清的革命精神，在當時具有某種積極的意義。因而魯迅在《「一是之學說」》中對於《國粹學報》的評價是：它「談學術而兼涉革命」，「多含革命精神」。〔註 27〕

國粹派作爲長久影響著中國思想界的思潮，具有自成體系的文化主張：保存國粹，弘揚國學，陶鑄國魂。有學者指出，「就國粹派的文化觀及國粹思潮的總體水平來看，筆者認定其達到了晚清文化保守思潮的最高峰。導發的『國學熱』曾延續到 20 世紀 40 年代，他們關於文化建設的設想則影響至今。」〔註 28〕以復興傳統文化爲己任的國粹派在中學的保存、研究上用力極勤，在經學、史地學、文字學等領域都有重大的學術成就。國粹派又非完全守舊，他們對傳統文化採取一種批判繼承的態度，主張以中國固有文化爲主體，發展民族新文化，這是一種極具前瞻性的思路。但也由於其過分執著於傳統文化，過於強調中學的重要性，才使其最終落在了時代的後面，成爲退潮人物。國粹派認爲：國粹、國學是中國或中華民族得以立足、得以生存的傳統學術文化，是民族和國家的命脈所繫，是決定民族、國家生存的東西。「國粹者，一國之精神所寄也。其爲學，本之歷史，因乎政俗，齊乎人心之所同，而實爲立國之根本源泉也。是故國粹存，則其國存，國粹亡，則其國亡。」〔註 29〕「國學存則愛國之心有以附屬，而神州或可再造。……雖亡而民心未死，終有復興之日。」〔註 30〕中國近代面臨的文化危機，不是傳統文化落後所造成的，而是傳統文化遭到破壞後的結果。一味否定傳統文化，只能加深民族的文化危機，其結果將會導致「國未亡而學先亡」的困境。國粹派認爲「欲謀保國，必先保學」，只有保存國粹，中國才能不亡。「國有學，則雖亡而復興；國無學，則一亡而永亡。何者？蓋國有學則國亡而學不

〔註 26〕 魯迅：《雜憶》，《墳》，《莽原》周刊第 9 期，1925 年 6 月 19 日。轉引自《魯迅全集》第 1 卷，人民文學出版社，1981 年版，第 221 頁。
〔註 27〕 魯迅：《一是之學說》，《晨報‧副鐫》，1922 年 11 月 3 日。
〔註 28〕 喻大華：《晚清文化保守思潮研究》，人民出版社，2001 年版，第 82 頁。
〔註 29〕 《國粹學報》第 7 期，1905 年。
〔註 30〕 鄧實：《國學保存會小集敘》，《國粹學報》第 26 期，1907 年。

亡，學不亡則國猶可再造；國無學則國亡而學亡，學亡而國之亡遂終古矣。」
〔註31〕因此，他們不僅提出了「保存國粹」、「復興古學」〔註32〕的文化主
張，還走出書齋，積極開展以「研究國學、保存國粹」為宗旨的文化活動。
現代文化保守主義所認同的「中體」更注重於體現民族歷史精神的文化傳
統，他們不但將中國文化的道統與傳統政治體制分離出來，還極力賦予其非
封建性甚至現代意義的詮釋。國粹派對傳統文化的繼承，是有批判和取捨的
繼承發揚，尤其注重其中有關民族愛國主義、個人道德修養和民主思想等「真
國學」的發掘，而對那些體現封建專制文化的「君學」則摒棄。『國粹』、『國
學』、『國魂』是國粹派籍以文化運思最基本的概念。」〔註33〕章太炎在一
次《我的生平與辦事方法》的白話演講中，對「國粹」有明確的所指和目的
揭示。他說：「為什麼提倡國粹？不是要人尊信孔教，只是要人愛惜我們漢
種的歷史。這個歷史，是就廣義說的。其中可以分為三項：一、語言文字。
二、典章制度。三、人物事蹟。」〔註34〕章太炎特別強調這樣做是出於「感
情」上需要，「是要用國粹，激動種性，增進愛國的熱腸。」〔註35〕這種觀
念帶有反清排滿的極端民族主義的傾向，也是「國粹派」學術政治化的體現。
國學是國粹的重要部分，是國粹的載體，既與西學相對立，又與君學相區別。
鄧實提出了這一區分的必要性在於：「近人於政治之界說，既知國家與朝廷
之分矣，而言學術則不知有國學、君學之辨，以故混國學於君學之內，以
事君即為愛國，以攻令利祿之學即為國學，其烏知乎國學之自有其真哉？」
〔註36〕鄧實認為國學是先秦時代漢民族的學術，一則由於先秦時代尚未形
成君主專制，因此，國學帶有民主因素；二則國學是漢民族的學術，寓含
著排斥「異族」的基本立場。自封建專制建立以來，士多被囊括進統治階
層，他們治學也多以統治者的好惡為準則，因而學術實為君學，國學與君
學就這樣尖銳地對立著。國粹派批判君學的主要目的之一是為了引起人們
對國學的重視，以確立國學的地位。其重建國學的努力也是在吸納西方文
明的基礎上重建中國文化的努力。

〔註31〕 許守微：《論國粹無阻於歐化》，《國粹學報》第 1 冊第 7 期，1905 年。
〔註32〕 《擬設國粹學堂啟》，《國粹學報》26 期，1907 年。
〔註33〕 鄭師渠：《晚清國粹派：文化思想研究》，北京師範大學出版社，1997 年版，
　　　　 第 111 頁。
〔註34〕 章太炎：《章太炎的白話文》，貴州教育出版社，2001 年版，第 72 頁。
〔註35〕 章太炎：《章太炎的白話文》，貴州教育出版社，2001 年版，第 69 頁。
〔註36〕 鄧實：《國學真論》，《國粹學報》第 27 期，1907 年。

約以 1908 年為界，國粹派的思想發生了重大轉折。前期國粹派的思想較激進，帶有強烈的政治色彩；辛亥後，由於資產階級共和國和「藉國粹激動種性」美妙理想的破滅，國粹派的革命色彩逐漸暗淡，專講學術，不談政治，思想日趨保守，思潮也隨之衰落。主要成員中劉師培變節，鄧實在上海「以金石書畫自娛，厭倦文墨，無復當年豪興」；黃節雖曾出任廣東高等學堂監督，但不久即去北大任教。國粹主義思潮暫時走向低谷，國粹派成員分散加入其他團體，刊物停辦。國粹思潮這種近代化的學術傾向在日後影響巨大。國粹派的文化觀念已具備了近代文化保守主義的基本特徵：一方面，它在文化建設進路上的強調傳統與現實聯繫，以及文化價值取向上的極力維護民族特性，與當時各種以「西化」為中國文化變革方向的主張形成了明顯的對峙；另一方面，其在政治上的主張近代民主和反對封建專制傾向，與封建保守主義立場有別，從而成為晚清社會獨標一格的思想文化流派。

二、南社的餘緒

南社是中國近代人數最多、活動時間最長、影響最大、成就最高的文學團體。有人認為南社吸收了明代復社、幾社的宗旨和組織結構，雅集形式多為成員宴飲，以傳統詩詞為樂，是缺乏近代意義的傳統文人社團。但由南社成立初衷及活動看來，我更傾向於認為南社是混雜了文學與政治理念的現代型社團，同時保留了傳統文人社團的鬆散運作方式。

1907 年南社醞釀籌備，1909 年蘇州正式成立，活動中心在上海，影響輻射到江浙。南社有組織條例，入社要有社員介紹，要填入社書，出版社刊《南社叢刻》，是中國第一個近代文學社團。其成員混雜，繁盛時期達到一千多人，因而無法形成統一的文學觀念，1920 年代南社活動漸漸減少，經過內部詩歌宗唐和宗宋派的鬥爭後，力量大幅度削弱，文學主張分裂後，社團活動也趨於消散。

南社是一個有鮮明政治色彩的文學團體。「民族主義是南社的宗旨，統一他們的是政治綱領而非文學追求。」〔註 37〕陳去病在《南社長沙雅集紀事》中指出南社的「南」的特殊含義在於：「南者，對北而言，寓不向滿清之意。」〔註 38〕高旭則說：「當胡虜猖獗時，不佞與友人柳亞子、陳去病於同盟會後倡

〔註 37〕陳俐：《南社及其主導的「宗唐文學觀」》，《淮北煤師院學報》，2002 年第 4 期。

〔註 38〕陳去病：《南社長沙雅集紀事》，《太平洋報》，1912 年 10 月 10 日。

設南社，固以文字革命為職志，而意實不在文字間也。陳、柳二子深知乎往時人士入同盟會者思想有餘而學問不足，故借南社以為溝通之具，殆不得已之苦思歟。」〔註39〕另一位主要成員寧調元也說：「鍾儀操南音，不忘本也」。〔註40〕柳亞子更加直白地闡釋：「舊南社成立在中華民國紀元前三年，它的宗旨是反抗滿清，它的名字叫南社，就是反對北庭的標誌了。」〔註41〕「一般半新不舊的書生們，挾著趙宋、朱明的夙恨，和滿清好像不共戴天，所以最賣力的還是狹義的民族主義。」〔註42〕從創建到結束，南社與同盟會的關係一直非常密切。它的三位發起人陳去病、高旭和柳亞子皆為同盟會會員。柳亞子宣稱：「我們發起的南社，就是想和中國的同盟會做犄角的。」〔註43〕因而「南社的成立，等於中國同盟會成立一個革命宣傳部」。〔註44〕1909 年南社在蘇州虎丘的第一次雅集，出席者 17 人中有 14 人是同盟會員。辛亥革命前，會員有 200 多人；辛亥革命後，會員發展到 1180 多人，大多數是民主革命派或同情革命的知識分子。強烈的民族主義情緒來源於當時的民族危機和特殊時代的要求，「辛亥革命前後在思想領域的鬥爭，始終環繞著一個時代的主題，即保清、保君主、保封建，還是反清、廢君主、建立民主共和國的問題，這也是用以劃分當時各種政治團體和派別的分水嶺和圭臬，任何組織和派別在這個問題面前不作正面問答，都難以維持下去，即使維持下來，也會隨著現實的如火如荼的政治鬥爭而煙消雲散。因此，南社作為那個時代的產物，一開始就被打上時代、階級的烙印，被賦予明顯的政治傾向和政治目標。作為一個文學團體，它舉起了『反清革命文學』的大旗，把推翻清王朝的封建專制統治和民族革命當作唯一使命，成為本國近代第一個把文學與推翻封建專制、建立民主共和國的政治鬥爭相結合的文學團體。」〔註45〕南社奉行的宗旨是：「研究文學，提倡氣節，即以文學為武器，以民族主義相號召，提倡革命氣節，致力於民族獨立和民主共和，推翻清王朝的封建專制統治」。以文

〔註39〕 高旭：《無盡庵遺集序》，《無盡庵遺集》，上海國光印刷所，1912 年。

〔註40〕 寧調元：《南社詩序》，《南社詩集》，第 2 冊。

〔註41〕 柳亞子：《新南社成立布告》，載柳無忌編《南社紀略》，上海人民出版社，1983 年版，第 100 頁。

〔註42〕 柳亞子：《柳亞子文集：自傳・年譜・日記》，上海人民出版社，1986 年版，第 3 頁。

〔註43〕 柳亞子：《新南社成立布告》，載柳無忌編《南社紀略》，上海人民出版社，1983 年版，第 100 頁。

〔註44〕 徐蔚南：《南社在中國文學史上的地位》，《南社詩集》，第 1 冊。

〔註45〕 熊羅生：《論南社在辛亥革命中的地位和作用》，《吳江文史資料》，第 2 頁。

學創作反抗滿清的專制統治，鼓吹資產階級民主革命，亦成爲南社的政治目標和文學主題。袁世凱竊取辛亥革命勝利果實後，近代工業革命興起引起了社會的激變，南社成員逐漸分化，「安福、政學靡不有吾社之敗類。」在南社領導柳亞子看來，社員的分化有損於南社的聲譽，「洪憲稱帝，籌安勸進，很有歸南社的分子；可是在炙手可熱的時候，大家都不敢開口，等到冰山倒了，卻熱烈地攻擊起來。我以爲『打落水狗』不是好漢，所以沒有答應他們除名懲戒的要求，然而提倡氣節的一句話，卻有些說不響嘴了。」同時「因爲發展團體起見，招呼的人太多了，不免魚龍混雜。還有先前很好的人，一變就變壞了。後來差不多無論什麼人都有，甚至意見分歧，內訌蜂起，勢不得不出於停頓的一途。」〔註46〕現實中遭遇的信念危機和組織鬆散導致 1923 年 10 月底南社完全解體。1923 年 10 月柳亞子、葉楚傖、胡樸安、余十眉、邵力子、陳望道、曹聚仁、陳德 8 人發起組織了新南社，致力於整理國學和思想介紹，「標誌著南社這一極具傳統與古典意味的文學社團，隨著社會潮流的轉變而跨出了歷史性的一步。」〔註47〕新南社擺脫了狹隘民族主義的局限，增進了社團宗旨的現代意義。「新南社的精神，是鼓吹三民主義的，提倡民眾文學，而歸結到社會主義的實行。」〔註48〕新南社活動時間僅一年半，影響程度遠不及舊南社，體現出部分南社社友文學觀念和思想意識上的現代轉變，試圖與新文化運動步調一致的文學努力。

南社爲了配合同盟會的革命鬥爭，積極創辦各種報刊，主張以詩歌爲武器鼓吹革命，推翻晚清，而他們所採用的文學形式與語言仍然是傳統的古典詩詞和文言文。熱情謳歌民主革命，呼喚民主自由，鞭撻封建專制，表現出強烈的愛國主義和民主主義精神。「南社在成立時是一個傳統的民間的文學社團，並帶有相當濃重的地域色彩，其對革命的熱情要遠遠高於對文學的熱愛。」〔註49〕它是以政治鬥爭爲號召而結社的，而不僅是因藝術志趣相近，爲互相探討詩藝而聚集。1910 年 1 月他們創辦了文言年刊《南社叢刻》又名《南社》，直到 1923 年 12 月南社分裂才終刊，前後共出版過 22 期。該刊從《國粹學報》

〔註46〕柳亞子：《我和南社的關係》，載柳無忌編《南社紀略》，上海人民出版社，1983
　　　年版，第 101 頁。
〔註47〕欒梅健：《文學常態與先鋒性的融合——以南社爲例》，《中國現代文學叢刊》，
　　　2006 年第 6 期。
〔註48〕柳亞子：《新南社成立布告》，載柳無忌編《南社紀略》，上海人民出版社，1983
　　　年版，第 100 頁。
〔註49〕欒梅健：《民間的文人雅集：南社研究》，東方出版中心 2006 年版，第 60 頁。

那裡得到啓發，其內容分爲文選、詩選、詞選，推舉陳去病、高旭、龐樹柏分任編輯，他們都是南社重要詩人。第三集改由景耀月、寧調元、王無生分任詩選、文選、詞選編輯。作品大都有爲而發，「語長心重，本非無疾以呻吟；興往情來，畢竟傷時而涕泣」，〔註50〕文學旨趣和「推翻韃虜」的時代要求相契合。作者或是出於憂國傷時之情，或是抱著易代興亡之感，或是思念革命同志，或是哀悼殉難故人。高旭的《願無盡盧詩話》主張通過作品「鼓吹人權，排斥專制，喚起人民獨立思想，增進人民種族觀念」。他力圖證明「詩界革命」和「復古」之間並沒有矛盾，他說，「詩文貴乎復古，此固不刊之論也，然所謂復古者，在乎神似，不在乎形似」，「苟能探得古人之意境神髓，雖以至新之詞採點綴之，亦不爲背古，謂之眞能復古可也。故詩界革命者，乃復古之美稱。」〔註51〕

南社內部對詩歌「尊唐」、「宗宋」頗有紛爭。柳亞子等人堅決提倡盛唐之音，他們本身對於宋詩並無好惡，但將宗宋派視爲滿清文學的代表進行猛烈抨擊。柳亞子回憶說：「從滿清末年到民國初年，江西詩派盛行，他們都以黃山谷爲鼻祖，而推尊爲現代宗師的，卻是陳散原、鄭海藏二位先生，高自標榜，稱爲同光體。我呢，對於宋詩本身，本來沒有什麼恩怨，我就是不滿意於滿清的一切，尤其是一般亡國大夫的遺老們。亡友陳勒生烈士曾經說過：『滿清的亡國大夫，嚴格講起來，沒有一個是好的。因爲他們倘然有才具，有學問，那麼，滿清也不至於亡國了。滿清既亡，卻偏要以遺老孤忠自命，這就覺得是進退失據了。』勒生烈士對於他們，是深惡痛絕的，而我便很同情於勒生。在南社第五集上替胡寄塵兄作詩集敘，已在痛罵同光體的元老了。」〔註52〕他們又將這兩種不同藝術追求的詩歌對立起來：「從晚清末年到現在，四五十年間的舊詩壇，是比較保守的同光體詩人和比較進步的南社派詩人爭霸的時代。」（《懷舊集‧介紹一位現代的女詩人》）南社詩歌「鼓吹新學思潮，標榜愛國主義」，〔註53〕高揚布衣之詩的旗幟。「余與同人倡南社，思振唐音以斥傖楚，而尤重布衣之士，以爲不事王侯，高尚其志，非肉食者所敢望。」

〔註50〕陳去病：《南社詩文詞選敘》，《民吁報》，1909 年 10 月 28 日。
〔註51〕高旭：《願無盡盧詩話》，載徐中玉主編《中國近代文學大系》第 1 卷，上海書店，1994 年版，第 696 頁。
〔註52〕柳亞子：《我和朱鴛雛的公案》，載柳無忌編《南社紀略》，上海人民出版社，1983 年版，第 149～150 頁。
〔註53〕馬君武：《馬君武詩稿自序》，《馬君武詩注》，廣西民族出版社，1985 年版，第 1 頁。

〔註54〕這些主張說明「宗唐派」就是要反同光體之道而行之，倡盛唐之音，以盛唐大氣磅礡之聲來掃除詩壇刻意雕琢鍊字之習；思想上則極力鼓吹革命，文學上大多主張「詩唱唐音，文喜抜藻」，與桐城派、同光體詩人對抗，視其爲敵對堡壘，稱之爲「文妖詩鬼」。當時柳亞子很自豪地作詩云：「一代典型嗟已盡，百年壇坫爲誰開？橫流解語蘇黃罪，大雅應推陳夏才。」（《時流論詩多鶩兩宋，巢南獨尊唐風，與余相合，寫詩一章即用留別》）蘇黃即指以蘇東坡、黃庭堅爲代表的宋詩派，暗指宗宋派所推崇的宋代詩人的詩歌並不足爲典範，陳夏指的是明代的尊唐詩人陳子龍與夏完淳，他認爲這兩位的詩才和氣魄才應爲南社詩歌的範本。他曾指斥「同光體」代表人物鄭孝胥、陳三立、陳衍等人是「少長胡風，長污僞命，出處不臧，大本先撥。及夫滄桑更迭，陵谷改觀，遂靦然以夏肆殷頑自命，發爲歌詠，不勝觚稜京闕之思。」（《習靜齋詩話序》）錢基博在孫頌陀的《簫心劍氣樓詩存‧序》中曾比較公允地指出這兩派的各自缺點並指出救治之道：「誦西江者，以生澀爲奧峭，而不知弓燥固貴乎柔；言盛唐者，以庸膚爲高亮，而不知大含尤靳細入，斯誠詩道之窮。莫若求以清新，清則不澀，新則不腐。」

　　唐宋之爭矛盾不斷激化以致南社分裂。柳亞子素來倡導唐音，吳虞在《民國日報》發表《與柳亞子書》公開支持宗唐。1917 年胡先驌在給柳亞子的信中公然讚美「同光體」。柳亞子以武斷的口氣堅決予以回擊：「詩派江西寧足道，妄持燕石詆瓊琚。平生自有千秋在，不向群兒問毀譽。」胡認爲柳狂妄自大，毫無學者風度，也完全無意探討，也就不必反駁，從此不參與南社活動。開始與同光體詩人相來往，《學衡》雜誌創辦後胡先驌在《詩錄》欄目中發表了許多同光體詩人的詩歌。成舍我其時掌管《民國日報》，在副刊上發表了許多宋詩，柳亞子提出抗議後，成舍我將宗宋派詩歌交給吳稚暉擔任主筆的《中華新報》上發表，柳亞子極力阻撓。聞野鶴在《民國日報》上著文盛讚同光體的好處，柳亞子極爲憤怒，6 月 28、29 日連續發表《質野鶴》一文，認爲「欲中華民國之詩學有價值，非掃盡江西派不可。」他強調民國成立，應別創新聲，寫出「黃鐘大呂，朗然有開國氣象」的作品，決不能再讓亡國士大夫作詩壇翹首：「今既爲民國時代矣，自宜有代表民國之詩，與陳、鄭代興，豈容許已死之灰而復燃之，使亡國之音重陳於廊廟哉！亞子雖無似，不

〔註54〕柳亞子：《胡寄塵詩序》，載楊天石，王學莊編著《南社史長編》，中國人民大學出版社，1991 年版，第 200 頁。

敢望詩界之拿破侖、華盛頓，亦聊以陳涉、楊玄感自勉。」〔註55〕聞柳爭論時，正值清廷復辟，溥儀發出詔書召集同光體詩人入京，沈曾植被任命爲學部大臣，陳寶琛爲帝傅。柳亞子據此發表《再質野鶴》，認爲同光體實爲封建帝制的幫兇，爲禍甚大，必須剷除。聞野鶴偃旗息鼓後，朱鴛雛出面爲同光體辯護，認爲鄭孝胥等人品質高潔，並非賣身求榮的小人，讚美其詩作「語意之間，莫不憂國如焚，警惕一切」〔註56〕，指斥柳亞子是妄人。柳亞子反擊，認爲「鼓吹同光體者，乃欲強共和國民以學亡國士大夫之性情，寧非荒謬絕倫耶！」不經集體討論，以南社主任身份將朱鴛雛開除出社，在《民國日報》上發表緊急啓事。1917 年成舍我聯合蔡守、劉澤湘、周詠等人在上海成立南社臨時通訊處，發表緊急通告，在《申報》上登廣告：「南社同仁公鑒：柳亞子因論詩與朱、聞不合，一論唐詩，二論宋詩，遂不准《民國日報》刊登，又不准《中華新報》登，如此一來，哪有新聞（言論）自由科研？南社是個完全平等的文學社團，柳亞子不過是個書記，不是社長，怎能驅逐他人出社？如此荒唐之人，怎能主持一個文學社團呢？請所有南社同仁主持公道，最好能一起驅逐柳亞子出社！」〔註57〕柳亞子又宣佈驅逐成舍我。兩派分別以《民國日報》和《中華新報》爲陣地，進行激烈辯論。南社內部分歧愈加擴大，形成對立局面。成舍我聯合南社元老高吹萬等提出「南社革命」，恢復南社舊章，打倒柳亞子。同年九月，南社田梓琴、葉楚傖、陳去病等237人在《民國日報》上發表啓事，支持柳亞子，聲明：「驅除敗類，所以維持風騷；抵制亞子，實爲摧毀南社。」1917 年 10 月南社改選，柳亞子仍以多數當選主任。但柳亞子因種種刺激，多次提出辭職。從此南社元氣大傷，逐漸分崩離析。由唐宋之爭可見，南社的革命主張浮泛粗淺，缺乏學理層面的理智思考，論爭的焦點是詩歌與革命的關係，遠遠偏離了文學旨歸，有狹隘民族主義的蹟象。

　　南社偏重傳統文學，在古典詩詞上頗有造詣且自視甚高。柳亞子曾評點：「至於所謂正統派的詩人，老實說，都不在我的心上呢。國民黨的詩人，于右任最高明，但篇章太少，是名家而不是大家；中共方面，毛潤之一枝筆確是開天闢地的神手，可惜他劬勞國事，早把這勞什子置諸腦後了。這樣，收

〔註55〕《民國日報》，1917 年 8 月。
〔註56〕《民國日報》，1917 年 7 月 9 日。
〔註57〕成舍我訪談：《南社因我而內訌》，《中央日報副刊‧長河》，1989 年 11 月 13 日。

束舊時代,清算舊體詩,也許我是當仁不讓呢!」〔註58〕新文學陣營對南社詩歌評價不高,胡適多次提到他的「文學革命八事」是「對當時中國文藝狀況」,〔註59〕主要是南社的創作傾向而提出的。1916 年胡適給任鴻雋信中稱:「適以爲今日欲救舊文學之弊,須先從滌除『文勝』之弊入手。今日之詩(南社之詩即其一例),徒有鏗鏘之韻,貌似之辭耳,其中實無物可言。其病根在於重形式而去精神,在於以文勝質。」胡適在 1916 年 7 月 22 日與南社社員梅光迪通信中,曾寫道「諸君莫笑白話詩,勝似南社一百集。」〔註60〕在胡適的文學革命綱領中所提到的古典詩歌的濫用典、慣用陳言套語、善作無病呻吟等弊病全以南社成員創作的古典詩詞爲例,反覆指出南社成員「志在『作古』」,不是詩人,而是詩匠。這種批評是極有根據的,南社借文學來鼓吹革命,二次革命後國事日非,志氣頹唐,南社成員一貫標榜的氣節也因爲社中首腦參與籌安勸進,支持袁世凱作皇帝而淪爲笑柄。傳統的文學觀念使得其詩歌創作成爲詩人發牢騷、述心境的遊戲之作。所作詩詞大多爲傷春悲秋、無病呻吟之作,如柳亞子所說「抱著『婦人醇酒』消極的態度,做的作品,也多靡靡之音,所以就以『淫濫』兩字,見病於當世了。」〔註61〕

對南社的興衰原因,1929 年魯迅在燕京大學國文學會演講時,曾提出一種說法:「希望革命的文人,革命一到,反而沉默下去的例子,在中國便曾有過的。即如清末的南社,便是鼓吹革命的文學團體,他們歎漢族的被壓制,憤滿人的兇橫,渴望光復舊物。但民國成立以後,倒寂然無聲了。我想,這是因爲他們的理想,是在革命以後重見漢官威儀,峨冠博帶,而事實並不這樣,所以反而索然無味,不想執筆了。」〔註62〕曹聚仁則著重從文學成就方面對南社進行了肯定:「南社首先揭出革命文學的旗幟,和同盟會的革命運動相呼應。……有一句話我們可以說:南社的詩文,活潑淋漓,有少壯朝氣,在暗示中華民族的更生。……那時年青人愛讀南社詩文,

---

〔註58〕江蘇省吳江縣檔案局編:《柳亞子早期活動紀實》,檔案出版社,1991 年版,第 263 頁。

〔註59〕胡適:《新文學大系‧建設理論集導言》;《什麼是「國語的文學」,「文學的國語」》等文章中反覆提及。

〔註60〕胡適:《留學日記‧卷十四》,載《胡適全集》第 28 卷,安徽教育出版社,2003 年版,第 415 頁。

〔註61〕柳亞子:《新南社成立布告》,載柳無忌編《南社紀略》,上海人民出版社,1983 年版,第 100 頁。

〔註62〕魯迅:《魯迅全集》第 4 卷,人民文學出版社,1981 年版,第 134、135 頁。

就因爲他是前進的革命的富有民族意識的，我們紀念南社，也就是紀念富於革命性的少壯文藝。」〔註63〕

三、國學研究會與《國學叢刊》

　　1922 年 10 月 23 日，南方學術重鎮東南大學國文系師生成立了「國學研究會」，並計劃組織「國學研究院」，目的是「國文系學成修畢之後，特設國學院以資深造，爲國立東南大學專攻高深學問之一部。」〔註 64〕這一鴻圖遭到北方學者的抨擊和校內新派的挖苦。從「國學研究會」到「國學院」的短短歷程和遭遇，集中地反映了 20 年代早期南北學術界在「整理國故」運動中的地緣與派分。1921 年胡適在東南大學以「研究國故」爲題進行演講，使北大的「整理國故」的風氣蔓延到了南方，東南大學部分教員也加入到「整理國故」的行列之中，當時的系主任陳中凡畢業於北大哲學系，把北方學風和學術研究方法帶入了南京，促成了東南大學國學研究會的出現。「國學研究會」與稍後成立的「史地學會」一樣，是在教師指導下由學生組織的，但其中起主導作用的依然是稱爲「指導員」的教師：陳中凡、顧實、吳梅、陳去病和柳詒徵，除柳詒徵爲歷史系教授外，其他四位均爲國文系教授。這些「指導員」的學術經歷和思想主張直接影響「國學研究會」的活動。顧實早年留學日本，深受《國粹學報》影響，陳中凡是北大黃侃、劉師培的得意門生，自然深受「國粹派」的精神薰陶，吳梅是南社成員，與陳去病交善。由此看來，國學研究會與國粹思潮有傳承關係，與新文學陣營提出的「整理國故」的學術思潮迥然不同。

　　從學術思想淵源來看，東南大學的「國學研究會」直接繼承了《國粹學報》和《國故》的學術旨趣，以「整理國學、增進文化」爲宗旨。1923 年 3 月創刊的《國學叢刊》原定爲季刊，每年四期，主要負責人是陳中凡、顧實，後因陳中凡於 1924 年 11 月離開東南大學到廣東大學任文科學長，無人主持而難以繼續。據第 2 卷第 3、4 期的「本刊特別啓事」所說：「自第 3 卷起，改爲不定期，約年出一期，仍由商務印書館印行」。據《國學叢刊編輯略例》所示，本刊爲「東南大學南京高師國學研究會」同人組織刊行。體例分爲插圖、通論、專著、書評、文錄、詩文、雜俎、通訊，每年四期，後來欄目略有調

〔註63〕曹聚仁：《紀念南社》，《南社詩集》，第 1 冊。

〔註64〕顧實：《東南大學國學院整理國學計劃書》，《國學叢刊》1 卷 4 期，1923 年 12 月。

整，改為插圖、通論、專著、書評、文錄、詩錄、詞錄、通訊。陳中凡曾指出：「對當時學衡派盲目復古表示不滿，乃編《國學叢刊》主張用科學方法整理國故。」〔註65〕顧實在《國學叢刊》創刊號的《發刊辭》就明確點明該會的宗旨：「強鄰當前而知宗國，童昏塞路而知聖學。語曰『見兔顧犬，亡羊補牢』。洵乎猶足以有為也。昔者隋唐之隆也，華化西被，方弘海涵地負之量；迨及遜清之季，外學內充，大有喧賓奪主之概。曾幾何時，事異勢殊。自非陳叔寶太無心肝，誰無俯仰增慨？則海宇之內，血氣心知之倫，咸莫不矞然曰『國學』。與夫本會同人，近且出其平素之研究，而有《國學叢刊》之舉行，豈有他哉？一言以蔽之曰：愛國也，好學也，人同此心而已矣。」〔註66〕由此可見「國學研究會」是在「強鄰當前」和「外學內充」之際以「愛國」之心來「好學」。其中明顯地繼承了國粹派的「以學救國」的主張，與《國粹學報》以「國粹」激勵「種性」的宗旨相近，而與胡適在北京大學倡導的「整理國故」思想有著明顯的差異。顧實和他的同人把「國學」視為國家和民族的形象化體現，是對「宗國」和「聖學」的「知」和「思」。同時在學術研究中將學問本身與國家觀念相連，並且從「國學」中想像和構築民族國家和民族文化的主體，要廣求知識於世界，「掃千年科舉之積毒，作一時救世之良藥。」「不隨波逐流，庶幾學融中外，集五洲之聖賢於一堂。識窮古今，會億祀之通俄頃。」〔註67〕吳文祺指責：「東大的《國學叢刊》的《發刊詞》完全是保存國粹者的口吻，尤其沒有批評的價值。」〔註68〕顧實的整理國學與整理國故有區別，主要偏重於「典籍部」，反對用西式的方法來整理，強調用中國傳統學術方法進行整理，如：疏證、校理、纂修。

　　「國學研究會」成立後，立即著手開展系列活動。首先邀請校內外學者進行國學專題學術演講，從 1922 年 10 月至 1923 年 1 月，每周進行一次，前後十次，並結集出版了《國學研究會講演錄》第 1 集。其次基於崇敬國學的心理，集中進行「國學」大師著作的整理和出版。根據該會編輯的《國學從刊》2 卷第 4 期刊載的《本刊兩卷總目並敘旨》一文可知，該會先後出

〔註65〕陳中凡：《自傳》，載吳新雷編《學林清暉——文學史家陳中凡》，南京大學出版社，2003 年版，第 11 頁。
〔註66〕顧實：《發刊辭》，《國學叢刊》創刊號，1923 年 3 月。
〔註67〕顧實：《發刊辭》，《國學叢刊》創刊號，1923 年 3 月。
〔註68〕吳文祺：《重新估定國故學之價值》，載許嘯天輯《國故學談論集》，上海書店影印本 1991 年版。

版了俞樾的《古書疑義舉例》和劉師培的《疑義舉例補》，並計劃出版劉師培的遺著《左庵遺稿》。其餘大都是東南大學師生的舊體詩詞，教師的文章主要來源於國文系的陳中凡、顧實、吳梅、孫德謙、李笠、胡光煒、陳去病等人。反對新文學的江遠楷在《文學之研究與近世新舊文學之爭》一文中，提出「文學之新舊，即文學價值之多寡，新舊文學之爭，實文學價值之爭，亦藝術高下之爭也。」〔註69〕他的這種觀點並沒有得到「國學研究會」其他成員的贊同或附和，僅作為一家之言發表，據此可以看出「國學研究會」的文學觀念和文學宗旨與新文學陣營有別，但雙方並未進行正面的論爭或探討。

1923 年 4 月，東南大學國文系計劃在「國學研究會」之後成立「國學院」，由顧實起草並經國文系全體教授贊同的《東南大學國學院整理國學計劃書》，開篇即點明國學院設立的急迫性：「蓋凡一國歷史之綿遠，尤必有其遺傳之學識經驗，內則為愛國之士所重視，外則為他邦學者所注意。遠西學風莫不尊重希臘學術、羅馬學術及其本國學術。吾國亦獨不宜然。故今日整理國學，為當務之急。況夙號世界文明之一源，焉可稍失其面目哉？」明確指出「整理國故」為當務之急。針對北大的以「科學方法」來「整理國故」，東南大學的國學院提出「以國故理董國故」的理論來補充和抗衡。顧實直言批評：「今日學者之間，爭言以科學理董國故」，然則「非國學湛深之士，而貿然輕言以科學理董國故，所不致為漢博士之續幾稀，非郢書燕說，貽詒方聞，則斷章取義，嘩眾取寵而已」，矛頭所指正是北大胡適的「整理國故」派，進而指出科學方法整理國故的惡劣後果：「以國故理董國故者，明澈過去之中國人，為古裝華服，或血統純粹之中國人者也。而以科學理董國故者，造成現在及未來之中國人，為變服西裝，或華洋合婚之中國人也。」〔註70〕顧實還提出開設「詩文部」以提倡舊體詩文的寫作。他認為文學是時代精神的體現，「其民族心理之強弱，足以支配國家社會興否，而影響及於興衰存亡者，往往流露於詩歌文詞之字裏行間。」「詩文之設，非以理董往籍也，將欲以衡量現代之作品云爾。」這是中國傳統學人之詩流脈的延伸，詩人之詩的深層擴展，也是南京文化保守主義傳統的明確體現。

〔註69〕《國學叢刊》，第 1 卷第 3 期，1923 年 9 月。
〔註70〕顧實：《東南大學國學院整理國學計劃書》，《國學叢刊》，1 卷 4 期，1923 年 12 月。

這種倡議受到東南大學的新文學支持者和北方新文學陣營的反駁。1924年3月27、29日《晨報副鐫》上周作人（陶然）發表了《國學院之不通》和《國故與復辟》，針對「詩文部」的設立價值，「國學」與「國故」的謬誤進行反駁。周作人主要批評了東南大學國學院計劃書中的「成仁主義」，文中用「應天承運」、「龍蟠虎踞」等詞來諷刺東南大學固守傳統倫理道德的落後意識。同時，對計劃書中引用章太炎的文字來說明「文學與時代」的關係理解錯誤進行嘲諷。「所奇者是抄這一大節『章君』的話而始終看不懂，結果卻說出正相反的話來。國學家如果說人肉是可以吃的，倒還不算什麼；國學家不懂國文，那才真是一個大笑話。或者太炎先生的古文真是難懂也未可知，怪不得國學家諸公；恰好上海坊間還印有一小本《太炎白話文》，諸公可以一讀，一定要更容易瞭解些。」用文字不通、所學不精來暗指東南大學根本不具備成立國學院的能力，這種批評可謂刻薄辛辣。1924年3月30日《晨報·副鐫》刊出了天軍的《評〈東南大學國學院整理國學計劃書〉》，對其分類和一系列解釋提出質疑，批評者認為中國傳統文化仍是一個完整的整體，指出所謂「科學方法是適用於一部分的文化專史，而朝代的通史要用國故的方法；這種用法的區分，真真使人『莫名其妙』」。1924年4月17日《晨報·副鐫》署名 Z.M.的《顧實先生之妙文》，再次對顧實整理國學的方法加以挖苦，特別針對顧實所言科學的方法不能完全適用於國故的所有領域，「從這篇文章裏知道了『國故的理董國故法』，還知道『科學為不完全之學，此世之公論。』」並且借助眾人迷信科學的心理來反駁顧實對科學的理智認識。這種批評沒有抓住對方的論述中心，看不到其重點不在科學的功效，而在於說明中國傳統的學術並不能完全靠所謂的科學方法進行整理，偏離了本質問題。

東南大學國文系中傾向新文學的教授們對這份計劃書也不贊同，陳衡哲私下對胡適抱怨，「他（指顧實）那欽定式的藝術觀，也一定能邀許多有產階級的讚賞的。東大國文系之糟為全校之冠。」〔註71〕學校主政者也對此不熱心，時任東南大學副校長、與胡適關係密切的任鴻雋也在給胡適的信中稱：「東大的文學、哲學系，都不曾組織完備。兩系中尤以關東方者為最不滿人意，若沒有改良的辦法，就不廢止，也覺得沒有什麼意思。國文系尤為大家認為最深的癥結所在。此時也未嘗無改造的機會，但找適當的國學教授，實在是

<hr />

〔註71〕《陳衡哲致胡適》，1924年4月13日，中國社會科學院的近代史研究所中華民國史組編《胡適來往書信選》上冊，中華書局，1979年版，第243頁。

一樁難事。……國學院的計劃，雖然荒謬可笑，但這不過是說說而已，不礙事的。」〔註72〕成立國學院的計劃沒有得到校方的支持，因此在 20 年代「整理國故」運動中，北京大學的國學門、清華大學的國學院、燕京大學的國學研究院、廈門大學的國學院等都是其中的重要力量，而長江流域的東南大學雖然最早響應這一號召，卻沒能作出有影響的學術研究。曾經寄託了文化保守主義者「經世致用」理想的「整理國故」運動，實際上卻是新派取得了巨大成就，以致《學衡》後期作者郭斌龢感慨：「國學二字，已與民族生命不生關係，篤舊者抱殘守缺，食古不化，鶩新者研究國學，亦惟知步步武外人，以破碎支離無關宏旨之考據相尚，所謂國學，實即日本人之支那學，西洋人 Sinology（漢學）之支流餘裔而已。」〔註73〕這種狀況體現了傳統文化保守主義觀念在民族文化危機面前有心無力的尷尬處境，也是「中體」與「西學」深刻矛盾的暴露。

第二節　西方文化保守主義觀念的引入

西學以科學的進化論爲依託，以「進步」爲指向，成爲中國文化現代化進程的加速器，這一過程置身於歷史中各種複雜因素相互制約所構成的動態結構中，又同時處於文化層面不同力量——文化激進主義和文化保守主義之間的對立又交融的關係中。文化保守主義與文化激進主義所倡導的啓蒙相頡頏，並由此構成五四時期特有的歷史撐拒性力量，這兩種不同趨向的文化價值範疇構成文化發展的合力。20 世紀中國的保守主義者大都由於特定的文化情勢，試圖激發中華民族的自信心而提出他們的保守主義文化觀念。保守主義者的存在更多地是出於對傳統的熱愛，儘管不無心理補償作用——即由民族自卑感產生的自尊要求。應該說文化保守主義者奉行的是一條漸進式的文化改造路線，理論主張各不相同，有時還互相攻訐辯難。西方保守主義思想與中國傳統文化的交融正是在這些秉持文化保守主義精神的團體之間逐漸發生並自發完善的。無論是「復古派」對於西學的審慎譯介和中化詮釋，還是「學衡派」對白璧德的新人文主義的完全接納和積極傳播，都是西方保守主義精神在中國萌發的重要契機，也是中國現代文化多元發展的展現。

〔註72〕《任鴻雋致胡適》，1924 年 4 月 15 日，同上書，第 245 頁。
〔註73〕郭斌龢：《讀梁漱溟近著〈中國民族自救運動之最後覺悟〉》，《大公報·文學副刊》，1932 年 12 月 5 日。

一、西學對於復古派的影響

　　晚清民初的復古思潮偏重中國傳統文化，但與封建王朝時期的文學思潮已有本質區別。國粹派和南社成員對西學的認知停留在「用」的層面，他們熱心接受並極力將之與中學融會貫通，已經展現出學術思想上的近代化趨勢。章太炎、鄧實、劉師培等都為輸入西方近代的社會政治學說做過不少工作。在他們所理解的「國粹」中，夾雜著不少西學的成分。反對「全盤西化」一直是國粹派的明確主張，正如章太炎所說的：「近來有一種歐化主義的人，總說中國人比西洋人所差甚遠，所以自甘暴棄，說中國必定滅亡，黃種必定剿絕。」〔註74〕19世紀末，中法、中日戰爭中的潰敗讓廣大知識分子對腐敗的清王朝失去了信心。他們把眼光投向發達資本主義國家，主要是西歐和日本，試圖向這些國家探求真理，尋求中國的出路。他們「大購西書」，想把清王朝的政治、經濟、思想、文化和西方各國作比較，查出中西之間究竟相差多少。這時中國開始向國外大批派送留學生，西方文化在中國有了廣泛的傳播。面對西方文化的侵蝕，中國傳統文化的接續產生危機。國粹派用客觀區分對比中西文化的方式來表明不同類型的文化本身並無優劣之分，力圖在保存國粹與吸納其他文化之間保持一種公允的態度。如鄧實以「靜」和「動」來概括中西文化，「泰西之風俗習躁動，吾因之風俗習安靜，泰西之政教重民權而一神，吾國之政教重君權而多神，則風俗政教不同也。土地人種不同，故學術亦不同；學術不同，故風俗政教亦不同，此相因必然之勢也。」〔註75〕章太炎把世界文化分為兩重類型：一種是「儀刑者」，指的是規模狹隘、主要靠模仿他國，如日本、日耳曼等國家或民族的文化；另一種是「因任者」，即自己發展自成體系的文化，如中國、印度、希臘等國的文化。章太炎還針對某些人「以不類遠西為恥」提出批評：「余以不類方更為榮，非恥之分也。」〔註76〕他們能夠開明地處理國粹和西方文化之間的關係。許守微發表《論國粹無阻於歐化》提出：「國粹也者，助歐化而愈彰，非敵歐化以自防，實為愛國者須臾不可離也。」〔註77〕還有人指出：「世衰道微，

〔註74〕章太炎：《章太炎國學講演錄》，廣陵書社，2003年版，第6頁。
〔註75〕鄧實：《雞鳴風雨樓獨立書·學術獨立第三》，《光緒癸卯政藝叢書》（上），文海出版社影印本，第176～177頁。
〔註76〕章太炎：《原學》，《革故鼎新的哲理——章太炎文選》，上海遠東出版社，1996年版，第336頁。
〔註77〕許守微：《論國粹無阻於歐化》，《國粹學報》第1冊第7期，1905年。

歐化灌注，自宜挹彼菁英，補我闕乏。」〔註78〕連章太炎也說過：「今之言國學者，不可不兼求新識。」〔註79〕總體看來國粹派文化思想展開過程，並沒有脫離中西文化衝撞、交融的時代格局，他們以自覺的和理智的力量，在批判傳統的基礎上強調傳統；在肯定民族文化主體性的前提下，融合西方文化。所以，「試圖經由自己選定的『保存國粹』、『復興古學』的路徑，推動中國固有的文化向近代化轉換，這是國粹派文化思想的基本取向和主流，也是它規範自身在近代意義的理論框架中運作的前提。」但出於民族自尊，國粹派往往過分強調傳統文化的價值，「它忽視了文化的時代性。國粹派始終未能正視中國文化在進化程度上落後於西方文化的事實，而只承認那是局部的或表面的現象，並把問題僅僅轉換為『國學』與『君學』的對立。」這種轉化將中學、西學之間的矛盾避重就輕地加以處理，「近代中國文化面臨的尖銳的時代轉換即近代化主題，在無形中被淡化了。由是國粹派便在很大程度上鈍化了自己追求西學新知、批判封建舊文化的緊迫感和變革進取的意識。」〔註80〕

南社成員包括許多新式學堂的學生及留學生，如黃侃、魯迅留學日本，梅光迪、任鴻雋、楊杏佛、胡先驌等曾留學美國。他們既對自己的古典文學修養非常自信，又在留學過程中飽受西方文明浸染，將西學與中國傳統相結合，促成了文學的質的飛躍。20年代南社成員逐步接受了新文學的影響，大力支持白話詩文的創作和新文學運動的倫理主張。1923年11月1日柳亞子在《新黎里報》發表的《答某君書》一文中稱：「承詢舊文藝與新文藝之判，質言之即文言文與語體文耳。僕為主張語體文之一人，良以文言文為數千年文妖鄉愚所窟穴，綱常名教之邪說，深入於字裏行間，不可救藥，故必一舉而摧其堡壘，庶免城狐社鼠之盤踞。……夫人類之精神有限，世界之進化無窮，生今之世，不發憤鑽研科學，而耗心血於無用之文言，不謂之冥頑不靈乎？」1924年柳亞子致南社社員呂天民的信中說：「我的主張，文學是善於變化的東西，由四言變而為五言，由五七言的古體變而為律詩，變而為詞，再比變而為曲。那麼現在的由有韻變而為無韻詩，也是自然變化的原則，少數人的反對是沒有效力的。」這是成熟寬容的文學觀念，「至於自己歡喜做舊詩，或者

〔註78〕 《祝辭》，《國粹學報》，第4年第1號，1908年。
〔註79〕 章太炎：《國學講習會序》，《民報》第7號，科學出版社影印（一）1957年版。
〔註80〕 鄭師渠：《晚清國粹派：文化思想研究》，北京師範大學出版社，1997年版，第333頁。

是擅長於做舊詩，而就反對新詩，那未免是太專制了。」柳亞子雖然對新詩抱有好感，但終其一生都沒創作過一首新詩。他不僅支持白話文學創作，還響應新文化陣營的反孔言論，主張廢除倫常，提倡「非孝」，父子應該平輩相稱，在給兒子柳無忌的信中寫道：「狂言非孝萬人罵，我獨聞之雙耳聰。略分自應呼小友，學書休更效爾公。」〔註81〕希望兒子能擺脫傳統父子關係的限制，和他朋友相稱。這雖然不失為現代教育的有效手段，但從傳統文人的感情來說，破壞了「天地君親師」的倫理觀念，也就是破壞了他們所持的道德規範和倫理規範。柳亞子還在《次韻張天方》中進一步提出不僅要廢除父子之間的倫理觀，還要擴延開來，廢除五倫，「共和已廢君臣義，牙彗羞他說五倫，種種要翻千載案，堂堂還我一完人。」

　　雖然國粹派和南社在引介西學方面作出努力，但不加分辨的「拿來主義」和表達上的晦澀，使得他們對於西學的傳播並沒有較大幫助，影響範圍也局限在團體內部或較開明的知識分子中。真正西方文化保守主義思想的引入是由「學衡派」開展的。

二、《學衡》與新人文主義精神

　　在中國現代文學史上，以《學衡》為陣地的文化保守主義文人群體「學衡派」，與林紓、「甲寅派」一併被視為開歷史倒車的「復古派」。實際上，「學衡派」與林紓等老牌守舊人物有著重要的不同，其核心人物大都是「兩腳踏中西文化」的知識分子，新文化、新文學陣營與「學衡派」之間的論爭，已經超出了新舊、中西之爭，反映出西方文化與文學思潮本身的矛盾與鬥爭，或者說是西方各種文化、文學思潮的矛盾鬥爭在中國的回響。《學衡》雜誌創刊於 1922 年，由上海中華書局印刷發行。從 1922 年 1 月至 1933 年 7 月，《學衡》共發行了 79 期。雜誌內容分為：通論（由梅光迪主持）；述學（由馬承堃主持）；文苑（由胡先驌主持）；雜綴（由邵祖平主持）等。「學衡派」的籌備出現和基本宗旨都體現出西方保守主義思想的特徵。其宗旨如下：

　　（一）宗旨：論究學術，闡明真理，昌明國粹，融化新知。以中正之眼光，行批評之職事。無偏無黨，不激不隨。

　　（二）體裁及辦法：（甲）本雜誌於國學則以切實之工夫，為精確之研究，

〔註81〕柳亞子：《十一日自海上歸梨湖留別兒子無忌》，《樂國吟》，錫成書局，1922年。

然後整理而條析之，明其源流，著其旨要，以見吾國文化，有可與日月爭光之價值。……

　　（乙）本雜誌於西學則主博極群書，深窺底奧，然後明白辨析，審慎取擇，庶使吾國學子，潛心研究，兼收並覽，不至道聽途說，呼號標榜，陷於一偏而昧於大體也。……

　　刊物的宗旨往往是刊物的發展方向和整體風貌的集中體現：「昌明國粹」無疑是對中國傳統文化的繼承，「融化新知」則主要指吸納西方文化中的精髓，尤其是白璧德的「新人文主義」的譯介與貫徹。「前學衡時期」（1922 年～1924 年）「學衡派」致力於對新人文主義的引進，以保守來反對和制衡新文化—新文學運動。新人文主義是 20 世紀初在美國出現並引起廣泛爭論和社會反響的文化保守主義思潮，主要代表人物有歐文·白璧德、保羅·埃爾瑪·穆爾、薛爾曼等，它是對西方人文主義傳統的全盤反思與批判性繼承，因其回歸傳統的保守性質與現代西方文藝理論的主潮相疏離，1933 年白璧德逝世後新人文主義便式微了，作為美國的本土思想並未在本國茁壯成長，卻在中國留學生中找到了一批忠實的信徒。白璧德 1908 年出版的《文學與美國的大學》，第一次提出了「新人文主義」的宣言，核心思想是「人文的約束性原則」。白璧德細究歐洲 16 至 19 世紀的歷史，深感 19 世紀由於物質生產高度發展帶來精神文明的衰敗，人們私欲橫流，權力擴張，趨於功利，流於感情，中於詭辯，乃至是非善惡觀念棄絕，導致傳統觀念和道德觀念的喪失，這正是 20 世紀初社會危機的根源。新人文主義的根本原則在於：「一個人文主義者在警惕著過度同情的同時，也在防範著過度的選擇；他警惕過度的自由，也防範過度的限制；他會採取一種有限制的自由以及有同情的選擇。他相信，今天的人如果不像過去的人那樣給自己套上確定信條或紀律的枷鎖，至少也必須內在地服從於某種高於一般自我的東西，不論他把這東西叫做『上帝』，還是像遠東地區的人那樣稱為『更高的自我』，或者乾脆就叫『法』。假如沒有這種內在的限制原則，人類只會在各種極端之間劇烈搖擺。」〔註 82〕新人文主義的真髓不在於倣古復古，而在於更高意義上的意志自由和創造性摹仿，「其精意所在絕非頑固迂闊」，它儘管有「其因指陳時弊而不合時宜處」，可不少美國學者斷言，其中含有現代主義的成分，甚至「只是許多現代哲學形式的

〔註 82〕〔美〕白璧德：《文學與美國的大學》，張沛、張源譯，北京大學出版社，2004年版，第 40 頁。

一種。」〔註83〕白璧德人文主義的保守傾向的要害在於「將傳統和歷史記憶當作穩定社會和政治的力量，反對烏托邦和改革者的影響，而不是在於回到傳統形成的歷史形態之中。」〔註84〕白璧德主張以恢復古典文化的精神和傳統秩序，來匡救現代文明的弊端。他強調理性的道德意志的力量，奉行中庸平和的人生哲學，反對自由膨脹、張揚個性，試圖重建古典主義審美觀，強調文化的延續性及西方文明中的永恒價值，堅守人文主義道統，以尋求傳統對現代的規範和制約。《學衡》諸君以白璧德的新人文主義爲武器來糾正過激的新文化運動。《學衡》雜誌用了大量篇幅介紹白璧德的思想，將其視爲自身最厚重的理論依據，陸續刊有《白璧德中西人文教育談》（胡先驌，第 3 期）、《現今西洋人文主義》（梅光迪，第 8 期）、《安諾德之文化論》（梅光迪，第 14 期）、《白璧德之人文主義》（吳宓，第 19 期）、《白璧德論民治與領袖》（吳宓，第 32 期）、《白璧德釋人文主義》（徐震塄，第 34 期）、《白璧德論歐亞兩洲文化》（吳宓，第 38 期）、《白璧德論今後詩之趨勢》（吳宓，第 72 期）、《白璧德論班達與法國思想》（張蔭麟，第 74 期）等譯文。同時對新人文主義的幾位代表人物穆爾、薛爾曼、布朗乃爾的文學思想不斷介紹。如浦江清譯《薛爾曼現代文學論‧序》（第 57 期），吳宓譯《薛爾曼評傳》（第 73 期）、《穆爾論現今美國之新文學》（第 63 期）、《穆爾論自然主義與人文主義之文學》（第 72 期），編譯《白璧德論今後詩之趨勢》（第 72 期），喬有忠翻譯《布朗乃爾與美國之新野蠻主義》（第 74 期）等。在自撰的雜評述論中更是頻繁徵引白璧德的思想觀點，「客觀上造成了《學衡》是白璧德人文主義中國分店的印象。」〔註85〕「學衡派」看重白璧德的思想，是以爲中國選擇立國之道、強國之法爲基本需求的，他們認爲白璧德的學說「裨益吾國今日甚大」，「在許多基本觀念及見解上，美國的人文主義運動乃是中國人文主義運動的思想源泉及動力。」〔註86〕新人文主義被《學衡》諸公視爲建設中國文化的良好借鑒。新人文主義思想是美國思想家選擇了歐洲文化，將其移植到美國並取得成功的典範。美國擺脫了英國的統治後，一變而爲世界最強的國家，致使世界政治

〔註83〕 Dom Oliver Grosselin,*The Intuitive Voluntarism of Irving* Babbitt,St. VincentArchabbey , Latrobe, PA.1951, p.117.

〔註84〕 Richard Wightman and James T. Kloppenberg, *A Companion to American Thought*, Blackwell PublishersLtd., 1995,p53.

〔註85〕 朱壽桐：《歐文‧白璧德在中國現代文化建構中的宿命角色》，《外國文學評論》，2003 年第 2 期。

〔註86〕 羅崗、陳春艷編：《梅光迪文錄》，遼寧教育出版社，2001 年版，第 26 頁。

經濟和文明的軸心轉移，這種奇蹟般的成功使得留美的中國學生自然地將它作爲楷模，希望能把這樣的經驗應用於中國，使中國儘快強大起來。另外從思想因緣看，新人文主義與中國傳統文化淵源頗深，其思想的核心：「內在的限制原則」一部分源於愛默生受到中國文化的啓發所闡發的觀念，佛教和儒家等東方思想中的人文主義元素是白璧德思想的重要資源，其平衡協調、謹守中庸的文化理念與孔子的「中庸之道」以及佛家的「正心即佛」有著明顯的傳承關係。白璧德在《盧梭與浪漫主義》裏談到了儒家思想，中西會通、彼此參讀，眞正形成「世界的人文主義」視野。《學衡》諸子引入新人文主義，目的是在文化激變時代確立取捨傳統文化與西方文化的標準，尋找適合於中國發展的文化道路。

就中國文學而言，白璧德認爲五四新文學運動倡導者正是受到盧梭浪漫主義思想的影響才開始破壞傳統文學規範。他說：「今日在中國已開始之新舊之爭，乃正循吾人在西方所習見之故轍。」「但聞其中有主張完全拋棄中國古昔之經籍，而趨向歐西極端盧騷派之作者。」據此他便稱中國五四新文學運動爲「功利感情運動」，認爲中國「偉大之舊文明則立見其與歐西古代之舊文明，爲功利感情派所遺棄者，每深契合焉」，「正如吾西人今日之不惜舉其固有之宗教及人文道德觀念，而全拋棄之。」他奉勸「中國在力求進步時，萬不宜效歐西之將盆中小兒隨浴水而傾棄之。」〔註87〕白璧德對於中國傳統文化非常欣賞，吳宓曾提到導師「西洋古今各國文學而外，兼通政術哲理，又嫻梵文及巴利文，於佛學深造有得。雖未通漢文，然於吾國古籍之譯成西文者靡不讀。特留心吾國事，凡各國人所著書，涉及吾國者，亦莫不寓目。」〔註88〕他寄望吳宓等人用「中學」來挽救精神日益衰頹的西方，在與吳宓的通信中提到：「偉大的儒學傳統，其中包含極其美妙的人文主義成分。這一傳統需要復興和調整，使之適應新情況，但任何企圖將它徹底砸爛。據我判斷這將於中國本身是沉重的災難，最後也許將禍及其他一切。」〔註89〕

〔註87〕 胡先驌：《白璧德中西文化教育說》，《學衡》第 3 期，1922 年 3 月，原文爲白璧德 1920 年 9 月在美國東部中國留學生年會上的演講，刊於中國《留美學生月報》第 2 期，1921 年第 17 卷，題爲 Humanistic Education in China and the West。

〔註88〕 吳宓：《論白璧德、穆爾》，徐葆耕編《會通派如是說》，上海文藝出版社，1998 年版，第 24 頁。

〔註89〕 《歐文・白璧德與吳宓的六封通信》，《跨文化對話》第 6 期，上海文化出版社，2002 年版，第 149～150 頁。

吳宓所譯的《白璧德之人文主義》一文，將新人文主義的要旨歸納爲：以人合於自然之中而求安身立命。該學說以科學爲基礎，有實證主義和功利主義特徵；舊的文明以宗教爲根據，已經被新學說摧毀，所以白璧德不主張復古，而主張實證的人文主義。他認爲人道主義重博愛，人文主義重選擇，新文化應該二者兼而有之，博愛與選擇並存。這種文化選擇的思想，被當時的中國知識分子所重視。白璧德所倡導的「克制」、「平衡」和儒家學說中的「克己復禮」、中庸之道有相近之處，「新人文主義信奉人性二元論，提倡中庸，注重道德、規矩、紀律和選擇，重視普遍人類的經驗，推崇理性（或意志），秉持精英立場。他們的目的就是解決因功利主義和情感主義帶來的人的思想的混亂和社會的混亂，並試圖超越以科學、物質或人道主義、博愛主義的方式來建立國際主義。」〔註90〕新人文主義通過留美學生梅光迪、陳寅恪、張歆海（鑫海）、吳宓、郭斌龢、湯用彤、樓光來、梁實秋、林語堂等人的接受、傳播和闡發，在中國現代文學批評史上發生了深遠的影響。他們對白璧德的著述翻譯和進一步闡發，對新人文主義在中國的傳播起了關鍵性的作用，並形成了不同於新文學運動的文化保守主義思潮，並使二者達成制衡。《學衡》的主要代表人物梅光迪、胡先驌、吳宓等都親自聆聽過白璧德的言傳身教，接受了白璧德的人文思想。《學衡》創刊後，白璧德常將自己的新近之作寄給中國弟子編撰的《學衡》雜誌。

以梅光迪、吳宓、胡先驌爲代表的「學衡派」以學貫中西的姿態與新文學運動相對抗。他們用新人文主義的「制衡」立場平視新舊，既不拒絕西方文化，亦不輕視中國傳統，在某些方面，他們對新文學運動的批評確實切中肯綮，如指出白話文運動的理論根據——文學進化觀念不足爲憑，文學革命論者對西方文化文學傳統理解選擇與接受並不全面，也未能考慮到各個民族自身的特性，新文學的創作實績不盡如人意等。胡適、陳獨秀等稱之爲「中國文藝復興」的新文化運動中，對傳統文化的態度「激情越過了理智」，對傳統文化的摒棄一方面是源於「救亡壓倒啓蒙」後不可忽視的文化焦慮，另一方面是進步的歷史觀念催生了啓蒙者的信心，以充滿個人魅力的激情和富有轟動效應的言論得到了社會尤其青年的支持。五四初期文化激進主義所向披靡，基本沒有遇到舊文化陣營的有力抵抗。相對於 20 年代已經形成話語

〔註90〕劉黎紅：《五四文化保守主義思潮研究》，中國社會科學出版社，2006 年版，第 318 頁。

霸權的新文化倡導者的言論，任何一種不同的聲音都將成爲眾矢之的，在新文學陣營話語霸權下喪失發言的領域和能力。《學衡》誕生的肇因一半來源於此。據吳宓回憶，之所以要辦《學衡》：「半因胡先驌此冊《評〈嘗試集〉》撰成後，歷投南北各日報及各文學雜誌，無一願爲刊登，或無一敢爲刊登者。」〔註91〕《學衡》出現於啓蒙落潮之後，一直伴隨著整個新文化運動發軔、高潮以及歷史性衰歇。在啓蒙思潮指導下的中國文化現代轉型過程中，《學衡》以新人文主義爲主導的異質性思維參與著新文化建設，提出一種新的文化發展方案，作爲文化、思想的載體，其創辦和延續使得新舊陣營的文學觀分歧浮上水面，表述更加直接鮮明。「學衡派」反對浮濫的新文學運動，重申儒教世界「改頭換面」的先秦孔孟的人文主義理想和文學道統。梅光迪堅持認爲西方的物質文明固然發達，但「道德文明實有不如我之處。」所以要學西方的只是物質文明，而非道德文明，梅光迪所謂「將來在吾國文學上開一新局」是復興孔教和國學。孔子不僅是中國文化的中心，「孔子生前數千年之道德經驗，悉集成於孔子，而後來數千年之文化，皆賴孔子而開。」〔註92〕柳詒徵也指出：「蓋中國最大之病根，非奉行孔子之教，實在不行孔子之教。」〔註93〕吳宓也把五四新文化運動視爲西方近代以來的各種新潮在中國的反映。在他看來，只有那些「不明世界實情，不顧國之興亡，而只喜自己放縱邀名者，則趨附『新文學』。讀過國學和西學的人都不會贊成，中西兼通者最不贊成。」他甚至認爲新文學是亂國之文學，「土匪之文學」，新文學的各種主張及其所表現描寫的，「凡國之衰亡時，皆必有之。」所以「今之盛倡白話文學者，其流毒甚大。」〔註94〕吳宓指控新文學，其中的一條罪狀即引入了西方 19 世紀以來的「寫實主義」，「今西洋之寫實派小說，只描摹粗惡污穢之事，視人如獸，只有淫欲，毫無知識義理。」這種徹底否定寫實主義的觀點來自新人文主義文學批評家穆爾（Paul Elmer More）等人的啓發，也是白壁德文學思想的一種延伸。「學衡派」對西方古典文化的介紹在當時獨樹一幟。新文化陣營對西方文化的介紹集中在文藝復興以後，「學衡派」另闢蹊徑，對「新人文主義」的文化追求和對新舊關係的認識使他們相對重視西方古典文化。他們通過一系列譯文向國人介紹了古羅馬、希臘文化的精

〔註91〕吳宓：《吳宓自編年譜》，生活‧讀書‧新知三聯書店，1995 年版，第 229 頁。
〔註92〕張其昀：《中國與中道》，《學衡》第 41 期，1925 年 5 月。
〔註93〕柳詒徵：《論中國近世之病源》，《學衡》第 3 期，1922 年 3 月。
〔註94〕吳宓：《吳宓日記》II，生活‧讀書‧新知三聯書店，1998 年版，第 115 頁。

神，希臘的宗教、哲學、歷史、美術等方面，介紹羅馬的譯文有吳宓翻譯的《羅馬之留傳第七篇羅馬之家族及社會生活》（第 38 期）。他們對古典哲學家柏拉圖、蘇格拉底、亞里士多德等人的作品進行譯介，景昌極翻譯了《蘇格拉底自辯文》，《學衡》上刊載了柏拉圖的語錄，湯用彤翻譯了《亞里士多德哲學大綱》，向達、夏崇璞翻譯了十卷《亞里士多德倫理學》。在西方著名文學家的誕辰和逝世紀念日，《學衡》也經常做一些生平學術介紹，其中吳宓的成績最卓著。他在《學衡》開了兩份書目：《西洋文學精要書目》和《西洋文學入門必讀書目》，撰寫《希臘文學史第一章‧荷馬之史詩》和《希臘文學史第二章‧希霄德之訓詩》，翻譯《世界文學史》和《世界文學史第三章‧聖經之文學》，還對英國詩歌進行評點，創作《英詩淺解凡例》、《英詩淺釋》等作品。他們認為新文學運動提倡的文學觀中很多只是為了圖一時之實效，而忽視文學本身的真諦。「今之倡『新文學』者，豈其有眼無珠，不能確察切視，乃取西洋之瘡痂狗糞，以進於中國之人。」〔註95〕這種運動非但不能建設真正的新文學，反而摧毀了傳統的文化遺產。因此「學衡派」不能接受專用白話、廢棄文言、新文學獨立等主張。在文學上，「學衡派」重視文學的永恆價值，忽略文學的時代性，在全面維護傳統文化的同時，寫了不少文章來對文學領域的反傳統（即籠統地反對舊文學）的傾向進行批駁。他們有的提出「文學無新舊之異」，因此「新文學一名詞根本不能成立，應在廢置之列」；有的提出「革命者，以新代舊、以此易彼之謂」，而文學的發展只是「文學體裁之增加，實非完全變遷，尤非革命也」，所以文學不能「革命」；從根本上否定掉文學革命和新文學存在的根據。

　　以《學衡》為代表的「文化保守派」對文化激進主義的對峙性反思，構成了這個時期文學結構中最有力的對抗力量，二者的較量有時以潛在對話的方式存在，有時以鮮明對壘的方式進行。「學衡派」與文化激進主義者的根本分歧不在於新文化運動是否應該發生，而在於「新文化」應該如何生成。文化激進主義者主張「西化」，對傳統文化進行「徹底的」、「全盤的」全新改造，「學衡派」主張「創新之道，乃在復古歐化之外」，要「兼取中西文化文明之精華而鎔鑄之，貫通之。」〔註96〕「學衡派」提出的「貫通」的文化創新理念實際上是以各種文化體系的平等位置為價值預設，而不是把不同文

〔註95〕吳宓：《吳宓日記》Ⅱ，生活‧讀書‧新知三聯書店，1998 年版，第 115 頁。
〔註96〕吳芳吉：《再論吾人眼中之新舊文學觀》，《學衡》第 21 期，1923 年 9 月。

化、文明在一條進化直線上進行優與劣、先進與落後的二元論區分。他們認為「西洋眞正之文化與吾國之國粹，實多互相發明，互相裨益之處，甚可兼收並蓄，相得益彰。誠能保存國粹，而又昌明歐化，融會貫通，則學藝文章，必多奇光異彩」。所以「欲造成新文化，則當先通知舊有之文化」〔註97〕。對於西方文化的吸納也不應全盤接受，應有恒定的選擇標準：「已認其本體之有價值，當以適用於吾國爲斷，適用云者，或以其與吾國固有文化之精神，不相背馳，取之足收培養擴大之功，如雨露肥料之於植物然」，「采擇適當，融化無礙」〔註98〕。認定不同文明譜系之間以平等地位相互彙通之後，「學衡派」對新文化運動得以展開的根本理論依據——進化論觀念以及由此衍生的一系列問題給予了分析和辯駁，他們認爲：「物質科學以積累而成，故其發達也，循直線以進，愈久愈祥，愈晚出愈精妙。然人事之學，如歷史、政治、文章、美術等，則或繫於社會之實境，或由於個人之天才，其發達也，無一定之軌轍，故後來者不必居上，晚出者不必勝前。」具體到文學上，進化論更不是萬能的法則：「文學之歷史流變，非文學之遞嬗進化，乃文化之推衍發展，非文學之器物的時代革新，乃文學之領土的隨時擴大。非文學爲適應其時代環境，而新陳代謝，變化上進，乃文學之因緣其歷史環境，而推陳出新，積厚外伸也。文學爲情感與藝術之產物，其自身無歷史進化之要求，而只有時代發展之可能……其『變』者，乃推陳出新之自由發展的創造作用，而非新陳代謝的天演進化的革命作用也。」〔註99〕「學衡派」打破了新文化激進派以新舊劃分一切的簡單模式，強調新人文主義超越社會和時空的本質特徵，力圖以公正客觀的學理以及「無偏無黨、不激不隨」的批評來糾正新文化運動的偏頗。《學衡》創建的目的之一就是要以「整理收束之運動」作爲新文化運動現代化方案的一種補償和糾偏：「吾之所以不慊於新文化運動者，非以其新也，實以其所主張之道理，所輸入之材料，多屬一偏。」〔註100〕因此，周作人曾告誡對《學衡》：「不必去太歧視它」，因爲它「只是新文學的旁支，決不是敵人。」〔註101〕「學衡派」構想的完美文化現代轉型方案帶有文化烏托邦色彩：「中國之文化，以孔教爲中樞，以佛教爲輔翼，西洋之文化，以希

〔註97〕吳宓：《論新文化運動》，《學衡》第4期，1922年4月。
〔註98〕梅光迪：《現今西洋人文主義》，《學衡》第8期，1922年8月。
〔註99〕易峻：《評文學革命與文學專制》，《學衡》第79期，1933年7月。
〔註100〕吳宓：《論新文化運動》，《學衡》第4期，1922年4月。
〔註101〕周作人：《惡趣味的毒害》，《晨報・副鐫》，1922年10月9日。

臘羅馬之文章哲理與耶教融合孕育而成，今欲造成新文化，則當先通知舊有文化。……今既須通知舊有文化矣，則當於以上所言之四者：孔教、佛教、希臘羅馬之文章哲學及耶教之眞義，首當研究，方爲正道。」〔註102〕無論是主張借外來思想對中國固有文化傳統進行震蕩性整理的文化激進主義，還是固守傳統文化的有效性價值，力圖對本位文化進行創造性轉換的文化保守主義，作爲 20 世紀中國歷史現代化方案中的一部分都有其相對的合理性，而正是這些不同價值範疇在同一個歷史結構中的對峙、共生構成了歷史現代轉型的合力。但是在文化和文學的轉型初期，最需要的是處在「抗往代之大潮」時打破舊規範的偏至性力量，文化保守主義者對於文化轉型所設計的「既要……又要」的思維模式看似更具學理性，卻往往從「兩全」的理想滑向「兩難」的處境，魯迅曾指出：「既許信仰自由，卻又特別尊孔；既自命『聖朝遺老』，卻又在民國拿錢；既說是應該革新，卻又主張復古；四面八方幾乎都是二三重以至於多重的事物，每重又各各自相矛盾。一切人便都在這矛盾中間，互相抱怨著過活，誰也沒有好處。」「要想進步，要想太平，總得連根的拔去了『二重思想』。因爲世界雖然不小，但彷徨的人種，是終竟尋不出位置的。」〔註103〕以「學衡派」爲代表的文化保守主義者在中西文化的穿行中獲得了能表述其守成傳統「之所以然」的理論支撐——白璧德的新人文主義，與文化激進主義眞正構成了對話和對峙，這種對抗並不是反啓蒙與主張新文化運動的啓蒙的對抗，而是屬於同一新文化運動層面的不同思維的對抗。「學衡派」作爲中國現代學術啓蒙的一面旗幟，其倡導的學術規範和傳統思想精粹的倡揚，對於中國學術思想的均衡發展、民族文化的弘揚，起到了一定的作用。由於其思想主旨與採用的文言形式，偏離了當時中國社會發展的主題，「學衡派」長期遭到曲解和打擊，文學觀念影響力較小，沒能眞正推動中國文學的現代進程。梁實秋指出白璧德「人文主義的思想，固有其因指陳時弊而不合時宜處，但其精意所在絕非頑固迂闊。可惜這一套思想被《學衡》的文言主張及其特殊色彩所拖累，以至於未能發揮其應有的影響，這是很不幸的。」〔註104〕「學衡派」在掊擊新文化運動激進的同時，並沒有很紮實地發掘傳統

〔註102〕吳宓：《論新文化運動》，《學衡》第 4 期，1922 年 4 月。

〔註103〕魯迅：《熱風・隨感錄五十四》，《魯迅全集》，人民文學出版社，1981 年版，第 345 頁。

〔註104〕梁實秋：《關於白璧德先生及其思想》，梁實秋等編著《關於白璧德大師》，巨浪出版社，1977 年版，第 2 頁。

文化中的精神並與當時的文化背景結合形成有力的話語聲勢，以至魯迅鄙夷地說：「『衡』了一頓，僅僅『衡』出了自己的銖兩來，於新文化無傷，於國粹也差得遠。」〔註105〕「學衡派」的代表人物以白璧德的人文主義為思想參照，對新文化運動的功過進行了反思，批判君主專制制度，支持民主共和的政治主張，提出了兼容中西的新文化建設方針，雖因出現的時機不適宜而未能構成較大影響，但他們所提供的文化發展方案，公允地看，是20年代難得的具有明晰學理性的建設性構想。

「學衡派」與國粹思潮有著密切聯繫。首先成員之間有重合，79期《學衡》中作者為南社成員的有胡先驌、梅光迪、諸宗元、葉玉森、吳梅、黃節、吳恭亨、曹經沅、楊銓（杏佛）、汪精衛、徐英、林學衡等，南社的極端保守和文化民族主義傾向也被帶進了刊物中。其次他們的活動場域相近，「學衡派」成員多為東南大學教授，《國粹學報》主筆及南社的主要發起人陳去病也在東南大學執教。再次他們的文學主張接近，「學衡派」毫不隱晦地自稱承國粹派的餘緒，認為他們面對「山河破碎，風雲慘澹，雖號建新國而德失舊風」〔註106〕的時局和文化狀況，以新一代國粹派自居。吳宓說：「為保國保種之計，尤須保存國粹，如是則國粹不失，歐化亦成，所謂造成新文化融合東西兩大文化的奇功，或可企致。」〔註107〕胡先驌宗法宋詩，推崇同光體，《學衡》雜誌上大量刊登江西詩人的作品，如同光體詩派中的陳三立、夏敬觀、華焯、王易、王浩、胡先驌、陳衡恪、汪國垣（江西派）、沈曾植（浙派）、諸宗元、陳寶琛（閩派）、陳澹然等人的作品，使得「文苑」欄目成了後期「江西詩派」的陣地、南社詩人的餘音。此外常州詞派、桐城派的詩文也常見諸於刊物。「學衡派」內部延續了南社「宗唐」還是「宗宋」的爭論，胡先驌一貫支持宗宋，而吳宓則看到「近世中國之以舊體詩鳴者，率皆宋詩，且姝姝於江西宗派。……竊謂此實詩界之蹇運，亦中國衰亡之征。」〔註108〕這種不同的文學風尚導致《學衡》的「文苑」欄目很快分化為「詩錄一」、「詩錄二」。「國學研究會」與同校的「學衡派」之間互不往來。可能是由於二者活動主體的專業背景和思想傾向存在差異。「學衡派」以深受新人文主義大師白璧德影響的留美歸國學生為主，參與者是具有專業素養的各科學者，如哲學、農科、歷史、天文、

〔註105〕魯迅：《估學衡》，《晨報·副鐫》，1922年2月9日，署名風聲。
〔註106〕吳宓：《滄桑豔傳奇·敍言》，《益智雜誌》第1卷第3期，1913年。
〔註107〕吳宓：《論新文化運動》，《學衡》第4期，1922年4月。
〔註108〕吳宓：《艮齋詩草·後序》，《吳宓詩集》，中華書局，1935年版。

心理等，成員對西方文化都有較透徹的瞭解，在深厚的中學基礎和西學體悟之上提出的中西結合的文化建設方案。而「國學研究會」則是以東南大學國文系的師生爲主體而發展起來的，也是受「整理國故」的口號吸引發起成立的，主要指導教師陳中凡教授對《學衡》不滿，雖然沒有正面反駁，但二者不通訊息。「學衡派」以文化批評爲主，「國學研究會」則致力於國學研究。「學衡派」在理論上提倡發揚文學保守主義傳統，在創作上，尤其是舊體詩詞、文言作品上有所成就，但沒能團結「國學研究會」這一具有學術實力的團體，使得整體實力和創作實績都無法與新文學陣營相比，使其觀點和理論流於空洞，社會影響較小。「學衡派」的問題決不是一個簡單的「復古」問題。他們的理論主張和創作實踐有保守的一面，同時也體現出中國接納西方文明的另一條路徑。

第三節　文化保守主義與政治保守主義的關聯

作爲一種世界性的文化現象，中國文化保守主義雖然與其他國家或地區的文化保守主義有著相似的思想進路和共同的文化主題，如強調歷史的延續性，尊重權威、尊重等級秩序、要求在維護現存秩序的前提下穩步地謀求社會的進步與改良、反對激進的全盤式的社會變革等。保守主義者往往倚重經驗而懷疑理性，保障自由而排斥極權專制，主張修剪枝葉式的社會變革而反對連根拔起的徹底重建。但由於中國的文化保守主義出現的政治環境比較特殊，其時中國已淪爲半殖民地半封建社會，面臨著不同的「前現代」傳統和多種現代化路徑的抉擇，濃厚的民族主義色彩成爲中國文化保守主義的特徵之一。1840 年鴉片戰爭後，中國逐步失去了國家獨立和主權，面臨著亡國滅種的危機。民族主義情緒高漲，振興民族，救亡圖存，是擺在每一個炎黃子孫面前的首要任務。文化保守主義思潮當然也不例外，它的形成和發展始終與民族主義聯結在一起，文化保守主義者對傳統文化的維護，往往表現出強烈的民族自尊心和複雜的民族自卑情緒。他們力圖通過對傳統文化的維護和弘揚，來證明古聖先賢所創造的燦爛多姿的中華文化和文明並不比西方文化和文明遜色，甚至還優於它們，以此激勵人們的民族情緒。中國文化保守主義者往往具有強烈的文化進步意識，正如美籍華裔學者林毓生所指出：「在十九世紀九十年代的中國第一代知識分子同 20 世紀的第二代知識分子之間，儘管存在著許多差異，但這兩代知識分子中大多數人專心致志的卻是一個有著

共同特點的課題，那就是要振興腐敗沒落的中國，只能從徹底轉變中國人的世界觀和完全重建中國人的思想意識入手。」〔註109〕20世紀以來，特別是辛亥革命發生後，中西文明的衝突、中國文化的變革已由器物、制度層面擴展到心理層面，中國吸收了西方的自然科學、技術科學，繼而社會科學，如哲學、文學等。學者們在努力尋求落後原因和發展途徑時，認定中國的近代以來的民族危機根源在於文化危機。因此要解決中國問題必須從文化入手，謀求文化上的解決。由於文化取向的不同，文化保守主義者和文化激進主義者提出的途徑截然相反：文化激進主義者全盤否定傳統文化，主張徹底西化，迅速吸納西方文明；文化保守主義者則維護、弘揚傳統，主張以中國文化爲本位的中西文化調和論。雙方均爲無政治勢力的知識分子，如大學教授或報刊編輯，大多遠離政治權力中心，缺乏政治實踐經驗，無法找到實現自己政治抱負的力量。因此，他們只好避開現實的政治、經濟和社會制度問題，「從思想文化途徑上謀求中國問題的解決，或者說，從思想文化上爲解決中國問題創造條件，這對他們來說是自然而又合理的選擇。」〔註110〕

一、民族主義思想傾向

「20年代初的中國政治出現了一個近代前所未有的新現象，即中央政府漸失駕馭力，而南北大小軍閥已實際形成佔地而治的割據局面。」〔註111〕軍閥爲了維護自身利益，互相征戰，踐踏民主制度，導致內政混亂、外交失敗、民族危在旦夕。這時知識分子紛紛尋找救國道路，以強烈的民族主義精神爲號召，組織革命文學團體。國粹學派的核心組織國學保存會和南社都是在中國教育會影響下成立的有鮮明政治色彩的文化文學團體，「從中國教育會——國學保存會——南社，正是南社在成立前由政治宣傳而尋求學術上的支持，由學術而文學所經歷的路程。教育會期間，是南社人物確政治立場的時期；國學保存會和《國粹學報》的前期，則是南社人物從經史中發抉政治信念根據的時期；而南社的成立，則標誌著他們在詩壇『大建革命軍之旗』。」〔註112〕

〔註109〕林毓生：《中國意識的危機：「五四」時期激烈的反傳統主義》，穆善培譯，貴州人民出版社，1988年版，第45頁。

〔註110〕鄭大華：《中國文化保守主義研究的幾個問題》，《天津社會科學》，2005年第2期。

〔註111〕羅志田：《亂世潛流：民族主義與國家政治》，上海古籍出版社，2001年版，第144頁。

〔註112〕孫之梅：《南社與國粹學派》，《南京理工大學學報》，2006年第2期。

國學保存會與南社都具有民族主義的歷史觀，有時甚至表現爲大漢族主義，鼓勵成員積極參與反清革命鬥爭。他們提出要嚴夷夏之大防，申華夏之優越，試圖光復華漢，重建輝煌。黃節在《黃史・總敘》中稱少數民族入主中原爲「中國之不國也」，「國史之羞也」。〔註113〕章太炎、劉師培等人都贊同這一觀點，未能認識到近代的民族主義不同於古代的「夷夏之辨」，在關注種族壓迫時更應重視封建專制的危害。他們以西方的文化觀爲準則，從古學中挖掘與之相切合處，以便達到國粹自足，導致文化研究出現兩種偏頗：或「視西人若神聖，視西籍若帝天」；或中西比照，牽強附會，自我滿足。這顯示出知識分子在中西文化的選擇融合中對本民族文化缺乏自信而又不願棄中就西的困惑。黃節的《黃史》、陳去病的《明遺民錄》、龐樹柏的《龍禪室摭譚》等著作試圖用歷史著作的實績表現國粹派民族主義的歷史觀。他們指出戊戌之後西方文明湧入中國，知識分子「稍稍耳新學之語」，「言非同西方之理弗道，事非同西方之術弗行，掊擊舊物，惟恐不力」。〔註114〕中國之國粹遭到全盤否定，「數千年老大帝國之國粹，猶數百年陳屍枯骨之骨髓，雖欲保存，其奈臭味污穢，令人掩鼻作嘔何，徒增阻力於青年之吸收新理新學也。」這時黃節提出倡導保存傳統文化精粹：所謂國粹，是「發現於國體，輸入於國界，蘊藏於國民之原質，具一種獨立之思想者」，「有優美而無粗粝，有壯旺而無稚弱，有開通而無錮蔽，爲人群進化之腦髓者」。對於其他國家的文化，「知其宜而交通調和之，知其不宜，則守其所自有之宜，以求其所未有之宜，而保存之。」認爲國粹對一個國家極爲重要，保存之，「可以成一特別精神之國家」，「我不保存之，則人將攘奪之，還以我之粹而攻我之不粹，則國不成其爲國矣」，把保存國粹與保國求存聯繫在一起。

作爲具有鮮明政治色彩的文學團體，國粹派和南社對於西學的接受經過了被動灌輸──選擇──主動借鑒的過程，即「夷學──西學──新學」的轉變過程。中國社會政治變革使得文學難以與政治剝離，在半自覺的過程中進入了政治系統，並一直試圖爲政治尋找更好的出路。漫長歷史積澱下來的舊文化已經與民族認同、民族團結緊密結合在一起，文學在此時承載了保學救國的重任，直接關係到傳統文化的接續和本土現實的政治訴求。國粹思潮與南社的影響包含了一個時代的思想形態，是對西學衝擊下民族性、民族文化

〔註113〕馬敘倫：《史學總論》，《新世界學報》，1902年第1期。
〔註114〕魯迅：《文化偏至論》，《河南》，1907年。

和民族認同意識的守護，將文化具有民族性作爲處理中西文化關係的一個理論根據。他們指出「不知舊物，決不能言新」：如白話文作爲一種新語體流行於市民階層；在中國傳統語境下的文學翻譯，不僅引入了新觀念和新話語，同時配合著亂世感時憂國的民族情緒。他們的學術思想和文化情思均以文學和學術作爲革命派反清救國政治目標的文化支持。正是借助晚清民初的政治變革和民眾的政治訴求，國粹思潮和南社才發掘出自身的近代意義，並形成了民國初年保守主義的傳統底蘊，爲南京文化保守主義傳統的延續和發展做好了鋪墊。

二、文化保守主義與政治取向的不一致

文化保守主義的傳播，與政治保守主義雖有一定聯繫，但多數文化保守主義者並非政治的積極參與者，他們保留了傳統士人參政議政的風氣，在政治改革方面吸納了西方先進政治思想，傾向於民主共和。有研究者認爲：「文化保守思潮政治上的負面影響，主要表現在文化保守思想家可能與政府結合，阻礙新思潮的傳播。」〔註115〕這種看法有失偏頗，文化保守主義者並不一定是政治保守主義者。晚清文化保守主義思想家們的入世欲和參政欲強烈，擺出一副帝師王佐的派頭。他們雖熱心於政治，卻從未放棄個人的政治立場，如國粹派的章太炎孤傲狷介，寧可逃亡海外、坐穿牢底，也不同滿清政府合作。國粹派的「國粹」、「國學」、「國故」是近代意義上的「以學救國」，目的是爲了推進社會進步，促進民族（尤其是漢族）覺醒，推翻滿清政府的統治；與辛亥革命後的歷屆政府，包括北洋軍閥的民國政府，國民黨的國民政府，甚至日本侵華期間建立的華北僞政府，提倡國粹（國學、國故）的政治策略目的不同。政客們以保存國粹激發國民的愛國熱情，掩蓋政府職權上的無能，轉移民眾因內憂外患而積累起的對政府的不滿，壓制進步思想的傳播。如張作霖把奉天外國語專門學校改爲崇古學校的理由是「造成雍穆儒雅之學子」，「免產出多數新分子演出聚集新華門之風潮」。〔註116〕袁世凱爲力倡「尊孔復古」，頒佈《通令尊崇孔聖文》，「以期國命於無結，鞏共和於不敝」；《天壇憲法》第 19 條中規定：「國民教育以孔教爲修身大本」的條款，同時發佈《注重德育整飭學風令》，要通過尊孔讀經來整頓學風。這些舉措是爲了推行文化專制，「以恢復人民服從專制

〔註115〕喻大華：《晚清文化保守思潮研究》，人民出版社，2001 年版，第 255 頁。
〔註116〕《張作霖也崇聖好古》，《晨報》，1920 年 3 月 25 日。

之心理」，利用禮教所具有的社會控制功能爲統治服務，壓制新思想的傳播。文化保守主義者力圖固守本民族的文化傳統，也會與新思想發生爭執，這導致新文學倡導者對文化保守主義者的政治歸屬心懷疑慮，往往先預設對手是反動政府的文化幫兇，阻礙中國文化進步的禍首，因此在辯論中往往忽視文化保守主義理念中的合理成分，以偏離文學主旨、牽涉政治觀念的嘲諷態度進行攻擊。新文化陣營一般認爲林紓事件及各種古文復興運動都有政治背景，與當權者有密切的關係。周作人說它們都是「非文學的古文運動」，因爲其「含有政治作用，聲勢浩大，又大抵是大規模的復古運動之一支，與思想道德禮法等等的復古相關，有如長蛇陣，反對的人難以下手總攻，蓋如只擊破文學上的一點仍不能取勝，以該運動本非在文學上立腳，而此外的種種運動均爲之支柱，決不會就倒。」所以他斷定：「在這運動後面都有政治的意味，都有人物的背景。」〔註117〕就像新文化支持者認知中傳統的壓迫更多的是假想性的迫害，其看到的古文運動的政治背景也多類此。不過在那些正在「假想」的文人心中，傳統的壓力和古文運動的政治背景是眞實的存在。也就是說，從前述新文化運動衍化的內在理路和新文化支持者心路發展的邏輯走向上，都提示著走向政治的趨勢：他們因主張文學的表述形式與思想社會有關，就走向思想革命和社會改革；因假想對立面有政治背景，也就越來越往政治方面著眼。

　　文化保守主義者爲了推行自己的主張，迫切需要來自政府的支持，但他們從未在強權和誘惑面前放棄自己的獨立品格，甚至爲了拒斥政府給予的有條件的幫助而付出巨大代價。國學保存會從創辦到結束，有明確的政治主張，從未接受政府或官員的任何幫助，是類似明清文人社團的獨立於政府和權威之外的政治文化團體。所有活動經費來自成員捐獻或社會募集，《國粹學報》第一期《略例》中稱：「創辦人籌足三年資本。」這份資本很大一部分來源於創始人黃節，他「不顧親友反對，毅然將祖業變賣」，毀家紓難提供國學保存會的創辦資本，並捐獻所購明清間禁書數千種，陸續編印《風雨樓叢書》和《古學彙刊》。南社同樣不接受政府策動、財團支持，社團經費來源於會員募集，不足之數主要由柳亞子補足。「印《南社》費，即以社員入會金充之（每人一元），如不足時，概由提倡人擔任，不另籌。」「雅集費臨時再行酌捐。」〔註118〕他們掌控的媒體機構對滿清政府和軍閥政府極盡

〔註117〕周作人：《苦茶隨筆‧現代散文選序》，北新書局，1936年版，第105頁。
〔註118〕柳亞子：《南社例十八條》，《民吁報》，1909年10月27日。

揭露之能事，尤以民國元年、二年《帝國日報》、《太平洋報》等報刊的影響巨大。「一方面在分崩離析的國難當頭高舉起反清革命的旗幟，並在與袁世凱復辟活動的鬥爭中衝鋒陷陣，接續了我國知識分子可貴的憂國憂民、天將降大任於斯人的責任感與使命感，同時另一方面，在他們的文學理想與圖式中也繼承了傳統文學『傳奇』與『志怪』的消遣性因子。文學既是鼓吹革命的武器，同時也可以是供人民娛樂與輕鬆的精神性產品。」〔註119〕就《學衡》來看，保持學術與社會現實之間的張力是他們一直堅守的學術進境。在缺乏辦刊基金的情況下，他們拒絕了章士釗的贈款，以示《學衡》有獨立的文化品格，與政府官員、復古文人毫無關係。「學衡派」雖然沒有與政治保守勢力聯合，但也具有自身的政治理想。《學衡》之所以選擇了新人文主義為思想指導，一部分原因在於新人文主義在立國之道上頗有指導意義。白璧德以為：中國人為的「文藝復興運動」，決不可忽略道德，不可盲從今日歐西流行之說，提倡偽道德。如果功利主義過深，則中國學習西方所得，只不過是打字機、電話、汽車等機器。中國人不要冒進步之虛名，忘卻固有文化，應該研究西洋自古希臘以來真正的文化，用於自己的文化建設。中西文化均是主人文的。科學是國際性的，但如果誤用於國勢的擴張，那麼人道主義、博愛主義只能成為夢幻。白璧德還特別提出，中國必將有一次新的孔教運動，擺脫昔日一切學究虛文的積習，而為精神的建設。這些觀念深得吳宓等人的贊同，吳宓翻譯《白璧德論歐亞兩洲文化》一文，在按語中指出，「吾國人今日之大病根，在不讀西史，不研西洋文學，不細察西人之思想性行，不深究彼中強弱盛衰之故。」只是浮光掠影，騰為口說。所以在選擇文化時，不明世界大勢，空呼口號。」吳宓認為：要杜絕帝國主義的侵略，免瓜分滅亡，只有「提倡國家主義，改良百度，禦侮圖強」。尤其要「培植道德，樹立品格。使國人皆精勤奮發，聰明強毅，不為利欲所驅，不為聱說狂潮所中。愛護先聖先賢所創立之精神教化，有與共生死之決心。」〔註120〕文學理念和政治傾向上的契合，促使「學衡派」將新人文主義引入中國並大力傳播。1927～1928 年文化保守主義思潮發展受政治變革的影響進入低谷。1927 年國民黨北伐開始，印刷工人響應北伐罷工及國民黨佔領上海後控制輿論出版，導致《學衡》停刊一年。同年 6 月王國維自殺。1928 年 7 月，曾任段祺瑞政府教育總長、執政府秘書的章士釗遭到國民政府的通緝，避禍歐洲。1928

〔註119〕欒梅健：《民間的文人雅集：南社研究》，東方出版中心 2006 年版，第 124 頁。
〔註120〕吳宓：《白璧德論歐亞兩洲文化》，《學衡》第 38 期，1925 年 2 月。

年底梁啓超病重。這些重要人物的離去，大大削弱了文化保守主義陣營的影
響力。20 世紀 30 年代，文化保守主義一度復興，很大一部分原因在於國民
黨文化政策的調整。國民黨以儒學來解釋三民主義，把儒學稱爲國魂，並發
起了「新生活運動」，希圖借文化民族主義力量來強化意識形態建設，即藉
此抗衡共產主義思潮。這種帶有鮮明政治目的的文化政策，不僅強化了國民
黨訓政的力度，也爲文化保守主義者提供了更加廣闊的活動空間，得到文化
保守主義者不同程度的響應：梁漱溟忙於在「孔誕紀念會」上宣講他的學說；
中央大學的《國風》半月刊出版「聖誕」（孔聖人誕辰紀念）特刊；以熊十
力、馮友蘭、賀麟和張東蓀等爲代表的文化保守主義者 1935 年發表了《中
國本位的文化建設宣言》（也稱「十教授宣言」），對「新生活運動」進行回
應（十教授都是國民黨黨員）。

　　新文學運動同樣具有政治背景，「五四從頭至尾，是一個政治運動，而前頭
的一段文學革命，後頭的一段新文化運動，乃是焊接上去的。」〔註121〕北京之
所以成爲全國學術文化中心「是由五四運動而來的」。其成爲「學術」中心是靠
了政治的力量，更由於「中國是在革命的時期，所謂學術文化的中心也擺脫不
了這個色彩，所以北平學界的聲名總是多少帶著革命性或政治性的，不是尋常
純學術的立場。」〔註122〕這是時人的共識。民初的中國社會，因政治制度的轉
換和傳統的崩壞，中心勢力尚未形成權威，沒有統一的意識形態，各種「主義」
興起。直到國民黨開始清黨運動，這種「統一思想的棒喝主義」形成白色恐怖
後，周作人感慨過去「普通總覺得南京與北京有點不同」。但許多「青年朋友的
橫死」，而且大都不是死於戰場，卻是「從國民黨裏被清出而槍斃或斬決」，即
「死在所謂最正大的清黨運動裏」，〔註123〕可見南京並不是國民黨標榜的「青
白」世界，在派系爭鬥、利益分贓時暴露出來的醜惡現象與軍閥盤踞的北京並
無二致。《現代評論》一位署名「英子」的作者說：湘鄂軍閥因土豪劣紳之名殺
人，北方以三民主義之名殺人，南京以共產黨之名殺人，實際上都是「爲了政
見不同的殺人而殺人」。結果是「湘鄂愈殺反共產人，蘇粵也愈殺共產黨人。」
〔註124〕在這種惡劣的政治環境下，新文化陣營對政治的看法開始與文化保守主

〔註121〕羅志田：《亂世潛流：民族主義與國家政治》，上海古籍出版社，2001 年版，
　　　　第 114 頁。
〔註122〕周作人：《四九年以後》，《知堂集外文》，嶽麓書社，1988 年版，第 27 頁。
〔註123〕周作人：《偶感四則》，《談虎集》，嶽麓書社，1989 年版，第 168 頁。
〔註124〕英子：《不要殺了》，《現代評論》第 5 卷第 128 期，1927 年 5 月 21 日。

義者接近，他們想起了孔孟之道，不約而同地引用孟子的話，要使天下「定於一」，須要有一個先決條件，「不嗜殺人者能一之。」

文化保守主義的興起與政治環境有密切關係，二三十年代國際環境複雜，兩次世界大戰重新分配了資源和利益，西方國家之間的鬥爭態勢不明朗；社會主義革命如火如荼，西方世界的種種弊端暴露得淋漓盡致，這使得文化保守者們的主張較易獲得社會的共鳴。30 年代民族危機激化，爆發了全民族的抗戰。這為堅持以民族文化為本位的文化保守主義思潮提供了一個較好的發展環境。此外中華民國的歷屆政府為了維護自身統治，較重視提倡國粹（國故、國學等），這在客觀上使文化保守主義者獲得了較大的活動空間。文化保守主義者推崇中國傳統文化，對西方現代技術、工業文明抱有強烈的排斥心理，在某種層面上與執政者的文化政策有切合之處，這也是對他們的政治面目出現誤解的原因。但文化保守主義者從未依附於統治者，他們的文化目的和當權者的文化政策本質上毫不相同。文化保守主義理念是他們面對積貧積弱的國家，日益衰頹的傳統文化，出於民族責任感和文化觀念上的遠見卓識，引介並實行的有烏托邦性質的文化建設方案。

文化保守主義的出現具有歷史必然性，中華民族具有悠久的歷史和豐富的文化積澱，在漫長的發展歷程中形成了自成規模、有效運作的器物、制度、行為、觀念系統。不管與西方資本主義形態的文化相比，這些制度觀念有多麼落後，他們在一代又一代本民族大眾生活中，已經樹立起毋庸置疑的權威。在沒有遇到毀滅性外力干擾或更加強有力的新權威懾服的情況下，這種固有的權威將保持歷史的慣性，以民族文化精華的形式一代代地傳襲下去。面對西方現代文明的強勁擴張，本民族的文化系統必然作出保護自身、調適變化、求得發展的回應。在依靠外來刺激促進現代化進程的國家，知識分子普遍傾向於文化保守主義的立場。文化保守主義者是社會有意識的傳統文化維繫的基本力量。他們將西方文明歸為「物質文明」，而將中國傳統文化歸為「精神文明」一類。他們一般都承認前者有助於提高人類的物質生活水準，但同時也強調後者在提升人們的道德、精神水平方面有自己的優勢，認為「只有精神性東方之文化的重振才能解救過度理性並明顯自毀中的西方。」〔註125〕處在弱者地位的文化保守主義者具有強

〔註125〕〔美〕艾愷：《世界範圍內的反現代化思潮——論文化守成主義》，貴州人民
　　　　出版社，1991 年版，第 27 頁。

烈的民族情感,對歷史傳統的「偏愛」,積極致力於民族文化遺產的搜集、整理和研究,保護本身的文化傳統是保守主義者應負的重任,也是民族和國家延續下去的重要標誌。從感情趨向上看,文化保守主義並非一味守舊、復古,但它也很難充分認識現代化所必需的社會系統的「整體創造性轉換」的決定意義。這種創造性轉換,是在全新的時空條件下,自然與社會、個體與群體、法制與倫理、工藝與道德相互關係的革命性重組。這就意味著民族的文化傳統儘管必然會作用於現代化的社會,但是它們已經不再是原本意義、原本形態上的傳統了。因此文化保守主義者提出的新文化進路,如「學衡派」提出的新人文主義精神,在現實中缺乏可行性。從思維方式方面看,文化保守主義一般採取機械的兩分法來處理「體」與「用」、精神與物質、法制與道德、個體與群體、感性與理智、分析與綜合甚至農業與工業、鄉村與城市等等關係。文化保守主義一般並不完全排斥現代化的成果,尤其是物質、技術層面的成果。但是他們在同意吸納這些成果進入本民族文化系統的時候,又總是有意貶低其地位、作用和意義,把它們歸爲隸屬於永久不變的本民族精神的「體」統轄之下的「用」。

南京文化保守主義傳統的形成和延續與當時社會環境有關。二十世紀二三十年代動蕩的政治經濟狀況,促使憂國憂民的知識分子尋覓民族生存的路徑,將傳統政治、社會、文化秩序解體後尚有存留價值的部分,重新組合,融彙新知,進行「創造性的轉化」,變成有利於革新的資源。如國粹派將「國粹」區分爲「國學」與「君學」,提倡傳統文化的精粹,摒棄封建文化意識,推進了中國學術近代化的進程。「學衡派」竭力反對新文化運動全盤西化的主張,認爲文學不分新舊,白話文學有價值,而文言也自有其存在的意義,以促進中西文化交融爲己任。文化保守主義本身代表著一種政治訴求:以民族主義爲旗幟,保存源遠流長的傳統文化精華,保持民族的獨特個性,從而促使民族擺脫貧弱的狀況,重獲其他民族的肯定,乃至在世界之林崛起。文化保守主義思潮無法脫離政治環境而存在,但它並非政治的傳聲筒,也無意放棄獨立品格依附於當權者。

第二章　民國時期南京的校園文學社團與傳媒

　　文學社團是特定條件下的文人自發性會社，常見的社團組織模式有四種：第一種是傳統文人社團模式，成員主要是接受傳統文化教育的知識分子，在民族危亡之際，以詩會雅集的形式來抒發情懷、交流心聲，如南社。第二種模式是依託現代知識分子的公共活動空間，利用結社來聚集力量，通過現代傳媒機構向社會發出改革的聲音，在他們看來，文學創作與社會活動是渾然一體的，文學不是他們努力的唯一目標，通過文學傳達他們的思想才是最終宗旨。第三種模式是以同人刊物爲核心聚集起來的一個作者群體，文學社團存在的標誌是刊物，刊物停刊則社團消失，「學衡派」就屬於此例。第四種模式是文人的小團體，雖無明確的結社意識，但經常聚集，代表並倡導某種審美傾向，於是就有了社團的意味。如 30 年代中央大學師生及友人時常結伴縱情山水，觥籌唱和，雖然沒有明確的社團宗旨和成員標準，客觀上也形成了鬆散的「潛社」、「如社」等傳統文學團體。文人社團既呈現出文學多樣化發展的態勢，又是收藏各種文學論爭、文人姿態、生存氛圍、文學觀念、審美意識和創作手法的一個巨大的「話語場」。其形成「不外是這幾個因素：一是文學觀念的分化，導致了現代文人的『聚合』，在此基礎上出現了一個新的作家群體；二是相近的『大學』、『籍貫』、和『留學』的背景，容易形成相同的社會意識、審美觀念，孕育出一個個『文學圈子』；三是政治、市場、文學的運作和傳播方式，也會促成一個文學流派、文人集團的生成和發展。」〔註1〕

〔註 1〕程光煒：《試論四十年代的文人集團》，《海南師院學報》，2003 年第 5 期。

文人社團不同於政治社團，不單純是利益的組合體，社團成員一般具有相近的文學理念，在主導者的引領下進行文學活動。傳統的文會以文人雅集或詩文薈集爲基本運行方式，現代文學社團以現代傳播媒介爲依託，其活動方式、運行方式和影響社會的方式與各種書刊的經營緊密結合在一起。現代科技的發展爲文人之間的交流提供了便利條件，同時也促使傳統文人社團的雅集活動在時效性和傳播範圍上失去了存在的價值，「報紙刊物等現代媒體爲現代文人發表自己的言論和作品提供了莫大的便利，同時也迫使文學遠離了悠閒的運行模態，與現實鬥爭和生活時事的距離縮小，處在對於人生和社會『有所爲』的狀態。以出版物爲中心，以出版物爲價值載體的運作模式是現代文學社團區別於傳統文會的外在的也是最爲顯在的重要特徵。」〔註2〕

就傳媒而言，它既是文學傳播的媒介，也在傳播過程中進行再加工，成爲文化的創造者。傳媒與文學有著密切的關係，正是依靠傳媒的刊載、評論、傳播，文學才得以保存、流傳和發展，才能對人民、對社會、對美學觀念與道德倫理等方面產生廣泛影響。二三十年代的南京出版發行的報刊達兩百多種。一般情況下，現代傳媒採取門戶開放的態度，廣泛汲取社會的各種言論，這一方面可以更大範圍地反映時代特徵，另一方面則造成了研究者不能精準判斷現代文學社團的人員構成，無法從報紙期刊的作者群中分辨哪一位是圍繞該媒體組成的文學社團的成員，而同時活躍在幾種報刊上的作者的歸屬更爲模糊。

最適合文人結社的時期是五四前後，那時政治控制力量薄弱，「當時思想言論的自由，幾達極點。」〔註3〕胡適說「帝制推倒以後，頑固的勢力已不能集中作威福了。」〔註4〕軍閥混戰雖然導致政治離散、經濟崩潰，民不聊生，但思想文化輿論控制不算嚴密，這是文學社團成立並發生作用的重要條件。20世紀20年代以後，隨著政治權力的集中，政治集權建立後對思想文化的控制也形成了規模。首先是國民黨行政權力的控制，新聞檢查制度的建立，對文人迫害加劇，對於異見思想的制約越來越嚴，思想自由的空氣遭到了破壞；其次，思想文化領域的高度政治化，對於文學的「自由」和文學家「自由」

〔註2〕朱壽桐：《中國現代社團文學史》，人民文學出版社，2004年版，第35頁。

〔註3〕蔡元培：《總序》，《中國新文學大系·建設理論集》，上海良友圖書印刷公司，1935年版，第8頁。

〔註4〕胡適：《導言》，《中國新文學大系·建設理論集》，上海良友圖書印刷公司，1935年版，第16頁。

的否定。南京的非政治文學社團受到壓制，因經費匱乏和缺少傳媒機構而力量消弱；與統治者同謀的文學社團雖然有充足的經費，但喪失了獨特的文學個性，展現出千篇一律的政府宣傳機構的面貌，文學作品生硬乾枯，缺乏現實感和社會意義。

第一節　南京校園文化變遷與社團、傳媒的變革

　　大學與傳媒是中國現代文學發生的策源地，現代大學「中心化」的過程，與知識社會的構建是同步的。大學樹立的不僅是知識權威，在關於社會政治、經濟發展的重大判斷和決策上，在倫理道德、是非標準的重新建立等許多方面，人們也轉向大學。大學不容置疑地成為社會的知識工廠和思想庫、成為科技進步的「孵化器」和社會進步的「加速器」，由社會邊緣的「象牙塔」成為現代社會的「軸心機構」。從清末開始，新學的重點始終在高等教育。民國建立後提出「教育救國」方針，其中最重要的就是辦中國自己的大學。「大學乃一國教育學問之中心，無大學，則一國之學問無所折衷，無所歸宿，無所附麗，無所繼長增高」。同時，本國沒有大學則學子不得不長期留學，將「永永北面受學，稱弟子國」。而「神州新文明之夢，終成虛願耳」。「留學乃一時緩急之計，而振興國內高等教育，乃萬世久遠之圖」。〔註5〕

　　1922 年蔡元培以民國政府教育總長的身份制定的《大學令》，是建立現代大學制度的早期文本，規定了大學以「教授高深學問，養成碩學宏材應國家需要」為教育宗旨，明確規定「教授治校」的制度。〔註6〕整個國民黨統治時期，中國大學走過了對外來文化的適應和吸收階段。在吸收歐美大學思想的基礎上，結合中國的傳統和實際情況，最終形成了獨特的知識體系和社會責任的大學辦學思想。〔註7〕三十年代是中國大學教育制度定型時期，也是大學教育取得重大發展時期。國民政府推行三大舉措：一是加強對於大學的國家控制，其中包括利用收回教育權運動迫使教會學校進行登記、加強或建立國立大學、大學校長直接或間接地任命等；二是加強大學教學尤其是課

〔註 5〕轉引自羅志田：《亂世潛流：民族主義與民國政治》，上海古籍出版社，2001
　　　　年版，第 41 頁。

〔註 6〕《大學教育》，《教育大辭書上冊》，商務印書館，1930 年版。

〔註 7〕〔加〕許美德：《中國大學 1895～1995：一個文化衝突的世紀》，許潔英譯，
　　　　教育科學出版社，1999 年版，第 80～86 頁。

程的標準化與規範化；三是調整文、法科與理工科的比例，適應了教育民族化的發展趨勢。但民國時期大學的數量和質量仍不能滿足國家與社會的需要，首先國內政治鬥爭直接影響了大學教育的發展。中國一直處於存在多重政治實體的不穩定狀態。國民黨政府擴張高等教育，加強對於國立大學的控制，其潛在意圖之一就是把大學作為中央權力向地方擴張的一個重要渠道。這固然使大學扮演了溝通中央對地方的橋梁角色，但也容易使地方實力派對中央的不信任甚至敵視轉嫁到大學上，使大學受到地方政府的冷落。此外，各省的派系鬥爭非常激烈，導致地方政權不穩定，大學的人事變動頻繁，嚴重影響了大學的發展。其次大學的發展緩慢，主要是由於國民政府從未按照它所制定的規章嚴格履行對大學教育經費的承諾。這一方面使中國的大學及整個高等教育在一個很小的規模上運行，設備不足，圖書、儀器匱乏，學校尤其是理工科學校難以進行正常的科學研究；另一方面也使大學在維持正常運轉時舉步維艱，大學教員頻繁流動，學術發展受到窒礙。再次國民政府無視大學要求學術自由的權力，在大學尤其專科學校中推行訓導制度，以加強對於大學生的思想與組織控制，嚴重敗壞了高等學校的學風，激發了「學術權力」與「政治權力」的鬥爭。這種鬥爭集中表現在各學校對政府任命的校長的驅逐，以中央大學為例，1932 年走馬燈一樣換了五位校長。朱家驊因政治傾向過強而遭學生反對辭職，校務由法學院院長劉光華代理。1932 年 1 月 8 日，國民政府任命政治系教授桂崇基為中大校長，因遭到學生的反對到任三周後辭職。1 月 31 日，國民政府又任命曾經做過東南大學董事、東大行政委員會副主任的任鴻雋為中大校長，任堅辭不就。此時劉光華亦辭代理校務之職。6 月 28 日，行政院議決由教育部政務次長段錫朋代理中央大學校長，中大師生認為受到政府欺騙，不滿於黨棍充當校長，學生憤而驅打段錫朋，導致中央大學被短期解散，教師解聘，學生留待甄別，經過一個暑假的整頓才重新開學。

　　總體看來，1915 年至 1949 年間的中國大學校園，是一個相對自由的公共空間，為中國自由知識分子薈萃之地，也是影響現代文學生成、構造文學環境的主導性的力量之一。「中國現代文學在發生學上與中國現代教育、校園文化血肉般的聯繫。從某種意義上可以說，創始期的現代文學就是一種校園文化：不僅它的發源地是北京大學，它早期主要的作者和讀者大都是大、中學（含師範學校）的教師與學生，它的主要活動陣地──早期文學社團與文學刊

物，也都是以校園內爲主。」〔註8〕知識分子在校內創造出相對純淨的校園文
化，樹立了全校師生共同遵循的價值觀念與行爲準則，營造出獨特而持久的
精神氛圍。校園文化的變遷主要來源於校園內的師生風貌的變化，這些時代
精英知識分子的學術思想、文化追求、精神風貌等對文學發展的有巨大影響，
其中既包括了對學院培養的作家的直接影響，也包括通過各種途徑（特別是
現代傳播媒介）對社會文化、文學的間接影響，以及大學文學教育在文學發
展中的特殊作用。「現代文學本來就是在幾個中心城市興起並發展的。在 20
年代，它更是以大學（都市文化的特殊形態）爲依託，以教授、學生圈子爲
核心，而使文學獲得了更大的傳播。甚至在較長一個時期內，現代作家身上
差不多都有一個『教授』或『學生』的身份。」大學是網羅文學同好，形成
文壇勢力的好地方。「沒有都市文化（包括出版、報館、校園文化、現代建築、
公園、咖啡館等），沒有大學體制對現代知識的傳播和對學生的培養，現代文
學能否出現將是一個很大的問題。」〔註9〕大學對於學術及思想的貢獻，有賴
於刊物之傳播，學校內出版發行的刊物既是學術思想的展現，也是學校校風
的間接傳達。五四運動前後大學文化、校園文化處於文學發展的中心位置，
佔據主導地位，影響並催生的社團及媒體個性特徵不鮮明，往往是某種理念
的傳遞通道。30 年代校園文化逐漸邊緣化後，文學從整體中分離出來，最突
出的特色是對文學的啓蒙性的堅守，對基本人性的關懷。這一時期的大學文
化在總體上傾向於對既成思想文化的繼承與傳承。

　　校園文化在某種程度上與政治相關，接受高等教育的一小批精英掌握了
轉型中的中國所急需的知識，更容易成爲中國社會所需要的新型領袖。民國
建立後隨著意識形態的變化，「黨化教育」及演變後的「三民主義教育」逐漸
成爲權威的教育思想，大學實行訓導制度，使得維繫人文主義、學術自由的
大學精神和大學制度成爲非常艱苦的堅守，自由主義的教育精神漸爲國家主
義、權威主義所擠壓。30 年代面臨抗戰救亡的緊迫壓力，民族危機壓倒一切，
從制度、經費到教育指導思想上，並未給大學預留出自由發展的空間。學校
和教師均受制於國家、社會，這種控制通過身份和角色的控制來實現。民國
時期國家對學術採取漠視態度，「最易而且最常侵犯學術獨立自主的最大力

〔註 8〕錢理群：《現代文學與現代教育關係之考察》，《學魂重鑄》，文匯出版社，1999
　　　　年版，第 70 頁。
〔註 9〕程光煒主編《文人集團與中國現當代文學》，人民文學出版社，2005 年版，第
　　　　8 頁。

量,當推政治。政治力量一侵犯了學術的獨立自主,則政治便陷於專制,反民主。所以保持學術的獨立自由,不單是保持學術的淨潔,同時在政治上也就保持了民主。政府之尊重學術,亦不啻尊重民主。」〔註10〕加之學術獎勵制度缺乏,嚴重影響了學術研究的深入,大學教師成爲新政治思想的策動者,學術成就被政治實績所掩蓋。校園文化雖然自重學術,不屈從於當時主流政治文化,但是隨著教育制度的變遷,校園文化也不同程度地跟隨政治情境的變化而變革,深受校園文化影響的文學社團與媒體自然也少不了當時政治狀況的印記。下面試以南京的兩所重要高校:東南大學——中央大學和金陵大學爲例,闡明民國時期大學文學社團與媒體在學術、思想傳播過程中的作用。

一、南京高等師範——東南大學——中央大學的社團及刊物

　　1921 年之前,中國高等教育以專門學校和高等師範居多,近代大學較少。大學的辦學目標是:「研究高深學術,養成專門人才」。專科學校則是「教授應用科學,養成技術人才」。兩者的區別在於:大學注重「研究」,重視學術性;專科偏重「傳授」,重視實用性。「大學重在培養學有專精並具備學術研究能力的專門人才;專科則重在培養術有專長並具備實際工作能力的技術人才。」〔註11〕從 1921 年至 1926 年,公私立大學由 13 所增至 51 所,5 年之間增加了近 3 倍;其中公立大學由 5 所增至 37 所,私立大學由 8 所增至 14 所。但數量增長與質量下降形成的反差,令人擔憂。曾有學者評論說:大學數量雖然增加,「但其內容則愈趨愈下,甚至借辦學以斂錢,以開辦大學爲營業者,所在多有」。國聯教育考察團所著《大學教育之改進》中也指出:「大學發達之速度超過其組織,無穩定基礎之大學。遂相繼以起,因而高等教育所必要之經費及合格教師之供給,均感不足。」事實上,地方軍閥的連年混戰,教育經費遭挪移侵吞,原有的大學難以爲繼;由專科升格而來的大學,其困窘狀況更不言自明。在這種狀況下,南京高等師範(1914)——東南大學(1921)——中央大學(1928)維繫了自己的學術班底,建立了一以貫之的校園文化。民初的教育界,「東南大學當時爲長江以南唯一的國立大學,與北大南北並峙,同爲中國高等教育的兩大支柱。」〔註12〕東南大學以其所特有的古典主

〔註10〕賀麟:《學術與政治》,《當代評論》第 1 卷第 16 期,1941 年 10 月 20 日。
〔註11〕李華興主編《民國教育史》,上海教育出版社,1997 年版,第 603 頁。
〔註12〕楊素芬:《中大校史》,中大八十年校慶特刊編輯委員會主編,《中大八十年》,1995 年版,第 14 頁。

義風格，倡導文化保守主義，逆北京大學大力推行的新文化運動潮流而獨樹一幟，導致 20 年代就有「北大尚革新，南高尚保守」之說。就校風的綿延來看：南高師時期江謙校長以「誠」字爲校訓，希望全校師生爲人、爲學都要以誠爲本，並在此基礎上確立以「民族、民主、科學的精神，誠樸、勤奮、求實的態度」爲特徵的校風。「江易園校長，倡導於商，束身作則，立訓唯誠。」〔註13〕1915 年，郭秉文接替江謙主掌南京高師後，更加著力倡導所謂「平衡」的辦學原則，即通才與專才、人文與科學、師資與設備、國內與國際，皆使平流並進，以此擴展成爲所謂「南雍教育之特色」。〔註14〕1921 年夏，即東南大學在南京高師掛牌開校時，郭秉文對南高學風加以繼承和發展，進一步將校風闡發爲「我一定要永遠保持南京學生的優良傳統，埋頭用心讀書，不問政治……」〔註15〕樹立「東南學風」，教師身體力行，學生自覺響應和實踐。時任副校長併兼史地部主任的劉伯明、曾任史地部主任的史學家柳詒徵、生物系主任胡先驌、西洋文學系主任梅光迪等人對於「東南學風」的養成都有不可忽略的貢獻，他們提出「三育並舉」和「四平衡」的辦學方針，要求師生樹立理想，「以天下爲己任，兼顧文理，溝通中西，努力養成鍾山之崇高，玄武之恬靜，大江之雄毅」的「國士風範」。中央大學時期，羅家倫校長提出以「誠樸雄偉」四字爲學校的學風和校訓，他希望中大學子應承擔起復興民族的重任，埋頭用功，不計名利，誠心向學，並集中精力，放開眼界，努力做出偉大事業。「誠樸雄偉」四字立意高遠，氣勢磅礴，對中央大學的傳統和校風產生了深遠影響。〔註16〕

　　二十世紀二三十年代時局動蕩，教育體制不完善，高校建設往往受到政治的負面影響，「學習救國兩不誤」是民國內外交因的特殊語境下出現的口號，胡適 1921 年也不得不指出「在變態社會中，學生干政是不可免的。」〔註17〕老師失去師道尊嚴，跟隨學生的政治熱情進行政治投機是民國教育的特殊狀況。但這種背離學術，侮謾人格的做法在南高這所中等師資訓練

〔註13〕竺可楨：《常識之重要》，《國風》第 8 卷第 1 號，1936 年 1 月 1 日。

〔註14〕《中國近代教育史資料彙編・實業教育師範教育》，上海教育出版社，1991年版，第 1014 頁。

〔註15〕黃伯易：《憶東南大學講學時期的梁啓超》，《文史資料選》輯 6 第 94 輯，第86 頁。

〔註16〕參見王德滋主編《南京大學百年史》，南京大學出版社，2002 年版，第 38 頁。

〔註17〕羅志田：《再造文明之夢——胡適傳》，四川人民出版社，1995 年版，第 254頁。

學校從未發生過。南高的教授大都有兩個顯著特點：一個是重氣節，一個是重學育人。在南高教授中，曾流行過這樣的說法：「想爲官者上北京，想發財者去上海，唯我心甘情願在南高。」他們「政治興趣則甚恬淡，社會領袖人材，亦殊於學術地位不稱，則以昔日南高東大學子之多，不以熱中進取爲懷也。」〔註18〕南高當時的整體風氣傾向於重學術，反功利主義的參與政治，這既是傳統「士」的高潔品質的延續，也是現代知識分子獨立情懷的表達。「南高成立在五四運動之前四年，當時學風淳樸，士恥奔競，宣傳遊行津貼利用諸術，尚未發明。同學多半來自寒素之家。布衣布履，生活淡泊。教授劉伯明柳翼謀王伯沆。同學於學問上有師承，而於地位權勢上則無系統。」〔註19〕在艱難處境中，郭秉文、劉伯明等竭力促成南高轉制爲綜合大學，壯大學校實力，擴充學校範疇。在他們的努力下，經過複雜的演變蛻化，改制完成了。「南高在十一年停招新生，十二年宣稱歸併，然實際上南高學生保存其舊有之學製辦法與固有之良好風氣，猶繼續三年之久。十三年夏八科具有畢業生，共達一百五十六人，十四年下畢業生共計九十人，十五年下則病休學生等，補修共十七人。南高蛻化爲東大。」〔註20〕其中副校長劉伯明功績甚大，南高畢業生陳訓慈後來寫道：「劉師於傳授知識之外，獨重人格之感化。實際主持校務，爲全校重心所奇。綜一生精力，悉瘁於南高之充實與擴展。倡導學風，針砭時俗，尤爲時論所推重。」南

〔註18〕 竺可楨：《常識之重要》，《國風》第8卷第1號，1936年1月1日。

〔註19〕 郭斌龢：《南京高等師範學校二十週年紀念之意義》，《國風》第7卷第2號，《南京高等師範學校二十週年紀念刊（上）》，1935年9月。

〔註20〕 陳訓慈：《南高小史》，《國風》第7卷第2號，《南京高等師範學校二十週年紀念刊（上）》，1935年9月。另張其昀在《南高的學風》中也提到南高與東大之間有一個過渡時期，「初民國臨時政府成立，已有國立四大學之議，而南京實居其一。終以經費支絀，未克實行。及南京高師成立，諸所擘畫頗異部章，而專修科增設之多，尤爲各高師所未有，其後實行選科學分制，學程與設備，益趨於大學之規模。及九年四月九日，高師開校務會議，提出籌備國立大學議案，一致贊成。遂擬計劃，郭校長與江謙、蔡元培、袁希濤等，聯銜向教育部陳情，時范源廉長教部，深表贊同，遂通過於閣議。十二月六日東南大學籌備處成立。十月七日教育部核准組織大綱，遂以八月招考預科學生。九月教育部以郭校長兼東南大學校長，大學成立，自新建成賢街宿舍而外，校舍教員以迄圖書設備，一賴高師之舊。至十二年元月評議會教授聯席會議，決定將南京高等師範學校合併於東南大學，南京高師之名稱，自民四至是，始行取消。」即南高直至1923年才完全結束，1921～1923年間南高與東大並存。

高另一位畢業生張其昀也著文說:「南高給予我們的究竟是什麼?捨枝葉而求根本,便是南高精神、南高學風。當年南高的重心,『高標碩望,領袖群倫』的人物,是哲學教授劉伯明先生。」〔註21〕

　　1919 年的五四運動,對南高產生了深刻的影響,實行民主治校,推行民主管理,提倡科學,昌明學術,成為師生共同的要求。學校採用責任制和評議制相結合的領導體制,重大問題均交校務會議先行討論;積極支持和指導學生自治會的各種活動,各種學術學會、研究會相繼成立,報告會、演講會紛紛舉辦,各種油印的、鉛印的學術性刊物琳琅滿目。南高在「五四」的促動下率先開放女禁,自 1920 年暑期正式招收女生 8 名,女旁聽生 50 餘名,這是中國對女子受高等教育權的第一次承認。最初東南大學只是國立高校中之一所,不為世人所重。1921 年 7 月 16 日,蔡元培在舊金山華僑歡迎會發表演說,提到「東南大學新辦預科,其幼稚可以想見」;「力量較大者,惟一北京大學,有三千餘學生,一百六十餘教授,單獨擔任全國教育,惟力量有限,而中小學校太多,勢難聯成一氣」。實質上南高——東大的起步雖晚,其發展重心始終在學術上,無論社會科學還是自然科學都進境飛快。校長郭秉文延攬了一批著名的科學家,促成了中國留美學生創建的「中國科學社」遷址南高。自此南高、東大作為「中國科學社的大本營」聞名遐邇,「展開了中國科學的奠基工作,使南高——東大成為中國科學發展的一個主要基地」,〔註22〕施行科學教育,重視科學訓練,培養出大批科學人才,也使科學精神和科學態度深入人心。1921~1925 年政治混亂,軍閥剋扣教育經費,各國立大學紛紛發生「索薪」風潮,而東南大學卻迅速發展,引進了人數眾多的留美學生來校任教,並從北京大學、南開大學等著名大學聘任了許多教授,近代史專家梁和鈞在《記北大(東大附)》一文中稱讚:「東大所延教授,皆一時英秀。……北大以文史哲著稱,東大以科學名世。然東大文史哲教授實不亞於北大。」〔註23〕東南大學以綜合大學的標準致力於人文與科學學科的平衡。東大的心理系,即同時屬於「文理」和「教育」兩科;生物系同時隸屬於「文理」和「農學」兩科,旨在收到人文與科學相互利用對方優勢、汲取對方長處、依賴對方支撐的實效。東大當時的文史哲研究會眾多,所主

〔註21〕 張其昀:《南高的學風》,中央大學七十週年特刊委員會:《中大七十年》,1985年,第 78 頁。

〔註22〕 張其昀:《郭師秉文的辦學方針》,同上書,第 76 頁。

〔註23〕 轉引自王成聖:《郭校長秉文傳》,同上書,1985 年版,第 70 頁。

辦的由商務印書館出版的《文哲學報》、《史地學報》，中華書局出版的《學衡》等，都曾風行一時，影響頗大。「學衡旗幟分明，陣容堅強，儼然負起中流砥柱的重任，影響所及，至爲深遠。」此外東大還曾經是中國現代文化史上著名的「中華教育改進社」的大本營。東南大學既提倡民族精神、重視民族文化，又要吸收西方文明，重視科技新知。通過溝通和融合、使大學成爲弘揚民族文化的基地，成爲發展近代科學的重鎮，成爲中國文化與西方科學的有機結合部。1924 年底東南大學的事業發展達到了頂峰。隨後政治形勢的劇烈變化導致東南大學在高潮之後迅速衰落。1924 年的「易長風潮」讓東南大學失去了最得力的校長郭秉文和數字著名教授，與國內其他大學一樣陷入財政危機，學校建設停頓，「索薪」風潮湧起，剛剛繁榮起來的事業衰敗了。

1927 年 6 月 9 日，國民政府教育行政委員會出於「首都大學當立深遠之規模，爲全國之楷範」和「振新全國之耳目，肇建完備之學府」的通盤考慮，教育行政委員會決定將原國立東南大學、河海工程大學、江蘇法政大學、江蘇醫科大學、上海商科大學以及南京工業專門學校、蘇州工業專門學校、上海商業專門學校、南京農業學校等江蘇境內專科以上的 9 所公立學校合併，組建爲國立第四中山大學。1928 年 3 月改稱江蘇大學，5 月改爲中央大學，設文、理、法、教育、農、工商、醫八所學院。張乃燕、朱家驊、羅家倫、顧孟餘、蔣介石、顧毓琇、吳有訓先後擔任中央大學校長。1932 年，在上海的商學院和醫學院單獨分立。〔註 24〕作爲首都大學的中央大學，如同民國初年的北京大學一樣，面臨著如何在政治文化的劇變中合理定位，如何處理自身的學術活動所具有的政治文化象徵意義的問題。「北京大學具有的政治象徵意義來自於它建立時的精英地位和它與中央政府的緊密關係；它又具有文化象徵意義是因爲它的教職員站在由國家支持的爭取實現中學與西學新的平衡的最前列。這種政治中心與文化中心的結合幾乎使北京大學的教育和學術活動也產生了政治的影響，在那裡，有關文化問題的爭論也會折射出圍繞政治權力的鬥爭。」〔註 25〕在國民黨政府「三民主義」教育宗旨的嚴密控制下，中央大學的歷任校長不得不加強對師生的思想監控，知識分子則以教育爲名

〔註24〕 參見陳旭麓、李華興主編《中華民國史辭典》，上海人民出版社，1991 年版，第 51 頁。

〔註25〕 〔美〕魏定熙著：《北京大學與中國政治文化（1898-1920）》，金安平、張毅譯，北京大學出版社，1998 年版，第 2 頁。

致力於培養學生的公民意識，並討論現實政治問題。根據傳統校風他們宣稱享有校務自決權，這種教育獨立的要求和政府的思想控制產生尖銳矛盾。蔣夢麟說一個大學中有三派勢力：校長、教授和學生。教授聯合學生力量，共同對政府指派的校長作戰，導致中央大學的校長頻繁更替。直至 1932 年羅家倫被任命爲中央大學校長，他以「民族文化」爲基點，在「民族主義」的旗幟下，發表了《中央大學的使命》的演說，借「建立有機體的民族文化」找到了中央大學師生認可的發展路徑。

　　南高師——東南——中央大學的風氣，始終注重保持學者人格，在繼承傳統道德觀念、建立本位文化、排斥浪漫思想等方面頗有建樹。同時積極認識西方文化、切實研究科學；盡量維護學術獨立避免與政黨發生關係，在校園文化與思潮傳播的過程中起到重要作用。

1、《學衡》與東南大學

　　「學衡派」與東南大學的興衰有著密切的關係。東南大學的成立，促使「學衡派」主要成員聚集在一起，是《學衡》創刊的重要誘因。1921 年東南大學由南高師改制爲國立綜合大學，急需大量的師資人才。校長郭秉文和副校長兼文科主任劉伯明幾次赴美引進留美學生歸國任教，增設西洋文學系，聘請梅光迪爲主任，吳宓爲教授，隨即將樓光來、湯用彤、李思純等聘到東大。梅光迪與吳宓同爲美國哈佛大學白璧德的弟子，早在美國留學時二人就曾深談過文學理想，「梅（按：光迪）慷慨流涕，極言我中國文學之可寶貴，歷史聖賢、儒者思想之高深，中國禮俗、舊制度之優點，今彼胡適等所言所行之可痛恨。」「我輩今哲但當勉力爲中國文化之申包胥而已。」〔註 26〕他們約定回國後共同反對「五四」新文化運動。梅光迪先期回國，因條件不成熟尚未舉事，吳宓在美國發表了反對「五四」新文化運動的文章——《論新文化運動》未能引起國內的反饋。梅光迪到東大後，1921 年 5 月致信吳宓，表示意欲「以此校爲聚集同志知友，發展理想事業之地。」搜求志同道合的人才，請吳宓回絕北京高等師範學校，「定來南京聚首」，與他攜手「對胡適作一全盤之大戰」。〔註 27〕另外梅光迪在信中告知吳宓，1920 年秋他與中華書局接洽，意欲出版刊物《學衡》，希望吳宓擔任總編輯。梅光迪的勸說、吳宓與北高師之間的摩擦和吳宓本人對於編輯

〔註 26〕吳宓：《吳宓自編年譜》，生活·讀書·新知三聯書店，1995 年版，第 177 頁。
〔註 27〕同上。

出版的愛好促成了吳宓毀約來東大任教。「學衡派」的基本成員多屬於人文
社會學科，也有少數科學工作者。如胡先驌自 1918 年被聘爲南京高等師範
學校農林專修科教授，在南高師——東南轉型過程中出謀劃策，是學校建
設的重要力量。他自幼接受了非常正規的舊學教育，是南社成員，欣賞同
光體詩歌，因唐宋之爭而脫離南社。除了個人專業外，致力於舊體詩的創
作，希望能在舊詩中結合新元素，促進其發展。他的文學理想與新文學運
動截然相反。胡適在《文學改良芻議》中第五條「務去濫調套語」，以胡先
驌的詞爲例，指出舊詩詞的意境陳舊，沿襲舊說，毫無眞情實感。此舉刺
激了胡先驌，使得他費心搜求資料，寫了長篇評論文章《評〈嘗試集〉》，
結果「歷投南北各日報及各文學雜誌，無一願爲刊登，或無一敢爲刊登者。」
〔註28〕因此吳宓和梅光迪在東南大學張起「反對五四新文學」的大旗後，
胡先驌很快加入並把自己團結的柳詒徵及門下弟子、江西詩派群體一起帶
入「學衡派」，壯大了社團力量。「學衡」精神實質是新人文主義精神，不
同於實驗主義以及唯科學主義主導下的學術意識。相對於北京大學「新青
年——新潮」的新文化保守勢力，南高師——東南大學的「學衡派」是南京
文化保守主義力量的集中體現。南北力量的相互作用，奠定了現代學術的
基礎，他們在批評、衝突、論爭中，求同存異，共同促進了學術的發展。
其學術支撐是哲學、歷史和文學研究，表現爲古典與現代、中國與西方的
融通：尤其是西方學術之源與中國的孔學，西洋文學的古典主義精神、新
人文主義精神與中國儒學的人文主義精神的互相滲透結合。

　　《學衡》是「學衡派」的思想陣地，1922 年 1 月《學衡》創刊，由上海
中華書局出版發行。1922 年 1 月～1926 年 12 月，以單月刊的形式刊行了 60
期。1927 年因故停刊一年，1928 年 1 月復刊，以雙月刊的形式刊行。直至
1929 年 11 月，共計出版了 12 期刊物。1930 年因經濟原因停刊一年。1931
年至 1933 年 7 月，時斷時續地出版了 73～79 期刊物。從 1922 年 1 月～1933
年 7 月，《學衡》共發行了 79 期。由於種種原因，刊物上所標明的日期與實
際出版時間往往不符，如第 60 期出版日期顯示爲 1926 年 12 月，實際上卻
是在 1927 年 6 月王國維自殺後才發行，整期爲王的紀念專號。最初《學衡》
同人遵從梅光迪的主張，達成一致決議：《學衡》雜誌不立社長、總編、撰
述人等，以免有名位之爭；凡爲《學衡》做文章者，即爲社員，不做文章就

〔註28〕吳宓：《吳宓自編年譜》，生活・讀書・新知三聯書店，1995 年版，第 229 頁。

不是社員。主持編務的一直為「總編輯兼幹事吳宓」，1924 年 8 月吳宓去東北大學任教半年，《學衡》增加了柳詒徵、湯用彤為幹事，1928 年 1 月從第 61 期開始，繆鳳林擔任副編輯兼幹事。《學衡》創刊不久，內部骨幹成員漸有矛盾，尤其吳宓與邵祖平之間衝突顯明。梅光迪 13 期之後就不再參與，並對人說：「《學衡》內容愈來愈壞。我與此雜誌早無關係矣！」胡先驌 1923 年赴哈佛大學攻讀博士，1925 年回國，期間無暇顧及刊物事務。陳寅恪 1926 年與吳宓相遇之前從未撰稿，也沒有參與過學衡內部任何事務。《學衡》經費時常不足無人捐助。只有吳宓一人為刊物籌款操心，成為名副其實的總編輯兼幹事。社員中有人說「《學衡》雜誌竟成為宓個人之事業。」〔註29〕《學衡》不接受政府的補貼，數次因經費匱乏而停刊。經費早期由骨幹成員每人捐贈一百元為基金，後期則主要依靠吳宓和少數社員捐款，第 77、78 期封三上刊登過捐款人及捐贈數額：

王幼農　100元　　高幼農　100元　　陳寅恪　50元　　黃學勤　50元

遼寧省教育會　　100元　　遼寧省總商會　　100元　　葉恭綽　100元

刊物經費的不充裕及濃厚守舊色彩，使《學衡》在 20 年代後新文學已經取得權威地位的文化環境中銷路不暢。負責出版發行的中華書局對刊物不看好，認為其銷量平均只有數百份，「賠累不堪」，因而任意拖延出版日期甚至幾次要求停刊，將《學衡》逼進更為困窘的處境。1933 年吳宓應繆鳳林及南京「學衡派」成員的要求，將《學衡》的編輯出版重心轉移到南京，他在第 78 期扉頁刊登《學衡雜誌社啓事》：

　　　　本社自民國十一年發行學衡雜誌以來，現已出至七十八期。概由吳宓君負責編輯，上海中華書局印售。七十九期亦同。自第八十期起，則改由南京鍾山書局〔註30〕印行，編輯職務亦改由繆鳳林君擔任。

此舉意在擺脫中華書局對刊物的局限和經濟壓迫，保證刊物的順利出版，消除南京「學衡派」成員對吳宓獨攬大權的不滿。結果因鍾山書局印務繁忙，成員對《學衡》事務並不熱心，《學衡》就此終刊。

〔註29〕吳宓：《吳宓自編年譜》，生活‧讀書‧新知三聯書店，1995 年版，第 235 頁。

〔註30〕南京鍾山書局，1931 年地址在四牌樓，鄰近中央大學，發起人為當時中央大學的教授張其昀等人。倪尚達（物理學家）任經理，沉思嶼（地理學家）任營業主任，張曉峰任總編，繆鳳林主管出版。

　　1923 年 11 月劉伯明去世後，「學衡派」在校內失去庇護，1924 年春夏之交校方宣佈裁撤西洋文學系，1924 年 7 月梅光迪遠赴美國，暑假吳宓也離開南京，去東北大學任教，之後受聘於清華大學國學研究院。柳詒徵 1925 年 6 月離開。確切地說，1924 年 7 月至 1926 年 12 月，是「學衡派」解體的過程。《學衡》雖然一直延續到 1933 年，但隨著吳宓遠走清華，《學衡》第 38 期之後的作者隊伍主要是清華師生以及北京地區的文人，原來南京的「學衡派」成員極少參與，也沒有再形成統一的文學主旨，《學衡》出現了明顯的前後分界。《學衡》初期與之相伴的有三個外圍性的兄弟刊物：《史地學報》、《文哲學報》、《湘君》，前兩種的活動地點在南京高師——東南大學，後者的活動地點在湖南長沙的明德中學。《學衡》撰稿人不多，作者大多無心政治，與現實保持一定的距離。這與「學衡派」大多數成員的留學經歷有關，英美生活方式和價值觀念在留學生的學術觀念和政治態度定型過程中起到很大作用。梁啓超曾經對比過近代的留日學生和留美學生，認為前者是「讀書不忘愛國」，後者是「愛國不忘讀書」。〔註31〕留日及留法的學生對政治有濃厚興趣，而留美的學生對學術有濃厚興趣，對政治相對淡漠。總體看來正如一切保守主義者那樣，「學衡派」的根本弱點在於：在觀念上不能以發展的、超越的眼光看待文學；在審美趣味上囿於傳統的文學形式，對文學的「陌生化」本質毫無領會，受到美國新人文主義者白璧德等人思想的重大影響，他們的精神實質就是對於過往的依戀，對於新的發展和趨向難以認同，甚至從一定意義上說，是對他們自己已經擁有的一切產生偏執的眷戀。在文化保守主義思想的合理成分之外，不得不承認「學衡派」並不適合當時的社會文化狀況，注定無法成為文化界主流意識，也無法長久保留影響。

2、《國立中央大學半月刊》、《國風》與中央大學

　　1927～1937 年間，國民黨政府定都南京，中央大學成了首都大學，戰時蔣介石曾一度兼任中央大學校長，中央大學在中國大學中的地位得以提升。中央大學期間，學生或教授同人主辦的刊物有五十多種，其中重要的有 22 種〔註32〕。其中《國立中央大學半月刊》、《國風》是較有代表性的刊物。

〔註31〕梁啓超：《新大陸遊記》，湖南人民出版社，1981 年版，第 154 頁。
〔註32〕參見沈衛威：《學衡派譜系研究——歷史與敘事》，江西教育出版社，2007 版，第 360～404 頁。
　　　　《國立中央大學日刊》（南京），1930 年～1937 年。

　　《國立中央大學半月刊》於 1929 年 10 月 1 日創刊，1931 年 1 月 16 日停刊，共出版兩卷 24 期。其中 1929 年 10 月 1 日～1930 年 6 月 16 日出版了第 1 卷 16 期。1930 年 10 月 1 日～1931 年 1 月 16 日出版第 2 卷 8 期（每年寒暑假 2 月、7 月、8 月、9 月不出版）。這個刊物和東南大學時期的《史地學報》、《學衡》、《文哲學報》、《國學叢刊》不同，是東南大學向中央大學過渡時期的產物。正是這個刊物向文學界和學術界展示了中央大學兼具新舊兩種文學理念：既培養了一批新文學作家，同時一直保持著對古典文學創作、研究的熱忱。刊物創刊號發表了中央大學校長張乃燕（君謀）的《序》、戴超的《發刊辭》。《序》中明確傳達出學校對刊物的支持。1930 年 11 月張乃燕辭職，由朱家驊接任校長。1930 年 12 月 15 日的第 2 卷第 6 期的《本刊啓事一》公告：「因新舊校長交替，奉命暫時結束。」校務順利交接後，刊物卻沒有復活。

　　《中央大學校刊》（南京），1938 年～1947 年。

　　《國立中央大學半月刊》（南京），1929 年 10 月～1931 年 1 月。

　　《史學雜誌》（南京：中央大學）

　　《地理雜誌》（南京：中央大學）

　　《方志月刊》（南京：中央大學）

　　《地理學報》（南京：中央大學）

　　《國風》（南京：中央大學）

　　《國立中央大學圖書館年刊》（南京）

　　《國立中央大學法學院季刊》（南京：中央大學法學院），1930 年 3 月～1932 年 1 月。

　　《國立中央大學社會科學叢刊》（南京：中央大學法學院）1934 年 5 月、11 月各一期。1935 年 5 月、1936 年 1 月各一期。

　　《國立中央大學心理半年刊》（南京），1934 年 1 月～1937 年 1 月。

　　《中央大學心理教育實驗專篇》（南京），1934 年 2 月～1939 年 6 月。

　　《國立中央大學農學叢刊》（南京），1933 年 11 月～1937 年 1 月。

　　《國立中央大學農學院旬刊》（南京），1928 年 8 月～1932 年 11 月。

　　《國立中央大學教育叢刊》（南京），1933 年 11 月～1940 年 5 月。

　　《中央大學教育學院教育季刊》（南京），1930 年 2 月～1931 年 6 月。

　　《中央大學教育行政周刊》（南京），1927 年 7 月～1929 年 8 月。

　　《中央大學教育心理講座研究報告》（南京），1926 年 8 月～1930 年 10 月。

　　《中央大學商學院叢刊》（南京），1927 年 12 月 1931 年 4 月。

　　《文藝叢刊》（南京：中央大學文學院）此刊爲年刊，1933 年 11 月～1936 年 1 月間共出四期，第 1 卷兩期，第 2 卷兩期。1933 年 11 月 10 日出第 1 卷第 1 期，1934 年 10 月 1 日出第 1 卷第 2 期，1935 年 6 月出第 2 卷第 1 期，1936 年 1 月出第 2 卷第 2 期。其中第 2 卷第 2 期爲「黃侃紀念專號」。

　　《藝林》（南京：中央大學中國文學系），1929 年 9 月。

《國立中央大學半月刊》第 1 卷第 9 期的《投稿簡章》中稱刊物選稿標準寬泛：「無論自撰或翻譯」，「不拘文言白話」。同時這期登出了「本刊編輯委員會」的成員名單：

　　謝冠生　　張曉峰　　謝次彭　　沈百先　　汪旭初　　孫時哲　　雷伯倫
　　潘永叔　　盧晉侯　　湯錫予　　胡小石　　蔡作屏　　艾險舟　　張士一
　　王堯臣　　徐悲鴻　　葉元龍（主席）

自第 2 卷第 1 期，新組建的「本刊編輯委員會」是：

　　雷海宗　　胡光煒　　樓光來　　張其昀　　蔡　堡　　潘　菽　　謝冠生
　　葉元龍　　吳頌皐　　艾　偉　　徐悲鴻　　李　岡　　孫恩麐　　莊效震
　　陸志鴻　　徐佩琨　　黃曝寰（主席）

兩屆編委的人員有半數沒變（用名或用字），主席由葉元龍更換爲黃曝寰。委員中古典文學教授被哲學家、藝術家所代替。《國立中央大學半月刊》上舊體詩詞與白話新文學作品並存。《學衡》作者和中央大學教授汪東、黃侃等人的舊體詩詞一直是刊物中的重頭戲。30 年代白話文學在南京也已經初具規模，中央大學學生的新文學作品隨著白話文學的日漸成熟而成爲 30 年代南京校園文學中的重要組成部分。

　　24 期《國立中央大學半月刊》有 4 期是專號：「文藝專號」，第 1 卷第 7 期。「社會學專號」，第 1 卷第 14 期。「經濟專號」（上、下），第 2 卷第 6、7 期。《國立中央大學半月刊》第 1 卷第 7 期是「文藝專號」（白話新文學作品專輯）。此專號分爲理論、小說、詩歌、戲劇、雜著。其中理論文章作者有胡小石、吳湔亭、曾覺之、徐悲鴻、陳夢家、孫侯錄、郁永言、胡適、邱仲廣。

　　小說：

　　　　《端午》（壽昌）、《民眾大會》（倪受民）、《收穫》（莊心在）、《野渡》（陳瘦石）、《醒》（楊晉豪）、《阿英》（傅延文）、《四年前》（張霽碧）、《某女人的夢》（陳夢家）、《五姊的墳上》（李之振）、《埋恨》（袁菖）、《恨不相逢未嫁時》（李昌隆）、《春光不是他的了》（嚴鍾瑞）、《雪後》（章子良）、《白蘭》（鞠孝銘）

　　詩：

　　　　陳夢家（漫哉）：《棲霞山緋紅的楓葉》、《秋夜曲》、《葬歌》、《秦淮河的鬼哭》、《等》、《馬號》、《一朵野花》、《大雪天》；許自誠：《語六朝松》；韋其一：《序詩》；唐君憶：《嘉陵江畔的哀歌》；常任俠：

《死的凱旋》；方瑋德：《脫逃》、《喪裳》；董玉田：《春雨曲》；陸綠
紗：《寄》；林漢新：《觀兒童跳舞所感》（散文詩）

戲劇：

　　《幸福的欄杆》（陳楚淮）、《機聲》（王起）、《狗》（王起）、《田
橫島》（常任俠）

雜著（即散文）：

　　《暑假雜記》（壽昌）、《獄》（陳夢家）、《趙先生的死和我》（陳
穆）、《貓咪咪》（柳屺生）、《隨筆兩則》（林培深）、《讀了「堅決號」
以後》（施孝銘）

《國立中央大學半月刊》另外各期的白話新文學作品有：

　　淩崇譯：《盈握的黏土》（小說，Henry Van Dyke 原作），第 1
卷第 1 期。楊晉豪：《憶》（散文），第 1 卷第 2 期。陳君涵譯：《粗
人》（劇本，俄國柴霍甫著），第 1 卷第 3 期。莊心在：《掃街者》（小
說），第 1 卷第 3 期。張耿西：《一個人在城上》（小說），第 1 卷第
4 期。儲元熹譯：《人影》（小說，愛沙尼亞 Friedebert Tuglas 原作），
第 1 卷第 11 期。陳君涵譯：《金絲鳥》（小說，英國 K.Mansfield 原
作），第 1 卷第 12 期。李宗文：《戒嚴》（小說），第 1 卷第 13 期。
壽昌：《橄欖》（小說），第 1 卷第 15 期。楊晉雄：《苦戀》（詩），第
1 卷第 16 期。楊晉雄：《苦悶者的哀歌》（詩），第 2 卷第 1 期。李
絜非：《中秋節》（小說），第 2 卷第 1 期。倪受民譯：《黃金似的兒
童時代》（小說，蘇俄賽服林娜原作），第 2 卷第 2 期。莊心在：《舊
侶》（小說），第 2 卷第 3 期。傅延文：《皮球傳》（小說），第 2 卷第
4 期。楊晉雄：《死後之什》（詩），第 2 卷第 5 期。王起：《銀杏》（劇
本），第 2 卷第 8 期。

　　除新文學作品外，舊體詩詞也是刊物的重頭戲。1930 年 6 月 1 日出版的
第 1 卷第 15 期《國立中央大學半月刊》發表了「上巳社詩鈔」和「禊社詩鈔」，
作者分別有王瀣（伯沆）、黃侃（季剛）、汪國垣（闢疆）、何奎垣、胡光煒
（小石）、王易（曉湘、曉香）、汪東（旭初）、何魯。「禊社詩鈔」只是兩首
詩，一首是何魯的，另一首是五人聯句的《浣溪沙‧後湖夜泛連句》：

　　北渚風光屬此宵（季剛）。人隨明月上蘭橈（旭初）。

　　水宮帷箔卷鮫綃（曉湘用義山句）。

兩部蛙聲供鼓吹。一輪蟾影助蕭寥（季剛）。

薄寒殘醉不禁銷（小石）。

青嶂收嵐水靜波（季剛）。迎船孤月鏡新磨（小石）。

微風還讓柳邊多（季剛）。

如此清遊能幾度（奎垣）。祗應對酒復高歌（旭初）。

閒愁英氣兩蹉跎（小石）。〔註33〕

「上巳社詩鈔」和「禊社詩鈔」是 30 年代高校發展相對穩定狀況下，高校師生重拾傳統文人雅趣吟詠的詩作，展現了南京文化保守主義傳統的頑強生命力，是學人之詩，也是詩人之詩，增添了民國時期南京文學創作研究的豐富性。

1931 年《國立中央大學半月刊》停刊，經過一年的調整，《國風》半月刊創刊於 1932 年 9 月 1 日，終刊於 1936 年 12 月，共出版 8 卷 90 號。第 5 卷第 6、7 號，第 8、9 號，第 10、11 號爲合刊，第 6 卷 1、2 號，3、4 號、5、6 號，7、8 號，9、10 號，11、12 號均爲合刊。從第 7 卷開始，每月 1 期，7、8 月停刊，「國風社社長柳詒徵先生，編輯委員：張其昀、繆鳳林、倪尙達。」〔註34〕在第 7 卷第 1 號中指出編輯有所更動：「國風社編輯包括景昌極、繆鳳林、張其昀、陳訓慈、王煥鑣、向達、鄭鶴聲、周愨。」《國風》中第 1 卷第 3 號，爲聖誕特刊，慶祝孔聖人誕辰；第 1 卷第 5 號爲國防特刊；第 1 卷第 9 號爲東南大學副校長劉伯明先生逝世九週年紀念號；第 7 卷第 2 號爲南京高等師範學校二十週年紀念刊（上）。刊物的宗旨是：「一、發揚中國固有之文化，二、昌明世界最新之學術。」〔註35〕柳詒徵將其詳細解釋爲：「本史蹟以導政術，基地守以策民瘼，格物致知，擇善固執；雖不囿於一家一派之成見，要以隆人格而升國格爲主。」〔註36〕從宗旨看來，《國風》是《學衡》的延續。刊物保留了《學衡》的民族文化本位精神，反新文化、新文學，提倡尊孔、倡導舊體詩詞與國學研究，適當譯介西方新知，同時增加了倡導科學、鼓吹國防教育的新內容。刊物的基本編輯模式和文章的半文言文體都和《學衡》

〔註33〕 參見沈衛威：《學衡派譜系研究——歷史與敘事》，江西教育出版社，2007 年版，第 360～404 頁。

〔註34〕《國風》第 2 卷第 1 號，1933 年 1 月 1 日。

〔註35〕《國風》第 2 卷第 1 號，1933 年 1 月 1 日。

〔註36〕柳詒徵：《發刊辭》，《國風》創刊號，1932 年 9 月 1 日。

相近。〔註37〕唯一不同的是柳詒徵及其門下弟子在《學衡》前期是不積極的撰稿人，不參與編輯活動。而《國風》的編輯活動主要由柳門弟子完成，文風質樸，材料紮實，注重國學研究。「尊孔」是《國風》繼承《學衡》文化保守主義宗旨，以「民族文化」為本位的突出表現。南高師校歌歌詞中就有「千聖會歸兮集聖於孔」。「尊孔」一直是南高——東大——中大的文化傳統。柳詒徵在南京高師主講的《中國文化史》，孔子是其中重要一講，他指出孔子是中國文化的中心，沒有孔子就沒有今日的中國文化，孔子是傳承與創造中國文化的人。「中國自孔子以前數千年之文化，賴孔子而傳；自孔子以後數千年之文化，賴孔子而開。」〔註38〕這種看法在《學衡》上有完整的展示，《學衡》第1期所登的圖片就是中西方思想的領袖孔子和蘇格拉底。《學衡》的尊孔，不是單純的復古守舊，而是汲取傳統文化精華，挽救日益衰頹的民風。《國風》延續並發展了這種觀點，認為儒家思想是中國傳統文化中的瑰寶，如何瞭解應用它維護社會穩定、促進思想進步是民國時期恒久的課題。1932年9月28日孔子的誕辰紀念日，《國風》第3號出了「聖誕特刊」，梅光迪發表《孔子之風度》，柳詒徵發表《孔學管見》，細緻批駁新文學陣營反孔教的偏激乖謬。繆鳳林的《談談禮教》、《如何瞭解孔子》都是對五四時期片面反孔、批孔在學理和方法論上的反駁。范存忠在《孔子與西洋文化》一文中強調孔子學說對西方政治、道德思想產生了巨大影響。這與《學衡》第54期（1926年6月）吳宓翻譯的德國雷赫完的《孔子老子學說對於德國青年之影響》有類似之處，意在借西方文明對孔子思想的借鑒，傳達出孔子思想並未昏庸腐朽，落後於時代，「孔子所定之社會組織之原理實甚安全切實而又開明，遂係為其時之中國說法，今人仍可遵照而仿行之也。」景昌極在《孔子的真面目》中，繼承了老師柳詒徵的說法，認為孔子是集中國古代文化的大成，並且是承前啟後的一個人，「孔子是個極好學又極肯教人的人，兼為古代的大學問家和大教育家。」指出孔子是個能夠順應時勢又不隨波逐流的人，孔子在古代偉大人物中，是不以宗教愚弄人，也不以玄學迷惑人的思想家，「現代反孔子的理由：孔子把君臣一倫太看重了，有助長專制的嫌疑；把男女間戀愛的神聖太輕看了，養成所謂吃人的禮教。」這些思想將儒家思想可能導致的惡劣影響無限

〔註37〕 參見沈衛威：《民族危機與文化認同——從〈國風〉看中央大學的教授群體》，《安徽大學學報》，2005年第3期。
〔註38〕 柳詒徵：《中國文化史》，《學衡》第51期，1926年3月。

擴大，把社會責任推到儒家思想上，刻意忽略民國時期民眾的自身作用，儒家思想成了民國以來政治企圖的替罪羊。這種偏頗論斷一時能夠佔據上風，但隨著時間的沖刷和激進思潮的落潮，慢慢暴露出其淺薄低陋的實質。

《國風》也是中央大學師生評點校務、品評人物的陣地。如第 1 卷第 9 號為「劉伯明逝世九週年紀念號」，他的妻子劉芬資，同事郭秉文，以及《學衡》的社友吳宓、梅光迪、胡先驌等，學生胡煥庸、張其昀等都發表了悼念文章。其中「學衡派」成員的悼念應算是姍姍來遲的追憶。劉伯明是《學衡》背後的有力支持者，以他的行政職權與社會影響為《學衡》的創辦和發行提供了便利條件，1923 年 11 月劉伯明去世後，「學衡派」遭到壓制，逐漸離散。時隔九年後當初一心要在劉伯明的支持下，以東南大學為基地，與新文學進行大戰的「學衡派」成員們，無限追念當時劉伯明為他們提供的種種有利條件。對他們而言，悼念劉伯明，也是在悼念自己未竟的理想、未成的事業。吳宓再次發表了自己撰寫的長達 262 個字的挽聯，表達對劉伯明英年早逝的痛惜。《挽劉先生聯》（此聯作於劉先生逝世之次晨）：

> 以道德入政治，先目的後定方法。不違吾素，允稱端人。幾載
> 綰學校中樞，苦矣當遺大投艱之任。開誠心，布公道，納忠諫，務
> 遠圖。處內外怨毒謗毀所集聚，致抱鬱沈沉入骨之疾。世路多崎嶇，
> 何至厄才若是。固知成仁者必無憾。君獲安樂。搔首叩天道茫茫。
> 痛當前，滯留得老母孤孀淒涼對泣。

> 合學問與事功，有理想並期實行。強為所難，斯真苦志。平居
> 念天下安危，毅然效東林復社之規。闢瞽說，放淫辭，正民彝，固
> 邦本。擷中西禮教學術之菁華，以立氓蚩蚩成德之基。大業初發軔，
> 遽爾撒手獨歸。雖云後死者皆有責。我愧疏庸。忍淚對鍾山兀兀。
> 問今後，更何人高標碩望領袖群賢。

遠去美國的梅光迪在《九年後之回憶》中詳細敘述了劉伯明為《學衡》所做的努力，所遭遇的困境，「余於民九之夏，以伯明之招來京。其時學校猶稱高等師範，旋改稱東南大學。伯明規劃之力居多。而其在校之權威亦日起，以文理科主任而兼校長辦公處副主任，滑稽之名稱也。日惟局守辦公室，校中日常事務，萃於一身，而略關重要者，則須仰承逍遙滬濱某校長之意旨，而不敢自主，故任勞任怨，心力交瘁，有副校長之勤苦，而副校長之名與實，皆未嘗居。迨學校局面擴大，思想複雜，而內部之暗爭以起。民十一年學衡

雜誌出世，主其事者爲校中少數倔強不馴之份子，而伯明爲至魁。自是對內
對外，皆難應付如意，而其處境益苦矣。」他還解釋了劉伯明雖爲《學衡》
的有力支持，卻甚少發表論文，且持論平和、少殺傷力的原因，「伯明爲學衡
創辦人之一，其他作者，亦多其所引致之教授，與其私交甚密者，而以其所
處地位，以免須顧及內部之團結，一面又不欲開罪外界之學閥。故其在學衡
上發表之文字，遠不如他人之放言無忌，亦不如其私人談話時之激揚也。」
繆鳳林側重從劉伯明留學美國的學術背景來闡述其除了行政能力之外的學術
成就，在《劉先生論西方文化》中提到「蓋先生於西方文化惟取其對於人生
有永久之貢獻而又足以補吾之缺者，與時人主以淺薄之西化代替中國文化者
迥異。而吾國文化，雖有可以補西化之弊，然人道人情之思想，亦西土所本
有，不得謂昌明華化，即足代替西化也。道並行而不相悖，東西文化之創造
皆根柢與人類最深之意欲，皆於人類有偉大之貢獻，斷無提倡一種文化必先
摧毀一種文化之理。」郭秉文的舊文《劉伯明先生事略》中再三讚頌劉伯明
對於學校所作出的巨大貢獻以及其本身思想對近代學術的促進。

> （劉伯明）力持人文主義以救今之倡實用主義者之弊。嘗曰：「學
> 者之精神應注重自得。吾國古代哲人論求學之語，愚以爲最重要者
> 則謂吾人求學不可急迫，而優游浸漬於其間。其謂資深逢源，殆即
> 此意。自得者爲己，超然於名利之外；不自得爲人，而以學文爲炫
> 耀流俗之具，其汲汲然惟恐不售，直販夫而已。」前者王道之學者
> 而後者霸道之學者也。故其於近代繁劇急促，終身役役，計功求效，
> 相率爲機械生活之風，詆之不遺餘力。謂希臘國民最能享受人生之
> 美，而吾國聖哲之主張中和，亦人類至善之鵠的焉。〔註39〕

第7卷第2號爲「南京高等師範學校二十週年紀念刊（上）」，但直到《國風》
終刊，也未出版紀念刊（下）。這期詳細追述了南高的成立過程、學風形成、
紀念意義等。　郭斌龢在《南京高等師範學校二十週年紀念之意義》中提到：
「國立南京高等師範學校成立於民國四年九月十日。爲國立東南大學國立中
央大學所從出。」指出南高「尊重本國文化，對於本國文化始終採取極尊重
之態度。如史地學報，學衡雜誌，文哲學報以及後來由南高舊人所主辦之史
學雜誌，地理雜誌，方志月刊之通論及專門論著中知之。」並認識西方文化、
切實研究科學。吳俊升在《紀念母校南高二十週年》讚揚「它是最理想的中

〔註39〕《學衡》第 26 期，1924 年 2 月。

等學校師資訓練機關的典型。」張其昀在《「南高」之精神》中重點突出了南高重視學術的意識，並延續劉伯明的觀點，認為南高並不偏於保守，「時人稱南高偏於保守，另一證據，即當白話文勢力盛行以後，南高學人仍用文言述學論事。注重國文，注重科學的國文，且認為造就優良師資的先決條件，人類最大的智力，在能以語言文字表明各自的意志，藉以傳佈遠近，留殆後世。」張其昀還在《源遠流長之南京國學》中上溯到晚清，介紹南高的前身，從而印證南高學風形成的軌蹟。

《國風》內容包括教育、政治、經濟、文化等方面，是 30 年代《學衡》風格的延續，也是南京保守主義文學傳統的體現，也是中央大學師生對學校歷史發展進行回顧、展望的陣地。

二、金陵大學的社團與媒體

教會大學，是指教會團體在中國設立的高等教育機構。在中國，教會學校是同帝國主義侵華進程同步發展的。中華民國的成立及其領導階層的人事變動，給教會教育的發展提供了有利契機。首先，就職於新政府的要人，很多受過歐美教育。以孫中山為首的革命領導人，多數出身於教會學校，出席第一次國民黨會議的 600 名代表中，十分之一為基督教徒，因此民國政府對教會教育採取相當寬容的態度。其次，民初對留學歐美的推崇，使留學成為學子夢想，出國留學替代了八股制藝；而教會學校普遍優長的英語教學與數、理、化課程，正是預備出國的最佳培訓處。再次，參加教會的華人信徒成份變化，教會教育對象隨之變化：最初以貧民階層為主，南京早期流傳著這樣的歌謠：「要丟人，進彙文；真缺德，進明德；再不行，進育群。」分別指的是三所教會女校：彙文女中，明德中學，育群中學。〔註40〕到民初教會學校的教育對象擴大到政壇權要、社會名流、富商大賈及一般絲茶商人、飯館老闆等，教會針對教育對象的變化調整了教育方針：「有欲以為養成牧師教長之資者；有欲尊其為同宗諸校之冠者；有欲以高等教育灌輸於教中兒女者。更有出於常通宗旨，欲以擴充基督教勢力範圍者；藉茲方法為華人通

〔註40〕楊心佛：《金陵十記（下）》，古吳軒出版社，2003 年版，第 593 頁。
據《新南京》載：彙文女子中學於光緒二十二年五月美女教士沙德納所創設，初僅辦小學，越十二年（光緒三十三年）添設中學。民國十九年立案。育群中學系由美教會創設之愛群中學與明育中學二校合併而成，十八年成立，原為初級中學，二十二年七月呈准添辦高中，改稱今名，男女分校教授。

譯教義者；以及教授備有新常識，染有宗教觀念之男女少年，以謀助國人之進步發達者。」〔註41〕教會學校與中國政府之間的關係比較特殊，晚清時期教會大學完全不受政府管制，是西方教會教育在中國的分部，對中國政府不負任何責任。清政府認爲外國教會在中國設立的學校，是以外國人的資格和條約上的權利爲依據設立的，因此採取不干預的態度，也沒有要求教會學校立案的明文規定。爲了確定教育權歸屬，清政府曾於 1909 年，民國政府也於 1917 年、1920 年、1921 年，前後四次發出通告，要求外國教會學校須向中國政府註冊立案。1924 年「收回教育權運動」要求教會學校必須置於「政府監督之下」；「教育事業應超然於宗教及政黨爭議之外，並不得於學校上課時間內，教授宗教或黨綱，亦不得舉行宗教儀式。」1929 年 8 月 29 日教育部出臺了《私立學校規程》，1933、1943 和 1947 年多次修訂，加強對教會學校的控制：「第一，教會學校必須向政府立案，取得合法地位，學校行政權操於中國人之手，由中國人當校長，學校所設董事會中國董事的名額須過半數，在行政上須接受中國政府的監督與指導；第二，學校不得以傳播宗教爲宗旨，須按照部定課程標準辦理，不得設宗教系，不得以宗教課目列爲必修科目，宗教儀式不得強迫學生參加；第三，學校的設立與停辦須經教育機關核准，購置地產須用學校名義，經所在省市政府批准。學校停辦，其財產須由政府派員會同辦理。」並聲明「倘有發現上述情事，應即隨時取締，以重教育而保國性。」〔註42〕教會大學相繼向中國政府註冊立案，但由於教會學校主要是由外國資本家或財團提供經費的，中國政府對教會學校所擁有的管理權很難具有實質性意義。中國人只是形式上的主管，如南京金陵大學，「由於當時金大的經濟命脈掌握在美國教會手裏，校長和主管財物人員，都直接由美國教會指派。主管財力人員初稱司庫，立案後改稱會計主任。坐這把交椅的是美國女教士畢律斯。她來華時才 20 歲左右，解放初離開南京時，已年逾花甲……」〔註43〕。由於教會掌握學校的經濟和人事權，金陵大學不可能完全達成教育獨立。

〔註41〕《基督高等教育之起源與情況》，《中國基督教教育事業》卷 3，第 99～102 頁。

〔註42〕《教會學校應行注意各點令》，《教育部公報》第 2 卷第 7 期，1930 年 2 月 16 日，第 23 頁。

〔註43〕陳裕光：《回憶南京金陵大學》，政協上海市委文史委主編《上海文史資料》第 43 輯。

　　教會大學作爲現代文化在中國的重要傳遞途徑，教學內容靈活豐富，羅致了大量一流的中國新文化人和愛國學者，培養了一大批學者和重要的知識分子，還是女子教育的先驅。〔註44〕曾在中國教會大學中任教多年的芳威廉評價說：「教會大學對中國的貢獻，是培養了一大批有良好訓練且在社會各層面有很大影響的男性和女性，而這正是國家最需要他們的時候。」「中國教會大學的重要貢獻還在於增進國家之間相互瞭解與友誼。通過學校提供的語言、知識、價值和外國教職員，引進了西方好的東西。同時也通過他們，中國的知識被翻譯和示範而介紹到西方。他們擔任精神的和文化的使節，協助向東方解釋西方，雖然受到帝國主義牽連與外洋性格的妨礙。作爲西方文化的介紹者，他們參與了中國文化、社會和政府的偉大革命。」〔註45〕教會大學在國民政府立案後，逐漸把教育重心從傳教轉移到以現代科學文化知識來全面教育中國學生，實行「通才」教育。在教會大學中，一方面專業教育、學術水準與社會工作迅速提升；另一方面，校園內的宗教教育與宗教生活則逐漸減少。〔註46〕金陵大學在這方面比較典型。

　　金陵大學由傳教士所辦的彙文、基督、益智三個書院發展、合併而來，創始於 1888 年，正式成立於 1910 年。在眾多教會大學中，因經費較多、師資雄厚而被譽爲「鍾山之英」。其發展分爲兩個階段：1910～1927 年是其建立和初步發展時期。美國教會合併彙文、宏育兩個書院建成金陵大學，成立後在美國紐約州教育局立案，得以享受「泰西凡大學應享之權利」〔註47〕，金陵大學如同美國建立在中國的附屬學校。1927 年～1937 年隨著政府對教會大學政策的變化，金陵大學進入了改革時期。首先成立了中國人占多數的校董會，公推陳裕光爲金大校長，1928 年 5 月金大向大學院呈報立案申請書，同年 8 月 6 日，大學院核准金大董事會的註冊登記。是年 9 月 20 日，大學院第668 號訓令批准金陵大學立案。〔註48〕金大成爲第一所向政府呈請立案並獲得批准的教會大學，陳裕光成爲中國政府批准的教會大學校長中第一位中國人。學校事業發展進入了全盛時期，從一個基督教小型學院發展成國際知名

〔註44〕許蘇民：《重新評估教會大學在中國的地位和作用》，章開沅主編《文化傳播與教會大學》，湖北教育出版社，1996 年版，第 48～51 頁。
〔註45〕同上書，第 26 頁。
〔註46〕章開沅：《中國教會大學的歷史命運》，同上書，第 10 頁。
〔註47〕《金陵光》第 1 期，1913 年 4 月。
〔註48〕《金陵周刊》第 18 期，1928 年 10 月 15 日。

大學。陳裕光曾經指出:「蓋現今之大學教育爲一軀殼,而精神則爲其靈魂。」
必須達到「軀殼與靈魂齊備,而後大學教育始稱完善。」因此金大從開創之
日起就致力於鑄造本校的獨特精神,經過幾代金大人的努力,陳裕光才將
「誠、眞、勤、仁」的四字校訓稱爲金大之「魂」,並由衷感慨道:學校精神
之養成,蓋因「本校五十餘年之校訓也。」〔註49〕

　　在文學方面金陵大學做出了較好的成績。1930 年春金陵大學遵照國民政
府教育部頒佈的《大學組織法》將文理科分爲文理兩學院,農林科改爲農學
院,成立文、理、農三學院,在霍爾基金的贊助下成立了與文理農三院平行
的中國文化研究所,金陵大學直屬的教學科研機構一直保持著「三院一所」
的格局。中國文化研究所所長爲徐養秋,劉迺敬、貝德士、劉國鈞、吳景超
爲委員,並設圖書委員會,以研究員李小緣、貝德士、劉國鈞爲委員,主管
選購圖書事宜。1939 年徐養秋因就他職,未隨校西遷成都,才改由李小緣任
所長。中國文化研究所的創辦宗旨爲:研究並闡明中國文化之意義,培養本
國文化之人才,協助本校文學院發展關於本國文化之課程,供給本校師生研
究本國文化之便利。金陵大學文學院繼承了原來的文科基礎,最初金大文科
相對於農林等科,「內容既欠充實,組織復多凌亂」,北洋政府教育部給予的
評價是「殊無成績可言」。改組後文學院教學和科研地位非常突出,即使在國
民政府強調發展理工法政的時期,文學院發展勢頭依然穩健,與理學院、農
學院形成三足鼎立之勢。首任院長爲劉國鈞,其間陳裕光校長曾一度兼任院
長,劉崇本、劉迺敬等也曾先後擔任院長。文學院成立宗旨是研究高深學術,
培養專門人才,適應社會需要,設有本科、專科及高級研修班,後隨著文學
院的發展及社會對人才的需求,又增設特別研究部。文學院共設中國文學、
外國文學、史學、政治學、經濟學、社會學、哲學、教育學等 8 個系。全院
主要教授有:劉繼萱、劉崇本、劉迺敬、胡小石、貝德士、陳恭祿、王繩祖、
吳景超、章文新、芳威廉、柯象峰、徐益棠等。。金陵大學文學院和中國文
化研究所很好地處理了教會學校內常見的中西文化矛盾,使金大在中國傳統
文學的保存、創作與研究中作出了巨大貢獻。文學院的教學目標是「訓練國
學,英文,及史學教員,並培植專門研究人才」,「養成國家公務人才,及社
會服務人才」,並一直將「研究高深學術與培養偉宏專才」,視爲「大學之二
大使命」,以研究著述爲重要使命,將科研列爲基本事業之一。金陵大學文學

〔註49〕《金大校刊》第 301 期,1942 年 3 月 1 日。

院的學術研究水平達到了當時國內大學的最高峰。國學研究在金大極爲興盛，早在 1929 年就成立了國學研究會，每兩周組織一次演講活動，聘請校內外國學大師黃侃、胡小石、柳詒徵、吳梅、王伯沆等講課，並將所有演講稿列載於該研究會所出的刊物上。〔註 50〕中國文學系最初由胡小石擔任中文系主任，1931 年聘請劉繼宣繼任主任。詩學與詞學研究是中文系學術成就的兩座高峰。胡小石、兼職教授汪國垣（汪辟疆）對詩學研究極其深入而精闢，他們培養的學生程會昌（千帆）、孫望在詩學方面卓有成就。詞曲家吳梅 1928 年起在金陵大學兼職，專門講授詞曲，從社會政治環境變遷、文藝發展興衰、科舉狀況、學術思想和民風習俗變異等多角度探討詞學興衰演化的原因。金大中文系教師不僅研究詩詞，而且創作詩詞，對傳統曲詞的傳承發展作出了貢獻，吳梅有《霜厓詞錄》《霜厓詩錄》（石印本）；胡翔冬有《自治齋詩》；余磊霞有《珍廬詩集》；沈祖棻著有《涉江詩稿》（自印）、《涉江詞稿》。1934 年文學院與中國文化研究所合辦學制 2 年的國學研究班，聘請胡小石、胡翔冬、黃季剛、吳梅等爲指導教師，開設古文字學，如「商用書徽文」、「甲骨文例」、「鍾鼎釋文名著選」、「說文篹例」、「古文字學整理」等，考古學如「程瑤田考古學」，諸子之學如「老子」、「莊子」等。此外還有詞章之學，如「樂章詞釋」、「七絕詩論」等。國學研究班注重培養學生考證、辨僞的綜合研究能力，融經學、文學（包括考古學）與小學（包括漢字形體、音韻、訓詁）於一爐，以推求究竟。研究方法除上課外，提倡自學，學生各認專題，導師給予指導。學生所定專題，經、史、子、集各門皆有，研究成果分小學、文學、文學彙編成刊。該研究班是東南各大學培養研究生之首，共創辦 2 期，畢業生有 30 人，古典詞學家沈祖棻、語言學家殷孟倫等都是該班畢業生。金陵大學積極發展新興系科，不斷吸納國內外學術人才，加強師資力量，努力培養優秀人才，在學術科研方面作出了巨大貢獻。由此可見教會學校既是帝國主義文化侵略的工具，又是近代中西文化交流的媒介。在中西文化衝突交融的過程中，教會學校充當了新知識的載體，作爲一種「異端」。它不僅衝擊了中國傳統文化的體系，加快了中國傳統教育的解體，而且爲中國近代教育的誕生提供了有益的參照系。他們幾乎是自覺地順應了潮流，推動了教會大學世俗化，提高教學水準、學術品質，密切了大學和社會的關係，促使政府爲教會大學提供更多支持。但是在缺少基督教歷史文化傳統的中國，本土化

〔註 50〕《金大校刊》第 2 期，1929 年 11 日。

不可避免地帶來世俗化和政治化，從而導向意識形態的一元化，不可避免地有害於教會大學這種跨文化的高等教育。

　　金陵大學校內文學社團和刊物眾多。劉迺敬撰寫的《金陵大學文學院季刊·弁言》總結金陵大學曾經出版的刊物，「彙文書院——金陵大學，刊物有金陵光，宣統二年出，月刊，二百十六冊。民國十六年停。民國十七年九月金陵周刊出，十二冊止。十八年金陵月報出。十九年金陵校刊出，文學院、國學系印金聲兩冊，政治系印政治學刊一冊。金陵學報為季刊。」其中《金陵光》創刊於 1909 年，是金大第一個全校性刊物。最初為雙月刊，後來改為季刊，刊登的全是英文文章。1913 年改為中英文合刊，4 月刊行第 1 期，以後每學月出版一期，寒暑假停出，全年計 8 期。《金陵光》增設中文版，陶知行親自擔任《金陵光》中文主筆，在《出版宣言》中稱：刊物名《金陵光》，「便懷有盛世、黎明、嬉遊於光天化日之感：由感立志，由志生奮，由奮而振國，而禦侮戮力同心，使中華放大光明十世界，則金陵光之責盡，始無愧於光之名矣嬉。」〔註 51〕中英文合刊出版後，發行範圍更廣，內容也更加豐富，學術論文、時評文章、文學作品時有刊登，其影響正如刊物文章所稱：「時國內風雲猶屬閉塞，出版品殊不多見，而以發揚思想研究學術，如金大之有金陵光者，殆寥若晨星。民國以來，國民思想猛進，刊物風起雲湧，但也隨起隨滅而已。惟金大之金陵光，歷年刊行，未嘗中輟，宗旨一本於前，內容則力求改進，國內人士，相與稱許，遂蔚成國內學術界重要之刊物。」〔註 52〕由於國內政治局勢動蕩，北伐革命後國民政府定都南京，要求教會學校立案，主要權力從外國教會轉交給中國人。這一繁瑣的交接過程牽涉了校內行政領導變化，《金陵光》因之出版衍期，1928 年初停刊。取代《金陵光》的是由金大學生會主辦的《金陵周刊》，由於內容過於零碎，缺少學術品位，1930 年在全校師生一致呼籲下，《金陵光》復刊。該刊停刊兩年重行出版問世時，陳裕光校長親自為刊物寫下數言，「藉與共勉焉」。文曰：「《金陵光》遽行停刊後，代以其它刊物，如周刊、季報等，而以傳播校問聞，研究時事為主要目的，雖也有其相當價便，但具有深長歷史，及負有相當聲譽之學術刊物，不宜長此停頓，則舉校師生皆同有此感。今金陵光又重行於此矣，深原主其事者，一本以前之精神，以發揚思想，研究學術為惟一之旨。」〔註 53〕但只出一期

〔註 51〕南大高教研究所編：《金陵大學史料集》第 282～283 頁。
〔註 52〕《金陵光》，1930 年第 1 期。
〔註 53〕《金陵光》，1930 年第 1 期。

就中止。金陵大學在這一時期對校內出版物進行統一調整，準備由學報主導學術，以校刊登新聞，其他期刊各有側重，達到異彩紛呈的局面。這雖然是學校辦刊中的成長和進步，報刊各司其職，促進了學術專業化程度的提高，但對《金陵光》來說是不幸的沒落，這份雜誌的終結代表著一個時代的學風變遷。

30 年代國民黨的思想控制越發嚴密，在一黨專制下，出版自由是一紙空文。刊物要保持自己的風格，隨時有被查封的風險。金大學生自治會刊物《半月刊》略露鋒芒即遭停辦。但金陵大學師生仍不斷嘗試創辦刊物，發表言論。1931 年 6 月文學院學生自治會創辦了《金陵大學文學院季刊》，試圖「本學者之態度，不屈之精神，發公正之言論」。這雖只是一份學生刊物，但從編輯排版到學術水平，都可看作是一份走向社會的成熟刊物。刊物內部分工細緻明確，第 1 卷第 1 期中總編輯爲嚴元章，編輯成員有：

編輯部：周德洪、郭體幹、魯學瀛、武酉山；

廣告主任：趙鼎新、卓景昌、王宏道；

經理主任：蔣祖芹；出版主任：趙章甫

詳細周密的分工合作，使刊物內容豐富，經費除校內補貼外，從廣告方面得到保障。爲了確保刊物的質量，該刊不僅在學生中徵稿，並廣泛邀請特約撰述作者，如張兆符、張恩溥、張龍炎、陳克斌、陳汝記、周治、周薩堂、富介壽、向映富、黃景美、甘蓉卿、開濟、高文、李榮見、丁廷洧、左景媛、徐銘貞、徐瑞祥、徐先祐等，擴大稿件來源，同時邀請陳裕光、劉崇本、陳恭祿、方東美、何浩若、胡小石、黃季剛、李小緣、劉國鈞、劉乃敬、馬文煥、徐養秋、王博之、吳景超、吳世瑞擔任顧問，從而獲取校方和教師的支持。刊物第 1 期採用新式排版，文字從左到右橫排，使用新式標點，顯示出當時新文學運動的影響。第 2 期刊物工作人員分工更加細緻：

編輯部：武酉山　錢存訓　周得洪　吳芳智　伍　駿　戴　均
　　　　徐　復　趙章甫　劉義振　朱永昌　劉建章　丁廷洧
　　　　雷懷仁

出版部：韓榮森　駱蒲秀

廣告部：印國藩

印刷部：李範　蔡哲傳

發行部：蔡秋英　黃景美

並以黃季剛、胡小石、胡翔冬、劉繼宣、劉覺凡、劉衡如、方東美、貝德士、杭立武、馬文煥、雍森、譚紹華、何浩若、葉元龍、史邁士、李小緣、徐養秋、倪亮、吳士瑞、柯象峰、王鍾麟為顧問，特約撰述作者有：周蔭棠、左景媛、張樹德、邵祖蘭、光珣、李榮晃、甘蓉卿、蔣震華、開濟、張恩溥、姚顯、周其恒、左景清、陳啓運、章子琨、周治、楊國華、王光華、任玉宇。這一期版式上重新回歸舊式排版，文字豎排，標點完全沿襲傳統用法，體現了金陵大學深受南京文化保守主義傳統影響的文學傾向。刊物將貝德士、史邁士兩位外籍教師列為指導顧問，表明金陵大學的教會色彩，客觀上外籍教師對於中國高等教育的發展、學術思想的深化起到了推動作用。刊物是師生品評時事的陣地，他們針對國家外患發表了不少文章，如《領事裁判權之撤銷》（張兆符，1 卷 1 期），《國際裁軍運動之過去與將來》（李榮見，1 卷 1 期），《國聯之展望》（周蔭棠，1 卷 2 期），《國際注目之東北》（劉繼宣，1 卷 2 期），《一九三一年中日關係之檢討》（林啓森，2 卷 2 期）等，這些時評對於政治時局尤其是國際關係探討比較公允理智，與當時媒體上充斥的偏激、狹隘的民族主義情緒相比高下立判。

　　第 2 卷第 1 期以劉衡如、劉確杲、胡小石、胡翔冬、吳瞿安、黃季剛、方衛廉、王鍾麟、劉敬、廖文魁、柯象峰、許仕廉、 孫本書、商承祚、徐益棠、繆鳳林、馬文煥、凌士芬、吳士瑞、蔣一貫、金積楠為顧問。以鄭炳鈞、哈國忠、黃仲文、藍緒文、蔡哲傳、龍毓彩、潘瑞笙、陳華、黃念田、徐竹書、吳金鑑、胡令暉、湯綸章、劉宗基、朱海觀、沈祖棻、吳緒農、張忠祥為特約撰稿。雖然並非每位特約撰稿人都有作品發表在《金陵大學文學院季刊》中，但從特約撰稿人的背景來看，基本都是金陵大學文學院中較有文探的學生或已畢業的當時已略有文名的校友。從指導顧問的變化可以看出金陵大學 30 年代文學院教師的流動情況，第 2 期中胡小石、黃侃、胡翔冬、吳梅等古典文學大師擔任刊物顧問顯示出金陵大學文學院所延續的古典文學傳統，以及刊物的主辦者在老師影響下形成濃厚的文化保守主義意識。這些顧問不僅擔負指導責任，還在刊物上發表了不少頗有質量的論文和詩作。如第 1 卷第 2 期中黃侃發表了《寄勤閒室涉書記》、《歲暮書感二首》，胡小石發表了《金文醳例》、《磐石集》，劉迺敬發表了《淨純相關量及多元相關量》，這些高水平的作品不僅代表著這個刊物的最高學術水準，也展示了當時金陵大學文學院的國學研究水平。刊物中發表的論文或文學作品題材主要集中在古典

文學方面，武西山、丁廷洧、程會昌（千帆）、孫望等人在刊物上發表了自己最初的學術論文，如第 1 卷第 2 期中武西山的《論宋代七家詞》、《虹州集》、《有山詞草》；丁廷洧的《菱溪詩草》。第 2 卷第 1 期中孫望發表了《元次山年譜》，程會昌發表了《漢書藝文志詩賦略首二種分類遺意考》、《別錄七略漢志源流異同考》。第 2 卷第 2 期中程會昌發表了杜詩研究心得《少陵先生文心論》，孫望發表了《全唐詩補逸初稿》。古典詩詞創作和現代古典文學研究是《金陵大學文學院季刊》中的重要組成部分，也是金大文學院學術水平和研究方向的集中體現。

三、輻射於校園之間的社團及刊物

新文學思潮的鼓動下，30 年代中央大學、金陵大學的部分畢業生、在校學生組織了新詩社團「土星筆會」，並創辦刊物《詩帆》（1934 年 9 月 1 日～1937 年 5 月 5 日）。由於南京文化保守主義傳統的影響，這些詩人在新詩的創作中情不自禁地帶入古典詩歌意象，運用傳統典故，以古典審美情趣和現代意識來建構新詩的審美指向。短暫的新詩創作激情過後，大部分成員回歸到古典文學研究的路徑。

1930 年中央大學和金陵大學學生常任俠、汪銘竹、孫望、程千帆、滕剛、章鐵昭、艾珂七個人組織了一個新詩社團「土星筆會」，1934 年 9 月 1 日編輯出版同人期刊新詩刊物《詩帆》半月刊，1937 年 5 月 5 日終刊，共出版 3 卷 17 期（實際為 16 冊，第 2 卷第 5 期、6 期為合刊）。第 1 卷以半月刊形式出版 6 期（1934 年 9 月 1 日～11 月 15 日）；停刊兩月（1934 年 12 月～1935 年 1 月）後，第 2 卷以月刊形式出版 6 期（1935 年 2 月～6 月，每月 15 日出版，其中因暑假關係，原本在 7 月出版的第 6 期，與第 5 期合刊，6 月 25 日出版）；1935 年下半年和 1936 年全年休刊；1937 年出版第 3 卷，仍舊是月刊，每月 5 日出版，至 5 月 5 日共出 5 期。第 3 卷 6 期交付印刷廠後，因戰爭爆發而「下落不明」。〔註54〕一二卷僅注明由「土星筆會」編輯發行，第三卷改由汪銘竹任編輯及發行印製人。《詩帆》從第 1 卷到第 2 卷第 1 期中只刊登「土星筆會」七位同人汪銘竹、孫望、程千帆、常任俠、滕剛、章鐵昭、艾珂的詩以及滕剛翻譯的波多萊爾和魏爾倫的譯詩。自第 2 卷的第 2 期開始有「外稿推薦」，刊發了唐紹華、於一平、周白鴻、洪夢茜、余佳、陸田、雨丁、倉庚等人的作品。第 2 卷

〔註54〕陸耀東主編《沈祖棻程千帆新詩集》，武漢大學出版社，1992 年版，第 2 頁。

的第 5、6 期合刊爲「瑋德紀念特輯」。從第 3 卷第 1 期開始又改「外稿推薦」
爲「友朋寄稿」，增加了詩論、詩話、詩壇消息等內容，作者中的新生力量包括
雨零、毛清韶、鄒乃文、霍薇、李白鳳、許雨行、侯汝華、林英強等人。他們
多是中央大學、金陵大學的學生，北京、上海等地的詩人占少數。其新詩創作
群體雖在南京形成一定的氣候，填補了南京新詩界的空白，但在全國範圍內影
響並不大，代售處僅有南京花牌樓現代群眾書局和上海雜誌公司，「因爲不喜宣
傳發售，只寄贈國外和國內的較大的圖書館。所以流行於一般社會者很少。」
〔註55〕從第 1 卷 6 期至第 2 卷前 4 期，都闢有譯詩欄目，先後刊發過法國、英
國、俄羅斯、日本等國的詩歌譯作。法國象徵派詩人的作品，大多由滕剛翻譯。
如《病了的詩神》、《十四行》等 13 首波特萊爾的詩，（Sub Urbe）《天眞之歌》
等 9 首魏爾倫的詩，以及 S・普魯東的《眼睛》等。〔註56〕這些譯作的發表無
疑會對《詩帆》詩風的形成產生一定的影響，魏爾倫對《詩帆》的影響最爲明
顯，陸耀東指出「土星筆會」的名稱與之有密切關係：「法國象徵派前驅魏爾倫
的第一本詩集名爲《土星人詩集》，在卷首詩中引述了古時智者的說法：每人在
誕生時均有一顆星作爲徵兆，而在土星徵兆之下降生者定要經受不幸和煩惱。
他的這本詩集就是表現世上「土星人」的不幸和煩惱的。『土星筆會』成員的詩，
確實是表現不幸和煩惱的，不過，這不只是個人的，同時也是時代和社會的，
也是屬於人民的。」〔註57〕常任俠提供的關於「土星筆會」的命名的另一種說
法與魏爾倫基本無關，他說：「因爲只有六個人，集會常在星期六，所以定名土
星筆會，也是因爲北京有一個《水星》詩刊而起的。」「土星筆會」的發起原因
是「當時南京的新文藝思潮很沉寂」，〔註58〕雖然常任俠頻繁參加中央大學教授
們的詩會，「結潛社，填詞唱曲；入詩會，登高分韻」，但是中央大學、金陵大
學的這班青年人在新文學的影響下希望用入門更容易、形式更自由的白話詩歌
來抒發青春期的種種苦悶和感觸。當時「哲學系出身的汪銘竹首先倡議，印發
新詩刊，形勢要美觀，內容要富有田園風味，或展示都市的憂鬱。」〔註59〕從
《詩帆》中刊載的詩歌風格看來，我認爲陸耀東對社團命名原因的說法更有根

〔註55〕常任俠：《五四運動與中國新詩的發展》，《中蘇文化》第 3 期，1940 年 6 月。
〔註56〕參見汪亞明：《現代主義的本土化──論「詩帆」詩群》，《文學評論》2002
　　　　年 6 月。
〔註57〕陸耀東：《沈祖棻程千帆新詩集》，武漢大學出版社，1992 年版，第 2 頁。
〔註58〕常任俠：《土星筆會和詩帆社》，《新文學史料》，1993 年第 1 期。
〔註59〕常任俠：《土星筆會和詩帆社》，《新文學史料》，1993 年第 1 期。

據，「土星筆會」中的詩人們都曾努力學習法國現代派詩歌的寫法，並模仿其沉鬱傷感的詩歌風格和跳蕩繁複的意象。

「土星筆會」沒有發表過共同宣言，也沒有打出什麼旗幟和理論主張，創刊號上發表了滕剛的一首平和而略帶感傷的詩《題詩帆》，稍能看出同人們的詩歌觀，詩中說他們「想一支曲子／攜往暗藍的海灘」或「危坐在雲光裏」。也許仍將帶著憂鬱回轉書齋，然而眼前浮起的正是曾漂浮雲間的「一枝銀白色的古帆」。他們最初沒有嚴格的新詩概念和明確的思想傾向，「我們要借來社會的罪惡，但不喜歡一連串政治口號的叫吼詩，也不趨附新月派的『商籟體』，我們用的是不整齊的無韻體。與戴望舒所倡導的相近，要求內在的韻味。〔註60〕程千帆贊同戴望舒的詩歌主張：「詩不能藉重音樂，詩不能藉重繪畫的長處，韻和整齊的字句會妨礙詩情的。」並欣賞戴望舒使用散文句法，多用轉接詞和靈活化用古典意象，「從舊的事物中也能找到新的詩情」。〔註61〕《詩帆》同人在翻譯外國詩歌的過程中逐漸培植自身的審美特性，在吸納傳統詩歌的營養之外，又加入西方詩歌的特質，結成一種特別風味的新詩。〔註62〕「他們既不喜新月派的韻律的鎖鏈，也不喜現代派的意象的瑣碎，標舉出新古典主義，力求詩藝的進步，對於現實的把握，與黑暗面的解剖，都市和田園都有所描寫。他們汲取國內和國外的——尤其法國和蘇聯——詩藝的精彩，來注射於中國新詩的新嬰中，以認真的態度，意圖提倡中國新詩在世界詩壇的地位，並給標語口號化的淺薄的惡習以糾正。他們努力地創作並努力地翻譯，譯成法國和蘇聯的幾個著名作家的詩集，在東方各國又譯了兩冊阿拉伯的詩，也零碎的譯過朝鮮和日本的詩，在質上並力求其優美無憾。在印刷上也是力求考究的。」〔註63〕30年代的新詩界中，《詩帆》應算是比較精良的刊物，得到了當時許多詩人的關注。「設計版畫和插圖裝幀有郁風、羅吉眉和卜少夫。創造社的滕固給予同情和支持。詩人方瑋德屬於新月派，對《詩帆》特別讚美。去世的時候輯錄組詩，並刊登遺像，以酬知己。」〔註64〕據統計，「《詩帆》同人共九位在該刊上發表詩計194首，其

〔註60〕常任俠：《土星筆會和詩帆社》，《新文學史料》，1993年第1期。

〔註61〕戴望舒：《詩論零箚十》，《望舒草》，上海書店，1933年版。

〔註62〕戴望舒：《詩論零箚十》，《望舒草》，上海書店，1933年版。

〔註63〕常任俠：《五四運動與中國新詩的發展》，《中蘇文化》6卷3期，1940年5月5日。

〔註64〕常任俠：《土星筆會和詩帆社》，《新文學史料》，1993年第1期。

中詩作最多的四位是：汪銘竹先生 60 首，程千帆先生 45 首，孫望先生 23 首，常任俠先生 21 首。」〔註65〕從「土星筆會叢書出版預告」所知，他們已出版和計劃出版的詩文集有 17 種。「土星筆會」中的大部分成員都出過個人詩集，如常任俠的《毋忘草》、《收穫期》，汪銘竹的《自畫像》、《紀德與蝶》，孫望的《小春集》、《煤礦夫》，艾珂的《青色之怨》，章鐵昭的《鐵昭的詩》，絳燕的《微波辭》，滕剛出過 3 部譯詩集：《波氏十四行詩》、《波多萊爾評傳（戈帝葉）》和《土星人》。程千帆的詩集《三問》和第 3 卷 6 期的命運一樣，因戰火而「下落不明」。鑒於其詩歌創作實績，常任俠在《詩帆》終刊後還堅持認為：「在過去新詩刊物中，延續得最長久，而成績也最可觀的要推《詩帆》與《新詩月刊》。」

由於《詩帆》中的作者大多是中央大學或金陵大學的學生，多少受到了這兩所學校注重傳統文學的風氣薰陶，對於古典文學多有興趣。常任俠善寫古典詩詞，1928 年 10 月由中央大學汪東、黃侃收為特別生，從王伯沆學詩、讀唐詩，從胡小石學《中國文學批評史》，從吳梅共組「潛社」，填詞作曲，從黃侃學《說文》，從汪旭初學《方言》。〔註66〕1935 年他跟隨老師參加了兩次詩人集會，一次為陳散原為首的玄武湖修禊，一次是陳石遺主持的豁蒙樓登高。程千帆在古典文學上造詣頗深，曾回憶當年的求學經歷：「我跟黃季剛（侃）先生學過經學通論、《詩經》、《說文》、《文心雕龍》；從胡小石（光煒）先生學過文學史、文學批評史、甲骨文、《楚辭》；從劉衡如（國鈞）先生學過目錄學、《漢書藝文志》；從劉確杲（繼宣）先生學過古文；從胡翔冬（俊）先生學過詩；從吳瞿安（梅）先生學過詞曲；從汪辟疆先生（國垣），學過唐人小說；從商錫永（承祚）先生學過古文字學。我是金大的學生，但中央大學老師的課我也常跑去聽，因為那個時候是鼓勵去偷聽的。我曾向林公鐸（損）先生請教過諸子學，向汪旭初（東）、王曉湘（易）兩先生請教過詩詞。汪辟疆先生精於目錄學和詩學，雖在金大兼過課，但沒有開設這方面的課程，我也常常帶著問題，前去請教。」〔註67〕其他成員同樣具有良好的傳統文學素養。作為青年他們又都對當時社會流行的現代主義詩歌很感興趣，尤其是李金髮所帶來的神秘的象徵派詩歌，有著濃鬱感傷和憂鬱的異國情調的詩歌，

〔註65〕陸耀東：《沈祖棻程千帆新詩集》，武漢大學出版社，1992 年版，第 8 頁。
〔註66〕常任俠：《常任俠文集》（6），安徽教育出版社，2002 年版，第 17 頁。
〔註67〕程千帆：《程千帆全集第十五卷·桑榆憶晚》，河北教育出版社，2001 年版，第 10 頁。

他們嘗試著追隨潮流，使用歐化語體來描摹心情。這兩種努力就使得他們的詩歌呈現出特殊的風貌：汲取古典詩詞營養又帶有歐式風情。

《詩帆》中詩人們非常善於運用古典意象營造詩情氛圍，他們從古典詩詞中汲取營養，並非簡單的摹古或直接化用詩詞，運用詩詞中常見的意象或典故來傳達現代意義的情緒，達到讓人耳目一新的效果。這種自覺的吸納傳統文化精華的意識，表現在三個方面：一、對古詩詞的借鑒。如《相見歡》（常任俠，1卷3期）借用了詞牌名，「不信在恒河沙粒的人群中，／乃有此世界眾妙之彙集。」機智地化佛典為愛情的唱歎，用直白的描述表達青年男女之間愛情的歡愉。《臺城路》（程千帆，2卷2號）同樣借用了詞牌名，並且多用典故，如達摩面壁、秋日臺城等。《速寫‧一女人》（常任俠，1卷4期）表面看來是詩人以鑒賞的姿態描繪的一幅女子素描，實質上詩中的「柳」諧音為「留」，正因為詩中的「我」因不忍心踐踏而棄之於道旁，但終究沒有把它「留」下，因而鑄成大錯，成為他人足下的犧牲。為此「我」非常失悔，「我」的靈魂也會像這「柳絲」一樣飽受磨難。此詩名為惜柳，實為憐人，表達了對於舊時代女子命運完全受人操縱的歡惋。二、由古人古事引發感懷。《繡枕》（程千帆，1卷1期），《繡枕新題》（程千帆，2卷4號）塑造了一個閨中少女的寂寞情懷，「古舊又新鮮的戀情」讓人費盡思量，也讓讀者歎息少女青春歲月的無謂消磨，這種帶著薄愁的情懷與古代的閨怨詩相似，時空枷鎖扼殺了少女的生機，「十年來時空之鎖鏈／已使人無反叛之勇氣。」也磨滅了少年純稚的情懷。《懷通眉詩人李賀》（滕剛，1卷3期）則乾脆從唐代詩人入手，「留下這靈魂的遺蛻／委蛇於殘害的歲月／隨著永恒的日晷輪轉」，直抒胸臆，讚歎天才詩人的不朽。《夢之歸舟》（汪銘竹，1卷3期）拉出民俗中的月下老人來印證愛情的永恒，盼望愛情這不繫之舟早點返航。《莫愁湖懷古》（汪銘竹，2卷3號），滿懷詩情地敘述了湖北莫愁姑娘遠嫁而為金陵盧家少婦的故事，字句新奇跳蕩。三、古典意象的現代意義。如《伽藍寺》（程千帆，1卷1期）中「長明燈則情慾的眼，／看不厭時新的裝束。」詩人以一種新奇的角度觀察古刹廟宇中供奉神佛的燈盞，探索它在現代社會中的功用：不僅是善男信女朝拜的對象，更是神佛好奇窺探現世的途徑。絳燕（沈祖棻）的《給碧蒂》、《來》、《忍耐》、《過客》中的愛情既有中國傳統道德所崇尚的忠貞專一、溫柔賢淑的特色，「來吧，來休息一會吧，／這裡是你溫暖的家！」又有現代女性意識獨立自尊的烙印，「我凝望著我的過客遠去的背影，／用早禱時寧靜的

心情替他祝福；／但是我從此關上那扇靜靜的門，／不再招待冬夜山中風雨的過客；／我不在四谷的月光下尋找失落的夢，／只默默的燃一爐火，唱起我自己的歌。」堅韌與溫柔恰到好處地糅合成現代知識女性落落大方的氣質，展現出女性細膩的情致和自信的態度。

　　他們的詩歌不僅表現出優美的古典情懷，同時充斥著現代意識的影響和對現代技巧的嘗試。如滕剛的《紫外線舞》（1卷3期），與上海新感覺小說選材和格調類似，選取都市中最具動感最富現代意義的社交場所——舞廳作為表現對象，他的筆下描摹出都市中四處奔湧的欲望：他們的聽覺「已變成一群白胸脯的水禽／從險峻的波濤之尖端／尋求它們的新陸」；他們的眼神「如野燕獵食，在空中發出一長弩」，舞女的肢體高速旋轉，在暗淡燈光下被分解成精確的「截斷美術」，在這一場景中人彷彿失卻文明品性，逐漸物化，回歸獸性，放蕩恣肆，字裏行間的都表現出詩人對都市叢林中享樂者的鄙視、對不幸者的同情與悲憫。汪銘竹也是一位摹寫都市感覺的高手，他也將都市視為純樸的鄉村的對立面，是物質享受的天堂，也是道德墮落的地獄。《人形之哀》中他寫出了現代都市人孤獨脆弱，放縱享樂的特殊生活形態。在《乳底禮贊》、《手》、《三月風》、《春之風格》等詩中則描寫女性軀體，以肉感的大膽的描寫，表達都市中欲望的變形膨脹。在詩人筆下，少婦的雙乳像一對「孿生的富士山」，一雙比鄰而居的「小斑鳩」，「是撒旦酒後手譜的兩支旋律」（《乳底禮贊》）。三月裏的春風也喜歡溜進「少婦之胸際」，它的撫摸使她的「雙丘更毓秀了」，（《三月風》），而詩人的手，也忍不住要投宿於那「金色的乳房」，並將此女體作為那個夢中「游子」的「流戍地」（《手》）。這種創作上的嘗試使詩歌感染了「世紀末」的頹廢，歐式語言夾雜其中，使得詩歌風格混雜，破壞了詩歌的美感。《詩帆》中的詩歌關注生命中的情緒流轉，如孫望的《祝福》，常任俠的《懺悔者之獻詞》、《列車》，汪銘竹的《孤憤篇》和《冬日晨感》等，都從青年敏感多變的情緒中尋找題材，形成一幅獨特的青春圖景。

　　「土星筆會」詩人們的作品顯示出相當純熟的現代漢語功力。文字簡潔明朗，句法穩中有變，將口語、文言和外語語法雜糅交錯，形成一種獨特的語言風格，充分顯示出漢語所獨具的詩性特色。「土星筆會」的詩人們，受南京中央大學、金陵大學學風影響，當時中央大學中文系系主任汪辟疆先生，在新生入系時，他就開宗明義地告誡說：『本系力矯時弊，以古為則。』馴致

我們中央大學附中的學生都被教導要做文言文。」〔註68〕在師長古典藝術旨趣的影響下,「土星筆會」和《詩帆》社的作者,很快都走上了古典詩詞創作、研究的道路,對自己青年時期參與的新詩創作的評價並不高。公允地說,《詩帆》中的作品雖有稚嫩之處,但是他們吸納傳統文學資源,融入現代生活感受的努力,遠比早期「一些古樂府式的白話詩,一些《擊壤集》式的白話詩,一個詞式和曲式的白話詩」〔註69〕穩練,也比一味模仿西方詩歌形式和語言的讓人讀不懂的新詩更成熟,更適合中國讀者的欣賞習慣。

第二節　教育變革引起的新舊文學並存與衝突

整個民國時期南京的新舊文學並存並不斷地發生衝突。在古典文學的發展方面,南京高等師範學校——東南大學——中央大學、金陵大學等一批高等學府和全國最高學術機構:中央研究院,延攬了大批海內知名的專家學者,如王伯沆、陳匪石、吳梅、黃侃、王易、汪辟疆、胡小石、陳中凡、汪東等,後期還有喬大壯、段熙仲、王駕吾、羅根澤、吳世昌、唐圭璋、酈承銓、盧前、朱東潤、吳祖緗、殷孟倫、陳延傑、錢南揚、孫望等。隨著教育體制的現代化,這些高等學校的中國文學系按照新的思路設置課程,體系清晰,中國文學的學科建設趨於完善。中大、金大都設有專門的文學研究機構,學者們融合了新的治學方法,對古典文學進行了全面、系統、深入的研究,寫出了一批具有開創意義的學術著作,為中國古代文學研究真正成為一門學科奠定了基礎。汪東著有《詞學通論》。陳匪石著有《宋詞舉》和《聲執》,吳梅著有《中國戲劇概論》、《元劇研究》、《顧曲麈談》等。

南京也是較早接受新思潮的城市,在現代文學的發展中具有重要的地位。自1902年起,三江(兩江)師範學堂、陸軍學堂、華僑學校暨南學堂、金陵大學、地質研究所、金陵女子大學、南京高等師範學校、河海工程專門學校等先後創辦。這些教育單位大都為全國之先,它們集中了全國優秀的人才,傳播科學、民主思想。不少現代作家正是從這裡接受、交流新思想,走

〔註68〕何兆武:《也談「清華學派」——〈釋古與清華學派〉序》,徐葆耕《釋古與清華學派》,清華大學出版社,1997年版,第5頁。

〔註69〕胡適的《〈蕙的風〉序》作於1922年6月6日,原載《蕙的風》上海亞東圖書館同年8月初卷首;又載《努力》週報第21期,題《蕙的風》,署名「適」,同年9月24日出。後收入《胡適文存二集》卷四。

上文學道路的。五四新文學作家在南京進行了多種文學活動。1923 年創造社作家倪貽德發表了小說《玄武湖之秋》，並一舉成名。1923 年 8 月朱自清、俞平伯等同遊南京秦淮河，並以同題寫出散文《槳聲燈影裏的秦淮河》，用白話和古典情懷傳達出了對於道德和人性的現代思索，為現代文學史留下了一段佳話。1924 年新月派詩人徐志摩陪同印度詩人泰戈爾來寧，大力宣揚新詩，1925 年朱自清以自己 1917 年冬在南京車站的經歷寫成散文《背影》，這篇作品「文質並茂，全憑真感情真性情取勝」，充分顯示了白話散文的藝術魅力；東南大學的「東南劇社」自創自演話劇，一開南京現代戲劇之先聲。30 年代是中國現代文學走向繁榮的時期。此時作家輩出，創作成果豐富，刊物眾多，流派紛呈。1933 年中國左翼作家聯盟（左聯）和中國左翼戲劇家聯盟（劇聯）在上海先後成立，陳鯉庭、翟白音等人分別於 1932 年和 1933 年在南京組建了左聯南京支部（小組）和劇聯南京分盟，在南京先後成立的社團還有：由晶紺弩、金滿成發起成立「甚麼詩杜」，向培良等發起成立「青春文藝社」，段可情等發起成立「白門文會」，以及「南京電影學會」、「新野文藝社」、「南地劇社」、「新華劇社」、「中國戲劇協會」。這些文藝組織各有自己的刊物，還組織過多種文學活動。例如，1935 年由田漢、應云衛、馬彥祥等在南京成立「中國舞臺協會」就曾演出過田漢等創作的《回春之曲》、《水銀燈下》等話劇，1934 年由金陵大學、中央大學學生組成的新詩團體「土星筆會」，在南京影響也很大，年青詩人的藝術創作豐富，活躍了詩壇。此外，1935 年由余上沅在南京創建的國立戲劇專科學校是現代中國最早的戲劇專科學校，培養了很多戲劇工作者。該校教職員曾有張道藩、馬彥祥、吳祖光、許幸之、焦菊隱、曹禺、陳白塵、陳瘦竹等眾多傑出的文學戲劇工作者，由他們培養出來的戲劇人材，活躍在抗戰中以及中華人民共和國成立前後。現代作家在南京高校任教既培養了學生，又擴大了現代文學的影響。粗略統計，在中大、金女大任教的就有曹禺、宗白華、徐志摩、吳祖湘、方光燾、陳中凡，陳瘦竹、楊晦等。這一時期現代文學創作收穫很豐富，小說方面有陳瘦竹的《燦爛的火花》、《奈何天》，匡亞明的《血祭》，陳白塵的《小魏的江山》、《泥腿子》、吳調公的《教育局長》等等。詩歌方面有盧冀野的新詩。話劇舞臺頻繁演出田漢、曹禺、陳白塵、張道藩等人的劇目。田漢 1935 年被國民政府囚於南京，經保釋後留在南京兩年，創作了《蘆溝橋》、《復活》等 8 齣戲劇，並與戲劇界人士組織了三次會演，大大推動了南京現代戲劇活動。

　　新舊文學並存，新舊論爭也相伴左右。1919 年五四新文化運動波及南京，楊賢江、張聞天、沈澤民、左舜生等組建「少年中國學會南京分會」，出版刊物《少年世界》，宣傳新文化、新思潮。南高師教授胡先驌在《南京高等師範日刊》上發表《中國文學改良論（上）》，率先引發與新文學的論爭。1922 年東南大學教授吳宓、梅光迪、胡先驌、柳詒徵等創辦《學衡》雜誌，就文言與白話、新文學與舊文學等問題與新文化陣營發生激烈論爭，尤其是關於詩歌審美標準的論爭，在文學史上留下了深刻痕蹟。新舊文學論爭提供了中國現代文化發展的多條路徑，提高了民族自尊自信，自立風格，獨樹一幟，某種程度上糾正了五四以來新文學發展的偏頗和過分政治化的趨勢，雖然論爭經常偏離目標，甚至互相攻訐，但總體上仍具有進步意義。

一、新舊文學的並存

　　20 年代南京文化保守主義傳統的影響，以及教育制度從傳統書院向現代教育模式轉變，使民國時期的南京文學既反對和排斥新文學，大力倡導傳統文學創作和研究；又在新文學大潮的影響下，不能遏止新文學創作的萌芽，總體看來南京文學一直保持新舊並存的狀態。1917～1927 年間的南京高師——東南大學，由於「學衡派」勢力的存在，除從事戲劇、小說創作的侯曜、顧仲彝外，幾乎沒有培養出一個知名的新文學作家。但校內師生在新文學創作方面也做出了一定的成績。如南高——東南大學心理學系主任陸志韋〔註70〕，就是一位無法歸類的詩人。1923 年陸志韋出版詩集《渡河》，收錄詩歌 90 首，內容廣泛。他在《自序》中提到「我在休息的時候讀人的詩，做我的詩。」由於不是職業文學家，他的創作帶有「業餘」心態，形式自由、題材廣泛。「我的做詩，不是職業，乃是極自由的工作。非但古人不能壓制我，時人也不能威嚇我。可怕呵，時人的威嚇！我的詩必不能見好於現代的任何一派。已經有人評我是不中不西，非新非舊。」陸志韋對中國古詩很有造詣，1934 年春在芝加哥大學國際會議廳作過多場以

〔註70〕陸志韋（1894～1979），浙江湖州人，原名陸保綺，心理學家、教育學家、語言學家。自幼接受傳統文化啟蒙和西方文化薰陶。於東吳大學獲文學學士學位，美國芝加哥大學獲哲學博士學位。1920 年回國任南京高等師範學校——東南大學教授。1923 年亞東圖書館出詩集《渡河》，後有詩集《渡河後集》、《申西小唱》等。1924 年捲入「易長風潮」，支持楊杏佛，反對校長郭秉文。1927 年應司徒雷登邀請北上燕京大學任文學院心理學系教授兼主任，1929 年被聘為中央研究院心理學組委員，1934 年任燕京大學代理校長。

中國詩歌為主題的演講，包括文人的詩與格律、古代和現代的民歌、詩的
藝術技巧等。他自己的創作兼具新舊詩歌的特點，「其中有用做舊詩的手段
所說不出來的話，又有現代做新詩而迎合一時心理的人所不屑說不敢說的
話。經過了好幾個月的疑惑，現在決意發表了。」其新詩作品沒有明顯的
思想傾向，也不受文壇「將令」：「我對於種種不同的主義，可一概置之不
問。浪漫也好，寫實也好。」「我絕不敢用我的詩作宣傳任何主義或非任何
主義的工具……我作詩只是為己，不願為人。」「無論如何，我已走上了白
話詩的路，兩三年來不見有反弦更張的理由。」陸志韋的詩「十之八九是
有韻的詩」。〔註71〕這種韻律是白話詩那種「可以隨語句的意義，一抑一揚，
自成節奏。」而不是古詩中嚴守平仄的韻律，不斷進行新體式的嘗試。他
「以為中國的長短句是古今中外最能表情的做詩的利器。有詞曲之長，而
沒有詞曲之短。有自由詩的寬雅，而沒有他的放蕩。再能破了四聲，不管
清濁平仄，在自由人的手裏必定有神妙的施展。」陸志韋的詩清新質樸，
帶有傳統詩歌慣用的淡淡的哀婉，滲透著宗教精神，在帶有傳教色彩的《如
是我聞》中他用溫和的語氣替基督辯駁：

> 我真是不必同你辯論，／因為辯論是沒有用的。
>
> 只要你自己來看一看，／這些話是真的，還是空的。
>
> 你來看拿撒拉人耶穌，／就是他們說有大神通的。
>
> 他是木工約瑟的兒子，／他自己也是做木工的。
>
> 這個人就是我的基督，／你在城門口一定錯過他。
>
> 他沒有督軍省長的樣子，／你天天見他，沒有招呼他。
>
> 他們白白說了一番話，／其實一些都沒有幫助他。
>
> 他們苦苦的要他復活，／又只顧自己的私心欺侮他。

宗教情懷並沒有讓作者無視變亂的社會狀況，陸志韋也從現實中尋找詩歌題
材，為了控訴軍閥混戰給人們帶來的痛苦生活，他寫了《臺城下有一個新墳》：

> 死兵，我們也不能多怪你呢。
>
> 你只為荒年走了差路，／他們就把你捆縛為奴。
>
> 你始終只吃了半飽，／買你的人倒成了大財主。
>
> 其實你死了清白得多。／你不殺人，不搶人，／免不了挨饑忍餓。
>
> 那千人指，萬人罵，／遠不如今天台城路上一堆黃土。

〔註71〕陸志韋：《自序》，《渡河》，亞東圖書館，1923 年版，第 1 頁。

　凡是慈悲能赦罪的人，／來弔異鄉之鬼。──

　唉！恩各有門，怨各有主。／披髮，流血，吐舌的屬鬼，／你曉得
中國人何等受苦。

平淡的敘述中掩藏了作者對黑暗現實的憤懣，對百姓苦難的同情和對戰爭犧
牲品的哀憐。面對這樣慘淡的人生，作者找不到任何出路和希望，只能空泛
地安慰受難者「恩各有門，怨各有主」，希望神明或上帝能來替民眾主持公
道。這部詩集出版後毀譽參半，1923 年 12 月 8 日，周靈均在北京星星文學
社《文學週刊》（第 17 號）上發表《刪詩》一文，將陸志韋《渡河》、胡適
《嘗試集》、郭沫若《女神》、康白情《草兒》、俞平伯《冬夜》、徐玉諾《將
來之花緣》、朱自清、周作人、徐玉諾、郭紹虞、葉紹鈞、劉延陵、鄭振鐸
合集《雪朝》、汪靜之《蕙的風》八部新詩相提並論，全用「不佳」、「不是
詩」、「未成熟的作品」等言語予以全盤否定。相對公允的評價直到 1935 年
才出現，朱自清編選《中國新文學大系・詩集》時選入了陸的七首詩，並在
導言中提到「第一個有意實驗種種體制，想創新格律的，是陸志韋氏。」「他
的詩也別有一種清淡風味，但也許是時候不好吧，卻被人忽略過去。」四十
年代初，朱自清在《詩的形式》一文中說《渡河》「試驗了許多外國詩體，
有相當的成功」，〔註 72〕1947 年朱自清又說：「陸先生是最早的系統的試驗白
話詩的音節的詩人。」〔註 73〕朱自清再三的肯定可以證明陸志韋的詩在詩歌
形式、音律上具有開創意義，是 20 年代南京新詩創作的重要部分。

　　盧前〔註 74〕則是介於新舊文學之間的獨特個體，他既是古典詞曲創作

〔註 72〕 朱自清：《新詩雜話》，《朱自清全集》第 2 卷，江蘇教育出版社，1996 年版，
　　　　 第 396 頁。
〔註 73〕 朱自清：《論雅俗共賞》，《朱自清全集》第 3 卷，江蘇教育出版社，1996 年版，
　　　　 第 284 頁。
〔註 74〕 盧前（1905～1951），江蘇南京人，原名正紳，後改名爲前，字冀野，自號小
　　　　 疏，別號飲虹，別署江南才子、飲虹簃主人、飲虹園丁、冀翁、飲虹詞人、
　　　　 中興鼓吹者等。出身書香門第，曾祖盧筌同治十年進士，歷任翰林院編修、
　　　　 雲南學政等，晚年講學於南京鍾山尊經惜陰書院，盧前一生推崇曾祖。1922
　　　　 年盧前以「特別生」名義被東南大學破格錄取，從吳梅先生治曲，被譽爲「江
　　　　 南才子「，吳梅先生的得意門生，1926 年畢業。此後十年間先後在金陵大學、
　　　　 廣州中山大學、上海光華大學、四川成都大學、成都師範大學、河南大學、
　　　　 上海暨南大學、中國公學、南京中學等校任教，詩詞曲作豐富，出版了新詩
　　　　 集《春雨》（南京書店，1926）、《綠簾》（上海開明書店，1934），詞曲作品集
　　　　 和詞曲史研究作品代表作《何謂文學》（大東書局，1930），《論曲絕句》（上
　　　　 海開明書店，1931）、《酒邊集》（上海會文堂新記書局，1934）、《明清戲曲史》

家，吳梅曾誇獎他說：「余及門下，唐生圭璋之詞，盧生冀野之曲，王生駕吾之文，頗可以傳世行後，得此亦足自豪矣。」〔註 75〕又是積極的新文學創作者，曾出版了兩部新詩集《春雨》和《綠簾》。他自稱：「我之從事新體詩的製作，始於一九一九年。」其新詩創作凝結了新舊兩種文學的特色，體現了當時風起雲湧的新文學運動的影響，「自胡適之先生的文學革命說高唱入雲，風景雲從，頗極一時之盛。我也於花晨月夕，不自禁的就隨便的塗抹起來。」〔註 76〕不追求韻腳平貼，使用俗字俗語和新式斷句方法；又不脫舊體詞曲的痕蹟，字句、典故的運用非常嫻熟，重情致、營意境的手法與傳統詩詞毫無二致，「其音節諧和有含著無限宛轉情深之感」。〔註 77〕他的詩集一出版，就有人對這種詩歌的歸類提出質疑，認爲不是純粹的新詩，又和舊體詩差別很大，爲此盧前總結了當前的新舊詩歌的界限分野：

予有說也：溯遞滿晚季，新文學盛稱一時。所謂新文學者，以舊格律傳新精神。如南社馬君武輩，新會梁任公，其文傳誦至今。泊乎胡適海外歸來，復以新文學相號召。彼之新文學，初止於用白話而已。其後和者議紛，破除陳骸無遺（彼等稱舊律爲骸骨），於是口所道，心所思，無論爲情緒之表現，理知之寄託，悉名之詩，「啊，罷，啦，呀」，語尾辭遍紙上，比來報章猶可見及。〔註 78〕

盧前提出了新的詩歌觀念，「冀野曰：文學無新舊也，有新舊也。無新舊，以其不失文藝之本質；有新舊，以時代之影響無常，文士之思想遷變。」只要不失「詩」的本質，達到描景敘事、表情傳意的作用，具有鮮明藝術特色，就應算作好詩，「今予所爲，不合於舊詩詞曲之格，只求賞心悅目；別存之，號曰新體。……予之新體，誠近於舊詩詞曲矣，然非舊詩詞曲也！」〔註 79〕

（上海商務印書館，1935）等。1937 年抗戰開始後，盧前除繼續在各校任教外，參與政治活動，自 1938 年 6 月開始連任國民參政會四屆參議員，擔任國立音樂專科學校校長，出版《民族詩歌論集》（重慶國民圖書出版社，1940）等。抗戰結束後，曾任南京市文獻委員會主人，南京通志館館長，主持歷史地理類刊物《南京文獻》的編輯出版，出版雜記《丁乙間四記》（南京讀者之友社，1946）、《東山瑣綴》（江寧文獻委員會，1948）。解放後致力於文學創作，在上海的《大報》、《亦報》上開設專欄，連載長篇小說。

〔註 75〕吳梅：《吳梅全集·日記卷》，河北教育出版社，2002 年版，第 667 頁。
〔註 76〕盧前：《春雨·後記》，《春雨》，第三版，開明書店，1937 年版。
〔註 77〕李清悚：《讀〈春雨〉》，《盧前詩詞曲選》，中華書局，2006 年版，第 40 頁。
〔註 78〕盧前：《春雨·詩序》，《盧前詩詞曲選》，中華書局，2006 年版，第 7 頁。
〔註 79〕同上書，第 8 頁。

盧前的新詩展現出新舊兼容、進步與保守雜糅並存的複雜狀況，略有沿襲前人，不具獨特眼界的弊病。如《秦淮河畔》：

> 這滾滾去的明波，／活生生困住我。／心隨潮起落！
>
> 一樣潮汐逐江流，／水油油，心悠悠，／心上人知不？

起首「這滾滾去的明珠」讓人看來明曉易懂，既像新詩的通俗特質，又類似《紅樓夢》中詩句「一夜北風緊」的功用：拓寬視野，給下文留出無限想像空間和發揮餘地。下一句「活生生」則展現出作者對詞曲的熟悉，信手拈來的都是元曲中的常用口語，自然風致躍然紙上。到下闋「水油油，心悠悠」則完全是詞曲的寫法，但接著作者說「心上人知不？」這裡的「不」可以視為「否」的異體字，韻腳工整，帶有秦淮河岸民間「風」的佻脫潑辣，又運用了新體詩中求戀愛自由、情感解放的主題，言語坦白、感情熾熱。整首詩除了字句形式上具有新舊兩種特徵外，在表達意趣上也是新舊兼顧的。沒有舊式文人的優雅，也沒有俗到粗鄙，含意與民歌或白話情詩接近，借景起興，顯示出未經世事的少年創作題材上的偏狹。

《本事》是盧前的一首情詩，讀來更清新自然，有少年本色。詩歌文體自由，字句平實，不同於傳統情詩中的溫婉含蓄，也沒有新體情詩中的肆意張揚，簡潔地描摹出一幅青梅竹馬在明媚春光中安靜相處的靜態圖，喚起讀者內心對青春歲月裏初戀的青澀純潔記憶：不摻雜任何利益、欲望，簡單的相愛。詩中傳達出的純淨的少年情懷，「清靈浪漫」，〔註80〕讓人非常沉醉，久久回味。

> 記得那時你我年紀都小，／我愛談天你愛笑。
>
> ／有一回並肩坐在桃花下，／風在林梢鳥在叫。
>
> 我們不知怎麼樣困覺了，／夢裏花兒落多少？〔註81〕

在《寒食節放歌》中盧前感染了南社詩人所特有的民族主義激情，刻意模仿他們的口吻，用「狂奴」、「新中華」之類的詞極力渲染熱愛祖國而有心無力的困境，句式借鑒了唐詩中的自由體式，音節鏗鏘，很有煽動力。

〔註80〕 胡夢華：《讀〈春雨〉》，同上書，第40頁。

〔註81〕 這首詩影響深遠，盧前1942年在《南行剩句》後記中提到「返沙舟中，聞諸少年歌所謂《本事》曲，余十七、八時作，黃自教授為製譜者。」相隔近二十年，這首詩仍在青年中廣為傳唱。70年代臺灣女作家三毛在散文《夢裏花落知多少》中用這首詩收尾，瓊瑤在《船》中讓女主角唐欣演唱這首詩。參見朱禧：《盧冀野評傳》，江蘇古籍出版社，1994年版，第91頁。

君不見雨花臺上年少狂奴，／踏青去，拍手高呼：

／「多少年來！多少囚徒！／

血花濺處，只墓草青青無數。／從今為新中華開闢光明路，

／發願：入地獄，捨身地獄！

呼不盡中心情熱！蕩不淨人們污濁！／哦，狂奴！

日暮窮途，山頭獨哭！

盧前新詩中帶有鮮明的舊體色彩，展露了作者深厚的古典文學功底以及傳統文人審美意趣，如《招舟子過桃葉渡》、《所見（蔣山中）》等詩，桃葉渡和蔣山（鍾山的別稱）都有濃厚的歷史韻味，桃葉渡已經消失，「於今只剩得斜陽老樹！」當年王羲之的愛妾桃葉早已灰飛煙滅，留給後人追懷的僅僅是這個略帶溫情的地名。而鍾山裏「空山寂寂」，風中斜陽下，詩人看到的是「點點鴉棲」，似動還靜，略帶傷感而靜謐的情懷彌漫其中。

　　盧前的新詩集《綠簾》古典色彩更為濃重，通過這種新舊雜糅的創作方式，盧前試圖探索「究竟新體能替代了舊體沒有？新體詩已達了成熟期沒有？像這樣是不是一條可通的路？」由於作者的興趣更接近於舊體詩歌，對新詩的評價不高，希望進行「舊壇盛新體」〔註82〕的創作，儘快完成新詩格律化，所以這部詩集更有舊體詞曲的意味。如《綠簾無語望黃花》，三次用「綠簾卷不盡的西風」開篇，但「黃花」卻不是「當日的風光」、「苗條」和「馨芬」了，不能盡如人意的變遷帶來無盡的淒涼哀傷。最後一節非常突出地展示了作者化用詞曲的功力：

可憐捧著一顆脆弱的心兒，／惆悵地送了珍惜的青春。／

恍惚才低吟著藍田日暖，／沒來由早已是淚雨紛紛；／

漫說道什麼如煙如夢，／怎樣把往事從頭問？／

恍惚又聽得了高山流水，／無端重提起新仇舊恨；／

難道是蒼天生了我，／消受一剎那溫存都沒有分！

詩人靈活化用了典故「藍田日暖」、「高山流水」等，在詩中帶入了曲的表達形式，「沒來由」、「無端」、「無端」等曲子中常用的串詞讓整首詩帶有濃厚的古典意味。《蛾眉曲》中他用「鎮日價愁思不定」，類似《牡丹亭》裏杜麗娘整日情思昏昏。在《簾底月》中直接引用《牡丹亭》中名句「良辰美景奈何天」。又多用典故，如「前度劉郎」（《蛾眉曲》）借用了劉禹錫的「前度劉郎今又來」等，

〔註82〕盧前：《綠簾·自序》，《盧前詩詞曲選》，中華書局，2006年版，第46頁。

「愛惜春光，莫待花兒老」（《花鳥吟》）意境化自「花堪折時直須折」。從題目到情節，這些詩都展現了古典浪漫主義情懷。《綠簾》詩集中的新詩雖與舊體詞曲形式上有所區別，但本質上傳達出的仍舊是傳統文人的審美指向。在這兩部新詩集之後，盧前完全幾乎與新詩「絕緣」，[註83] 主要致力於散曲的研究和舊體詩詞曲賦的創作。從他留下的眾多研究著作和文學創作看來，他是難得的自覺融和新舊文學特徵的作家學者，既是南京濃厚的傳統文學底蘊的繼承者與發揚者，也是南京傳統文學陣營中的重要創作者和研究者。

　　1927 年國民黨政府定都南京後，同年 6 月東南大學改名爲第四中山大學。1927 年 8 月，新文學作家、詩人、美學家宗白華就任第四中山大學文學院長，聘「新月派」詩人聞一多來校任文學院外文系主任。聞一多在校任教的一年中（1927 年 8 月～1928 年 8 月），發現和培養了兩位日後的「新月派」詩人：陳夢家、方瑋德。陳夢家、方瑋德 1927 年 9 月考入第四中山大學。陳夢家是法政科的學生，方瑋德是外文系的學生。陳夢家與方瑋德是新月派的後起之秀，也是直承徐志摩、聞一多道統的新詩人。1930 年 12 月 10 日聞一多在致朱湘、饒夢侃的信中說：「陳夢家、方瑋德的近作，也使我欣歡鼓舞。夢家是我發現的，不成問題。瑋德原來也是我的學生，最近才知道。這兩人不足使我自豪嗎？……我的門徒恐怕已經成了我的勁敵，我的畏友。我捏一把汗自誇。還問什麼新詩的前途？這兩人不是極明顯的，具體的證據？……夢家、瑋德合著的《悔與回》已由詩刊社出版了。」[註84] 「新月派」詩人徐志摩 1929 年 9 月至 1930 年 6 月在中央大學外文系任教一學年（本學年同時在上海光華大學、南京中央大學兼課），方令孺、方瑋德、陳夢家、陳楚淮經他招攬成爲《新月》的作者。1931 年陳夢家出版《夢家詩集》，收入約 50 首新詩 並將自己的詩集和《詩刊》寄給胡適，1931 年 2 月 9 日得到胡適的積極的鼓勵。陳夢家特將胡適的回復題名爲《評〈夢家詩集〉》刊在《新月》第 3 卷第 5、6 合期上。陳夢家曾自稱其作詩宗旨爲：「我們歡喜『醇正』與『純粹』。我們以爲寫詩在各樣藝術中不是件最可輕易製作的，它有規範，像一匹馬用得著繮繩和鞍轡，儘管也有靈感在一瞬間挑撥詩人的心，如像風不經意在一支蘆

[註83] 盧前：《綠簾·自序》，《盧前詩詞曲選》，中華書局，2006 年版，第 46 頁。
[註84] 聞一多：《聞一多全集》第 12 卷，湖北人民出版社，1993 年版，第 253～254 頁。據說《悔與回》以單行本形式出版，但本人未查到。上海新月書店，1931 年 1 月所出陳夢家的《陳夢家詩集》中收有《悔與回》一詩。新月書店，1931 年 9 月又出陳夢家編的《新月詩選》。

管裏透出和諧的樂音，那不是常常想望得到的。『醇正』與『純粹』，是作品最低限的要求，那精神的反映，有賴匠人神工的創造，那是他靈魂的轉移。在他的工程中，得要安詳的思索，想像的完全，是思想或情感清慮的過程……所以詩要把最妥貼，最調適，最不可少的字句，安放在所應安放的地位。它的聲調，甚或它的空氣，也要與詩的情緒相默契。」他又說：「主張本質的醇正，技巧的周密，和格律的謹嚴，差不多是我們一致的方向……態度的嚴正又是我們共同的信心。」〔註85〕這是新月派後期詩歌主張的集中體現。陳夢家在《雁子》中很好地貫徹了上述的創作宗旨，技巧純熟，音節嚴謹。

　　我愛秋天的雁子，終夜不知疲乏，／（像是囑咐，像是答應）

　　／一邊叫，一邊飛遠。

　　從來不問他的歌，／留在哪片雲上？／只管唱過，只管飛揚，

　　／黑的天，輕的翅膀。

　　我情願是隻雁子，／一切都使忘記——／當我提起，當我想到：

　　不是恨，不是歡喜。

陳夢家說方瑋德的詩「又輕活，又靈巧，又是那麼不容易捉摸的神奇。《幽子》、《海上的聲音》皆有他特殊的風格，緊迫的錘鍊中卻顯出溫柔。」如《幽子》意境優美，帶有孩子般天眞的氣息。

　　每到夜晚我躺在床上，一道天河在夢中流過，河裏有船，

　　船上有燈光，／

　　我向船夫呼喚：／「快搖幽子渡河！」／

　　天亮我睜開兩隻眼睛，太陽早爬起比樹頂高，老狄打開門催我起身，／

　　我向自己發笑：／「幽子不來也好」。

這兩位中央大學的新詩詩人互相推崇，同作《悔與回》長詩，傳誦一時。其詩熱情奔放，筆勢迴旋，有一氣呵成之妙，算得新詩中的傑作。

　　今夜，哦你才看透了我的醜惡。／你儘管用蛇一般的狠毒來咒詛／

　　我的罪惡，我的無可挽救的墜落；／用不赦的刻薄痛罵我的卑鄙，／

　　我全都不怕。我只怕你／

　　一千回的詛咒裏一次小小的憐惜。／不要！不要！我忠誠的朋友，

　　你再不要／

　　用一切憐憫的好心收拾我的殘缺的／燒盡的灰：

〔註85〕陳夢家：《新月詩選·序》，《新月詩選》，新月書店，1933年版。

　　沒有一點火星再能點得著／

　　我的光明。我低低的告訴你：完了！

從以上節選的部分可以看出這首詩用非凡的語言張力來展示美與醜之間的糾葛對立。柔情與殘忍對罪惡的不同態度，讓自覺意識到自己的「原罪」的詩人飽受煎熬。在僅存的良知召喚下，殘忍成了詩人解脫的良藥，「憐惜」或「膜拜」只讓人清醒地痛苦。這是對充斥著利益交換的黑暗世界的控訴，也是青年彷徨無助心態的描摹。1931 年聞一多在《論〈悔與回〉》中強調語言的暗示性，強調「明徹則可，赤裸卻要不得」；赤裸地、淋漓盡致地表現醜惡，「不是表現怨毒憤嫉時必需的字句。」〔註 86〕簡單地說，詩人應當用詩的力量、藝術的力量抨擊醜惡，在美和醜的對比中引發人們對醜的憎惡和對美的向往。

　　在新文學創作不斷湧現的同時，舊體文學在民國時期的南京文壇上始終佔有一席之地。首先在《學衡》雜誌上設有「文苑」、「雜綴」欄目，發表舊體詩文。《學衡》創刊時就規定了它將採取的「體裁及辦法」，達到「以吾國文字，表西來之思想」的目的：

（甲）本雜誌於國學則主以切實之工夫，爲精確之研究。然後整理而條析之。明其源流，著其旨要，以見吾國文化。有可與日月爭光之價值，而後來學者得有研究之津梁，探索之正軌，不至望洋興歎，勞而無功。或盲肆攻擊，專圖毀棄而自以爲得也。

（乙）本雜誌於西學則主博極群書，深窺底奧。然後明白辨析，審慎取擇。庶使吾國學子，潛心研究，兼收並覽，不至道聽途說，呼號標榜，陷於一偏而昧於大體也。

（丙）本雜誌行文則力求明暢雅潔，既不敢堆砌餖飣，古字連篇，甘爲學究。尤不敢故尚奇詭，妄矜創造。總期以吾國文字，表西來之思想。即達且雅，以見文字之效用。實繫於作者之才力。苟能運用得宜，則吾國文字，自可適時達意，固無須更張其一定之文法，璀璨其優美之形質也。」

採用文言形式作論抒情是該刊的特色，舊體詩文的作者不僅是東南大學師生，還包括民國時期舊體詩詞創作領軍人物，江西詩派、浙派、閩派、常州

〔註 86〕聞一多：《論〈悔與回〉》，《新月》5、6 期合刊，1931 年 4 月。另見《聞一多全集》第 3 卷，湖北人民出版社，1993 年版，第 449～450 頁。

詞派等各種風格的舊體詩詞都曾刊登於此。大部分舊體詩題材爲遊記或即景抒情，如周岸登的《臺城路‧重過金陵》（《學衡》第 4 期）：

> 石頭風緊花如霧，催歸雁程秋晚。夢碾飆輪，霜砭病骨，消得吳雲輕黟。江空恨遠，正楓落敲詩，研箋流怨，翠羽飛來，未諳愁重訝杯淺。

> 銀箏淒弄夜久，淚痕雙照處，衫袖還滿。巷口烏衣，遨頭繡陌，曾識春人鶯燕？零簫勝管，問煙月前朝，去塵奔電。半枕寒潮，斷魂和浪卷。

這首詞溫婉蘊藉，帶有去國懷鄉的幽怨。石頭城、烏衣巷都是前朝勝蹟，如今只剩下「零簫勝管」，怎不讓人抑鬱感傷？

徐震堮的《憶舊遊‧臺城秋柳》（44 期，1925 年 8 月）

> 問綠陰舊夢，弱絮前生，幾度芳菲，寂寞臺城下。伴江蘺岸芷，相對依依。淚凝往時，眉嫵愁影落春溪，縱千種風情水邊鴉外尚有斜暉。

> 烏啼白門路，勝草沒宮牆。塵鎖朱扉爲舞，春風久歎哀。蟬曲破憔悴，羅衣舊裳，漫思銅輦，幽恨化雲歸，但冷月荒波年年故國秋雁飛。

用字、用典都不生僻，情致自然，描摹南京景物細緻，帶有江南的溫婉風情和濃厚的傳統文人情懷。「學衡派」成員遊山玩水後的記遊詩也佔了較大份額，如柳詒徵的《獨往靈谷寺》、《庚申四月十日遊牛首山》等，詩風輕鬆自然，多景物描摹，少感懷傷逝。1923 年末東南大學發生巨變，校內失火、劉伯明去世，《學衡》迅速走上衰敗，這時的詩歌開始展示感時憂世的情懷，如柳詒徵的《校東樓災詩以弔之》（28 期，1924 年 4 月）：

> 及見斯樓啓百楹，諸儒計各挾書行。

> 重來已積沉沙感，八載席深暖席情。

> 霽雨雲山環講坐，宵昕圖史摘寰瀛。

> 柏梁一炬財俄頃，忍過梅庵話晚清。

詩中抒發了校內失火帶來的悲痛心情，除了財物資料的損失外，更讓人疑慮學校會否因火災而一蹶不振。在這種憂慮心情裏，作者自晚清李瑞清修建的「梅庵」走過，懷想這所學校從晚清到民國的歷程，感傷自己八年來就職於此而建立的深厚情誼。1924 年東南大學西洋文學系解散，吳宓決定離開南京

時，柳詒徵寫了《甲子六月十六日偕吳雨僧吳碧柳觀龍膊子湘軍轟城處作》（33
期，1924 年 9 月）。這首詩與數年後吳宓作的《癸亥中秋（南京鼓樓旁寓宅）》
（58 期，1926 年 10 月）聯繫起來看：

> 少年兒女秋閨意，流轉死生世上情。
>
> 各有奇愁說不得，幾曾佳節月能明。
>
> 兩年棲隱青苔長，一夕離筵斷夢驚。
>
> 大海浮航無住著，營巢作繭定何成。

從詩中不難看出「學衡派」在學校巨變後不得不面對離散時的愁苦、無奈與
茫然。「一夕離筵斷夢驚」乃是詩人自我安慰，天下無不散的筵席，然而當離
散到來時，還是讓人心驚煩悶，茫茫人世彷彿無處可以安身。雖有自信事業
「定能成」，但在這樣頹唐的心境中，這句話不像預言，更像是底氣不足的自
我鼓勵。

　　《學衡》刊發的詩作也善從現實生活尋找題材，如向楚的《過金陵》（15
期，1923 年 3 月）、陳衡恪：《浦口待車・是時聞臨城盜劫》（20 期，1923 年
8 月）。《學衡》第 54 期（1926 年 6 月）中沿用了舊文人詩歌唱和的方式，以
柳詒徵與李思純同遊中央公園的唱和展現舊體文學成就，這種形式既是對傳
統文人組織詩會、互相唱和的雅趣的繼承，也和 30 年代中央大學教授分韻寫
詩的閒情逸致相似。《學衡》的舊體詩文中吳芳吉的作品較有個人特色。吳芳
吉是吳宓清華時的同學，因學潮時不肯向校方屈服退學，吳宓和他早在 1915
年就結下深厚友誼，文學理想相當接近。1915 年 2 月 20 日吳宓在日記中寫：
「在嘗與友人談，謂今日詩文，均非新理想、新事物，不能成立；而格律詞
藻，則宜取之舊。」〔註 87〕《學衡》創刊後吳芳吉一直致力於用自己新舊融
合的方式來寫詩，力圖讓詩歌通俗易懂，不失文探。他的遺著後來由門人周
光午整理發表在《國風》上。《學衡》上吳芳吉的《寄答陳鼎芬君南京慰其升
學之失意也》（46 期，1925 年 10 月）形式獨特，清新自然。

> 請君試訪臺城西畔鼓樓前，定有陽春白雪聲淵淵，
>
> 人生師友得最難，得之忘食復忘年。後湖蓮葉何田田。

以唐詩的形式和現實求學失敗的題材，創作了古典與現代相結合的詩歌，不
泥古，不盲目歐化，尤其最後一句收梢既切景，合乎南京後湖（玄武湖）的
靜態，又借用了民謠《江南曲》中「蓮葉何田田」的風情。

〔註87〕吳宓：《吳宓日記》Ｉ，生活・讀書・新知三聯書店，1998 年版，第 408 頁。

　　除《學衡》外，1929 年 9 月中央大學中國文學系創辦的《藝林》（目前僅見一期，具體期數不知）的古典主義傾向也十分明顯，全刊發表古典詩詞和古典文學研究論文，刊物體例分爲學術、專集、文錄、詩錄、詞錄、曲錄。爲「學術」欄目寫文章的有汪東、汪國垣、王易、高明、錢文晉、姚卿雲、佘蓂墨、葉光球、釋章（施章）。「專集」爲黃侃的古典詩詞集《石橋集》。「文錄」的作者有祝光信、王之瑜、何立。「詩錄」的作者有胡光煒、王易、陳延傑、姚卿雲、黃永鎮、蔡耀棟、何立、佘蓂墨、唐劍秋。「詞錄」的作者爲王易、佘蓂墨、高明。「曲錄」的作者爲蘇拯、李家驥、王起。

　　第 1 卷第 15 期《國立中央大學半月刊》出現了「學衡派」勢力的反彈。這一期上有「學衡派」成員參加的「上巳社詩鈔」和「禊社詩鈔」。《國立中央大學半月刊》登出的「禊社詩鈔」，顯示出中央大學、金陵大學中國文學系師生文學創作中崇尙古典主義的冰山之一角。所謂「禊社」的「禊」，本是古代春秋兩季在水邊舉行的一種祭禮，後來發展成爲文人騷客遊山玩水時借酒賦詩聯句的聚會，以至於有「曲水流觴」，「蘭亭高會」的禊集雅聚。黃侃 1928 年到南京後，即帶來了他在日本、北京就喜歡的遊山玩水時借酒賦詩聯句的聚會形式。「就文學角度說，老師率弟子出遊，往往也就是一次創作實踐。」〔註88〕1929 年 1 月 1 日彂（陳伯彂）、石（胡小石）、曉（王曉湘）、沆（王伯沆）、闓（汪辟疆）、翔（胡翔冬）、侃（黃侃）共遊雞鳴寺，完成「禊社」手稿《豁蒙樓聯句》：

　　　　蒙蔽久難豁（彂），風日寒愈美（沆）。
　　　　隔年袖底湖（翔），近人城畔寺（侃）。
　　　　篩廊落山影（闓），壓酒激波理（石）。
　　　　霜林已齊髠（曉），冰化倏纈綺（彂）。
　　　　旁眺時開屏（沆），爛嚼一伸紙（翔）。
　　　　人間急換世（侃），高遁謝隱几（闓）。
　　　　履屯情則泰（石），風變亂方始（曉）。
　　　　南鴻飛鳴嗷（彂），漢臘歲月駛（沆）。
　　　　易暴吾安放（翔），乘流今欲止（侃）。
　　　　且盡尊前歡（闓），復探柱下旨（石）。

〔註88〕程千帆、唐文編：《量守廬學記》，生活・讀書・新知三聯書店，1985 年版，第 175 頁。

群屐異少年（曉），樓塨空往紀（發）。

浮眉抱晴翠（沆），接葉帶霜紫（翔）。

鍾山龍已墮（侃），壞口雞仍起（闓）。

哀樂亦可齊（石），聯吟動清此（曉）。〔註89〕

因汪旭初沒有參加，1月14日，王曉湘、汪旭初到黃侃家中飲酒聯句，「用玉田《山陰久客》詞韻，聯句抒懷，後闋轉趨和婉，相與拊掌高歌」作《渡江雲》。4月2日「禊社」有新加入者，他們在玄武湖作詩，黃侃有相聚「蘭亭」之感。4月7日，黃侃與胡光煒、汪長祿、林學衡、陳漢章、汪辟疆、汪東、王瀣、王易又在石橋禊集聯句。4月21日，又有吳梅（瞿安）加入的「禊社」遊玄武湖的活動。5月2日，黃侃還應吳梅之邀帶王瀣、汪辟疆、胡小石、汪東，到蘇州遊玩，並有聯句15首。10月10日（農曆重陽前一日），黃侃又與吳梅、汪辟疆、汪東，王易遊後湖，並有《霜花腴》的聯句。因吳梅加入「禊社」，他們的活動中還增加了崑曲演唱部分。〔註90〕

「上巳社詩社」的活動有過多次。在黃侃去世後，蘇州的《制言》半月刊為「紀念黃侃」專刊，在1936年2月16日《制言》第11期登出「上巳社詩社第一集」和「上巳社詩社第二集」。1936年6月1日《制言》第18期又登出「上巳社詩鈔」。

《國風》上只發表舊詩文，沒有新文學作品。對於南京歷史地理文學略有偏重，王煥鑣《明孝陵志》、朱偰《金陵覽古》、林文英《石頭城》、《燕子磯與三臺洞》等，以及朱氏家族朱遏先、朱琰、朱偰創作的舊體詩詞《金陵百詠》，既是文學價值極高的作品，也為南京歷史地理作了細緻的考據，促進了歷史地理學作為一門單獨的學科出現。常芸庭《三家曲選》，選取了吳梅、盧前（冀野）、任中敏的詞曲，徐道鄰的《夢玉詞》，吳芳吉遺作刊登都展現了傳統詩詞的豐富內涵和無盡韻味。以南社成員、詞曲家吳梅為核心組織的文學社團在舊體文學創作也頗有成績。吳梅於1922年9月到東南大學任教，東南大學改制後仍在中央大學教授詞曲，同時在金陵大學中文系和上海的光華大學兼課。吳梅是一位特立獨行的具有傳統文人氣質的學者，他在詞曲實

〔註89〕 程千帆、唐文編：《量守廬學記》，生活・讀書・新知三聯書店，1985年版，第175～176頁。

〔註90〕 黃侃：《黃侃日記》，江蘇教育出版社，2001年版，第394～413頁，第527頁。

踐和研究上的努力，實際上代表了個人在傳統詞曲上的文學堅守。他不反對白話新文學，也不與新文學作家爲敵，將新舊文學視爲並存且互不干涉的兩種文學取向，同時堅持向學生傳授詞曲理論，並鼓勵學生塡詞譜曲、粉墨登場，推動古典詞曲的創作和研究。1924 年 2、3 月間吳梅與學生組織「潛社」，之所以用「潛」字命名，據說是因爲吳梅認爲當時「東大教授中，實不免有借學術的組織，作其他種種企圖的。他不願意因此而引起其他的糾紛，所以用這個名字，希望大家埋頭學習，暫時不要捲入政治的漩渦。」〔註91〕〔註92〕1924 年春至 1926 年，東大學生趙萬里、陸維釗、孫雨庭、王起（季思）、王玉章、袁鴻壽、唐圭璋、張世祿、葉光球、龔慕蘭、周惠專、濮舜卿等十多人參與其中，「社有規條三：一、不標榜；二、不逃課；三、潛修爲主。」〔註93〕「潛社」每一月或兩月一聚，在秦淮河上遊玩飲酒中塡詞譜曲。「以詞課爲常，間或課曲。在萬全酒家舉行次數最多。或買舟秦淮，其舟曰『多麗舫』。社友既集，擇調命題，舟乃復蕩至復成橋下。」「潛社」的主要藝術成就在於詞曲，長短句的自由形式讓他們展現出無限風情，而格律嚴格的舊體詩多少制約了他們的才情。這種社團活動近似傳統文人的以文會友，他們聚集同好，縱情詩酒，不談政治，只關注傳統文學作品的藝術價值和傳統文學形式的創造性的繼承與發展。「潛社」曾印行刊物《潛社詞刊》，收入詞曲二百餘首。除了詞曲之外，潛社也曾分韻聯句，如《秦淮舟中聯句》：

　　煙波淡蕩搖碧空（吳霜厓師），朱樓兩岸倒影重。
　　中有美人歌子夜（周雁石），四條弦子生春風。
　　尊前亦有傷心事（王玉章），瞿然一柝南朝松。
　　長橋吹雨濕衣袂（束天民），迴船打槳殊匆匆。
　　我來客散青溪曲（陸維釗），關城晚靄微芒中。
　　高吟對酒蒼龍咽（王西征），拔劍起舞飛長虹。
　　年年灑盡滄州淚（孫雨廷），彈上征衫總不紅。
　　媚香樓與湘眞閣（盧前），秦淮軼事多珍叢。
　　而今冷落江南路（趙萬里），獨跨疲驢弔故宮（霜厓師）。〔註94〕

〔註91〕王季思：《憶潛社》，《擊鬼集》，青年讀書通訊社，1941 年版。
〔註92〕盧前：《多麗舫》，《冶城話舊》卷二，《南京文獻》第 4 號，1947 年 4 月。
〔註93〕吳梅：《吳梅全集・瞿安日記》，河北教育出版社，2002 年版，第 28 頁。
〔註94〕盧前：《冀野選集》，美中文化出版公司，1997 年版，第 44 頁。

隨著吳梅南下廣東中山大學任教，潛社的活動逐漸沉寂。1928 年春吳梅重回
南京，中央大學的學生續舉「潛社」，填詞由汪辟疆、汪旭初指導，吳梅改指
導南北曲。參與者有王起、唐廉、盧炳普、常任俠、張惠衣等，印有《潛社
曲刊》。1935～1936 年間，再續「潛社」，有徐益藩（一帆）、張洒香、王淩雲、
周法高、梁璆、周鼎、劉潤賢等，印有《潛社詞續刊》。1937 年，他們特將原
來的詞刊、曲刊合刊爲《潛社彙刊》。吳梅先後爲《潛社詞刊》、《潛社曲刊》、
《潛社詞續刊》、《潛社彙刊》寫序。

　　此外 1935 年吳梅與南京的其他文人另組織有習詞的「如社」，活動形式
同「潛社」，並印有《如社詞鈔》。盧前對這兩個社團進行過詳細描述：

　　　　裏社者，七人合組之書會也。年二三集，每集各舉所見珍本秘
　　籍，或手稿，傳抄，印譜，書畫冊之屬。七人者，前與酈仲廉衡叔
　　兄弟，海門周雁石，南通王覺吾，六合孫雨廷，蕪湖束天民，其後
　　吳門貝仲琪請參加。吾儕許之。於是爲八人矣。去年所印有散原所
　　藏余懷東山談苑寫本冊。陳師曾印譜四冊，前飲虹移所藏湯雨生逍
　　遙巾縶卷。裏社之書，以影印爲主，近吳門亦有一書會，每年集印
　　一編，多小種。鉛印，與此略異，各地如有同類組織，則故籍流傳
　　日多，亦吾人之眼福也。

　　　　南雍有詞社曰潛社，集上海者曰漚社，近日又有如社。如社
　　社友除霜崖師外，有陳倦鶴（匪石）、仇述庵（採）、石彂素（凌
　　漢）、林鐵尊（鵾翔）、夏博言（仁溥）、夏枚叔（仁祈）、王東培
　　（孝煙）諸先生，而吾友唐君圭章與焉。夏蔚如向仲堅來京則興
　　社集，每集只限調，不限題韻，予居上海，籍列漚社。時彊村先
　　生已下世，所周旋者夏映庵，葉遐庵，陳彥通諸公。每月偶返都
　　下，如社中人亦往往招往參加。嘗主課一次，大抵如社社課，遇
　　名家自度腔亦以依四聲。用原題，步韻爲主；予舊所謂「捆起三
　　道繩來打」是也。獨余值課用高陽臺調，近日亦漸有用小令者，
　　漚社每集兩題，一限題一不限題，如社視之尤嚴，藉此用功則可。
　　若如此鍛鍊詞人則不可。以詞人之所以爲詞人者，所重在生活不
　　在此也。」〔註95〕

根據吳梅日記記載，「如社」成立於 1935 年 3 月，主要成員包括廖恩

〔註95〕盧前：《冶城話舊》卷二，《南京文獻》第 4 號，1947 年 4 月。

燾（懺庵）、周樹年（無悔）、邵啓賢（純飛）、夏仁祈（晦翁）、蔡寶善（聽潮）、石淩漢（弢素）、林鵾翔（半櫻）、楊玉銜（鐵盦）、仇埰（述庵）、孫濬源（太犿）、夏仁虎（枝巢）、吳錫永（夔廣）、吳梅（霜厓）、陳世宜（倦鶴）、壽鑈（玨庵）、蔡嵩雲（柯亭）、汪東（寄庵）、向迪琮（柳谷）、喬曾劬（壯毆）、程龍驤（木安）、唐圭璋（圭璋）、盧前（冀野）、吳徽鑄（靈瑣）、楊勝葆（二同軒主）。目前能看到的只有廖恩燾等撰的《如社詞鈔》，共十二集，分別用傾杯（25 闋）、換巢鸞鳳（17 闋）、綺僚怨（17 闋）、玉胡蝶（14 闋）、惜紅衣（19 闋）、水調歌頭（16 闋）、高陽臺（19 闋）、泛清波摘人徧（12 闋）、倚風嬌近（19 闋）、紅林檎近（20 闋）、趦佛閣（15 闋）、訴衷情（16 闋）、女冠子（15 闋）詞牌創作了 226 首詞。〔註96〕盧前上文提到 1935 年聚會用高陽臺調填詞，是如社 1935 年 11 月第 7 次集會。在這次活動中盧前填了一首《高陽臺‧媚香樓故址》，以哀傷愁悶的情緒，借李香君昔日住處媚香樓的凋敗，比照今日國難與明末異族入侵，抒發作者對國將有難、中原被淩的民族危機的憤懣，對金陵景致再遭毀壞的惋惜，詞工句整，氣度不凡。

> 扇底桃花，庵中孔雀，夕陽還照長街。才幾年別，畫船冷落秦淮。傷心人過樓前路，想當時十二金釵，甚情懷？劍氣簫心，都付談粆。

> 芒鞋早早中原去，算高家兵馬，土木形骸。拂面紅塵，劉郎只不重來。弘光一夢憑誰問？剩如今豔說群釵。總堪哀一徑荒菭，滿地蒼苔。〔註97〕

南社成員、《學衡》作者曹經沅在南京舊體詩歌創作上格外出眾，從 1910 年開始曹經沅就致力於個人舊體詩創作和舊體詩傳統的延續，被盧冀野譽爲「近代詩壇的維繫者」，臺灣近代史學家周開慶稱之爲「一時詩壇的重心」。〔註98〕他的舊體詩綜合唐宋詩的特點，不僅具有審美價值，而且在詩中記載傳遞出當時的社會狀況，以舊體詩的形式記述了民國時期的歷史和文壇變遷。1925年他創作了《南京雜詩四首》：

〔註96〕參見廖恩燾等撰《如社詞鈔》，1936 年，南京大學圖書館古籍部藏。
〔註97〕轉引自朱禧：《盧冀野評傳》，江蘇古籍出版社，1994 年版，第 34 頁。
〔註98〕黃稚荃：《借槐廬詩集序》，載曹經沅遺稿、王仲鏞編校《借槐廬詩集》，巴蜀書社，1997 版，第 2 頁。

門巷枇杷盡不開，畫船愈少愈堪哀。

復成橋畔盈盈水，曾照宮袍御帽來。

庚戌（1910年）廷試後過寧，曾到秦淮河，小立即去，

今忽忽十五年矣。時東師雲集，歌樓扃戶，遊人極少。

虎踞龍蟠迹已陳，朱門是處沒荊榛。

散原老向杭州住，誰與鍾山作主人。訪陳考功不遇。

聒耳笙歌夜未央，江樓一夕幾迴腸。燈前自寫南來錄，

卻悔匆匆負建康。下關信宿聞歌有感，翌晨即北行矣。

人豪寂寞勝人奴，淺水寒蘆半已枯。日暮勝棋樓下過，

驚心此局已全輸。獨遊莫愁湖，時北師到寧，皖帥初易。

詩歌通過個人科舉、訪友、行旅、遊湖的描述，反映了滿清朝廷變遷、軍閥混戰、國民黨北伐等社會動蕩情形以及南京的市井風情。1933～1934年曹經沅任國民黨南京政府行政院秘書，兼任高等文官考試委員期間，共組織了五次詩人雅集，參加成員多為中央大學、金陵大學師生及民國詩壇上的魁首。每次詩會以一首古詩文分韻，如莫愁湖集會以梁武帝《河中之水歌》分韻，掃葉樓集會以龔半千《半畝園詩》分韻，玄武湖集會以晉代孫綽《三日蘭亭詩序》分韻，豁蒙樓集會以杜少陵《九日五首》分韻等。1933年農曆3月曹經沅主持了「上巳日莫愁湖禊集」，並賦詩《上巳日莫愁湖禊集·以梁武帝〈河中之水歌〉分韻，仲雲代拈得何字見寄，率賦一詩，並寄留京諸子》，雖是唱和助興之作，用典貼切，氣度宏博，似杜甫的精鍊，又有蘇東坡的大開大闔，稱得上「出入唐宋」、「氣象光昌」〔註99〕。

畫象尚嵯峨，樵柯爛已多。渡江誰擊楫，哀郢不成歌。

舊侶猶蠻府，前塵渺大羅。群公試收涕，不醉復如何。〔註100〕

1933年秋天「同光體」詩壇盟主陳三立自廬山來寧，農曆九月九重陽日組織登高賦詩，有87人到場，留下了《癸酉九日掃葉樓登高詩集》，於第二年春印行。《學衡》作者柳詒徵、夏敬觀、汪辟疆、王易、吳梅、盧前等參加，連中央大學校長，五四時期「新潮社」詩人羅家倫也參加了此次聚會，並有一首不算出色的古體詩《字盱衡時局感而賦此》：

〔註99〕黃稚荃：《借槐廬詩集序》，載曹經沅遺稿、王仲鏞編校《借槐廬詩集》，巴蜀書社，1997版，第3頁。

〔註100〕同上書，第139頁。

抖擻黃花堪絕塞，縱橫紫蟹竟當筵。

范韓兵甲非天授，底事搔頭向醉天。〔註101〕

陳衍於次年所作的《癸酉九日掃葉樓登高詩集序》中說：「去歲幕遊白下，適散原老人至，約余往，相與泛舟後湖，有詩紀之。未幾重陽，纕衡（曹經沅）及同志數人選勝清涼山掃葉樓，大會東南白下，分韻賦詩。」〔註102〕僅以盧前的詩爲代表，以彰此次聚會特色：舊式文人互相唱和，傳統詩歌的社會交際功能彰顯，主題鮮明集中，而文學價值略低。

《重九聚掃葉樓上散原丈》：

故鄉別六年，夢繞蓋山右。

郁郁山下松，經霜不老瘦。

咫尺掃葉樓，半畝留遺構。

當窗酒一舷，兀坐至下漏。

祭詩與挑菜，勝事已難究。

高會集茲日，訪古情獨厚。

上坐陳天子，文章推老宿。

別亦六年多，矍鑠尚如舊。

一語徧萬脣，神明天所授。

搔爬隔痛癢，目恨才力圍。

方知名山業，操觚非急就。

願誦龍標詩，茱萸插鬢壽。〔註103〕

第二年詩人修禊規模更大。1934 年農曆 3 月 3 日曹經沅組織了 87 人玄武湖修禊和九月九日的 103 人豁蒙樓登高賦詩，編輯有《甲戌玄武湖修禊豁蒙樓登高詩集》，於乙亥（1935）年鉛印。〔註104〕南京的柳詒徵、邵祖平、馬宗霍、

<hr />

〔註101〕曹經沅編：《癸酉九日掃葉樓登高詩集》，民國甲戌年（1934）鉛印本（南京大學圖書館藏）。

〔註102〕轉引自胡迎建《一代宗師陳三立》，江西高校出版社，2005 年，第 235 頁。據盧前：《柴室小品・散原翁軼事》，陳三立「癸酉秋天來到南京，九日在掃葉樓舉行一次雅集，好像就他沒有動筆。」

〔註103〕曹經沅編：《癸酉九日掃葉樓登高詩集》，民國甲戌年（1934）鉛印本（南京大學圖書館藏），亦收入盧前：《冀野選集》，美中文化出公司，1997 年版，第 52 頁。

〔註104〕參見朱自清《朱自清全集》第 8 卷第 405～415 頁，另見李飛、王步高主編《中大校友百年詩詞選序》，東南大學出版社，2002 年版。

汪精衛、夏敬觀、林學衡（庚白）、林思進、潘式，特別是中央大學、金陵大學的教授中原有的「上巳社」、「禊社」、「潛社」、「如社」社員黃侃、吳梅、王易、陳延傑、唐圭璋、常任俠、程龍驤等都參加了唱和。曹經沅有詩作《甲戌上巳玄武湖禊集，分得湖字》，在附注中記錄了與此相關的幾次詩會，如 1933 年玄武湖集會及北平修禊。

> 風景舉目殊，餘此百頃湖。及春勤命儔，臨流多顧廚。
>
> 亦知世難殷，何心論柭除。將毋嚶語同，求友聲自呼。
>
> 魚鳥能忘機，坐對心魂舒。雖非濠濮懷，已契軒羲初。
>
> 憑欄俯雉堞，挐舟驚鳧雛。坐有皆山翁，謂石遺。沿緣忘日晡。
>
> 喪亂廿載遠，天獨私者儒。何以永古歡，待補秋泛圖。
>
> 謂去秋與散原、石遺諸公湖舟同遊事。
>
> 流觴逢巳辰，不謂今偶符。盛事廣春明，一集吾能都。
>
> 舊京辛、壬兩歲修禊詩，予曾主編。〔註105〕

吳梅則以分韻作詞《齊天樂·甲戌九日雞鳴寺登高，分韻得坐字》，自由隨意，長短句中用字精減，描摹作者心境貼切，爲集會增添了別樣風情。

> 北湖環注臺城下，鍾山屹然高坐。回顧空明，十年留滯，依約承平江左。禪房靜鎖，聽天半鐘聲，客愁敲破。醉把茱萸，暮秋吟事向誰可。
>
> 登臨多難自昔，近來筋力減，扶病重過。故壘籠沙，荒波咽月，還記南州烽火。黃花伴我，怕今日東籬，有人催課。亂葉長安，甚時歸計妥。〔註106〕

即便當時不在南京的詩人，事後也補作了詩歌，以示參與盛會。如盧前補作了《北都歸後重過玄武湖作》，「風致翩翩，得宋人意」，〔註107〕

> 去年重九登掃葉，今年北遊正三月。
>
> 元武打槳我未歸，孤負穠春花如雪。
>
> 湖中鍾阜如盆供，水底觀山更奇崛。

〔註105〕曹經沅遺稿、王仲鏞編校：《借槐廬詩集》，巴蜀書社，1997 年版，第 154 頁。

〔註106〕吳梅：《齊天樂·甲戌九日雞鳴寺登高，分韻得坐字》，曹經沅編《甲戌玄武湖修禊谿蒙樓登高詩集》，民國乙亥年（1935）鉛印本（南京大學圖書館藏）。亦收入李飛、王步高主編《中大校友百年詩詞選》，東南大學出版社，2002 年版，第 68 頁。

〔註107〕陳詩：《尊鉋室詩話》，民國中和月刊社鉛印本。

卸裝已過上巳天，詠霓難入眾仙列。

驅車獨過後湖邊，繞堤尚有柳千結。

絲竹曹子侯官黃，俛仰當前興不竭。

豈必歸途蝙蝠飛，新詩定許我心折。

見湖有若見故人，朗吟補我禊遊缺。〔註108〕

1935 年曹經沅發起了烏龍潭集會，參加者有柳詒徵、丁雄飛、吳應其等人，曹經沅作有《乙亥上巳烏龍潭禊集，分韻得棲字》：

佳辰選地如選題，避熟何難循恆溪。

龍潭獨與市塵遠，一篙新漲方平堤。

寒食上巳每難並，況數座客逾會稽。

諸賢遠道能好我，解裝先日尋禪樓。

此會此樂豈易得，要憑觴詠湔愁棲。

我從柳髯謂翼謀，習掌故，山房譚往頻招攜。

園亭丁雄飛吳應其久寂寞，望中寒菜空成畦。

薛廬雖存人代改，繞廊煙樹餘淒迷。

安得兩齊復絃誦，九州清晏銷征鼙。

　　　　國學圖書館爲惜陰書院舊址。〔註109〕

如社成員仇埰（述庵）在烏龍潭集會中作了一首詞，名爲《傾杯·乙亥上巳烏龍潭禊集分韻得入字》，詞中春光明媚，美景讓人略帶憂傷，有宋詞的風韻。

　　流水湔群，軟風吹袖，商量禊酒今日，謝池恨草，盤骨瘦柳，鬱隔年愁碧，景陶燕說舊堂夢，認巢痕非昔，空潭照徹，吟硯裏，猶有楊花飛入。

　　漫嬉落霞晴宇，暗塵隨馬，惆悵中原夕，甚醉買春壺，系春無力，仗謳邊歌拍，紛碎河山，雨昏庭院，消領人頭白，看窗隙，尋颭起，遊絲萬丈。〔註110〕

當時南京文壇上的舊文學作者交流頻繁，詩會與詞會交融，如參加烏龍潭集會的林鵾翔（半櫻）因午睡未能參與集會，曹經沅爲其代拈「勸」字，過後在如社的集會上則以《換巢鸞鳳·烏龍潭修禊纕蘅代拈勸字見示久未成吟適

〔註108〕盧前：《冀野選集》，美中文化出公司，1997 年版，第 52 頁。

〔註109〕曹經沅遺稿、王仲鏞編校：《借槐廬詩集》，巴蜀書社，1997 年版，第 168 頁。

〔註110〕廖恩燾等撰：《如社詞鈔》第一集，1936 年，南京大學圖書館古籍部藏。

纕蘅被命之黔賦此送別》作爲增補。

> 江國春寒，正簾侵野馬，夢繞啼鵑，小頹參絮影，後約鏡華
> 顚，流觴潛飲到誰邊，曼吟坐銷斜陽幾山，涼蟾上，要酒爲，故
> 人重勸。

> 天遠情繾綣兒騎道旁，風颺蠻塵軟，諭蜀書新，過江人老，珍
> 重憑高心眼，應念登樓別懷多，淚痕難定愁深淺，呼余杯，聽聲聲，
> 玉樹歌緩。〔註111〕

詩詞聚會促進文人的頻繁交流，促使大學校園的古典主義文學群體與學院外
的詩人有了進一步的融通，促進南京 30 年代古典詩詞的復興。

二、國語運動帶來的新舊文學觀念的論爭

教科書的內容、語言形式以及教學方法的改革，是近代教育發展的產物，
也是促進教育現代化的動力。在五四新文化運動的影響下，「1918 年 11 月 23
日教育部公佈了注音字母，總長爲傅增湘，《新青年》完全用白話作文章了，
胡適發表《建設的文學革命論》，『文學革命』與『國語統一』遂呈雙潮合一
之觀。」〔註112〕文學領域提倡白話文的同時，國語教學也把採用白話文提上
日程。這不僅是受文學革命的感召，更是教育自身發展的需要。因爲國語教
學本來就與義務教育、普及教育密不可分，而中國傳統教育一直由脫離社會
生活且掌握困難的文言文統治著，提倡白話文教學與教育和社會變革相關，
已經超出了文字形式改革的意義。新文學發展與國語教育緊密聯繫，國語教
育需要以新文學爲教學內容，新文學需要以國語爲基礎。1919 年劉復、周作
人、胡適、朱希祖、錢玄同、馬裕藻等提出國語統一進行方法的議案，其「第
三件事」爲「改編小學課本」，他們指出：

> 統一國語既然要從小學校入手，就應當把小學校所用的各種課
> 本看作傳佈國語的大本營；其中國文一項，尤爲重要。如今打算把
> 「國文讀本」改作「國語讀本」：國民學校全用國語，不雜文言；高
> 等小學酌加文言，仍以國語爲主體。「國語科」以外，別種科目的課
> 本也該一致改用國語編輯。

> 在新文化力量的積極推動下，1920 年 1 月 12 日北洋政府教育

〔註111〕廖恩燾等撰：《如社詞鈔》第二集，1936 年，南京大學圖書館古籍部藏。
〔註112〕黎錦熙：《國語運動史綱》，商務印書館，1943 年版，第 70 頁。

部向各省發佈訓令，

　　民九一月教育部訓令全國各國民學校先將一二年級國文改爲語
體文：

　　案據全國教育會聯合會呈送該會議決推行《國語以期言文一致》
案，請予采擇施行；又據國語統一籌備會函請將小學國文科改授國
語，迅予議行各等因到部。

　　現在全國教育界輿論趨向，又咸以國民學校國文科宜改授國語
爲言；體察情形，提倡國語教育實難再緩。茲定自本年秋季起，凡
國民學校一二年級，先改國文爲語體文，以期收言文一致之效。

並作出了詳細的規定：

　　凡照舊制編輯之國民學校國文教科書，其供第一第二兩學年用
者，一律作廢。第三學年用書，秋季始業者，准用至民國十年夏季
爲止；春季始業者，准用至民國十年冬季爲止；第四學年用書，準
用至民國十一年夏季爲止；春季始業者，准用至民國十一年冬季爲
止。至於修身算術唱歌等科，所有學生用書，其文體自應與國語科
之程度相應，不合者應即作廢。

要求全國各學校自本年秋季起，先將一、二年級的國語課本改爲語體文（即
白話文），「以期收言文一致之效」。隨即，教育部又通告：國民學校文言教科
書分期作廢，逐漸改用語體文；截至 1922 年冬季，凡原先使用文言所編教科
書（包括國文、修身、算術、唱歌等）一律廢止，各種教材一律改爲語體文。
商務印書館 1920 年春出版了白話文的《新體國語教科書》8 冊。同年 7 月，
商務又出版《新法國語教科書》。12 月中華書局出版《新教育國語讀本》。這
兩套書都先教注音字母。同年商務印書館出版了第一部採用語體文和新式標
點符號並提行分段的中學教科書《白話文苑》4 冊。各種小學課本多選入童話、
寓言、笑話、自然故事、生活故事、傳說、兒歌、民歌；中學課本則刪去了
封建性的說教文章，補充了體現科學和民主精神的新鮮內容。此後，中小學
文言教科書逐漸被淘汰。「初等小學四年間純用語體文，而正其科目名稱爲『國
語』，就在民九完全定局了。」〔註113〕教科書由白話取代文言，是一場影響深
遠的語言革命，它既改變了文言和口語相分離的語言使用狀況，克服了讀寫
和聽說之間的內在分裂；又重新構建了語體文，使語言的改革與思維發展的

〔註113〕黎錦熙：《國語運動史綱》，商務印書館，1943 年版，第 110～115 頁。

邏輯相適應，從言約義豐的文言向清晰明確的白話進化，改含混模糊的傳統思維方式爲西方精準的科學型思維。教科書從文言向白話的變革有利於教育與科技的普及和推廣，有利於在教學中傳播民主和科學精神。白話文運動本質上是一個適應變遷了的現代社會心理及世界文化交流的需要，創造新的語義系統以使文化世俗化的過程。白話文成爲教育話語後，無形中肯定了新文化運動的功績，確保了新文化在文化領域的權威地位，使得保守主義陣營在與新文化陣營的對決中，缺乏後繼力量和發表輿論的喉舌及支持者。

國語運動是促進民主與自由觀念推行的教育現代化改革，南京國民政府成立後，以「三民主義」教育宗旨爲教科書的編寫基準，對民主自由理念大加戕害，進行思想控制。國民黨中央教育行政機構對教科書編審採取嚴格的審定制，1927 年 8 月，國民政府教育行政委員會在《實施黨化教育草案》中規定：「要把學校的課程重新改組，使與黨義不違背又與教育學和科學相符合，並能發揚黨義和黨的政策。」同時決定：「應趕促審查和編著教科用圖書，使與黨義及教育宗旨適合」。教育行政委員會還通過《組織教科書審查會章程》，飭令各書店限期將小學用新學制國文、國語、公民、社會、常識、歷史、地理各種教科書呈會聽候審核。1927 年 12 月，大學院公佈《教科圖書審查條例》，主要內容包括：中小學教科用圖書，「非經中華民國大學院審定者，不得發行或採用」；教科書「以不背黨的主義、黨綱及精神，並適合教育目的、學科程度及教科體裁者，爲合格」；應行審查的教科書，按其性質分爲「三民主義、國文國語、外國語、社會科學、自然科學、職業各科及音樂、圖畫、手工、體操」等 7 類；已經審定的教料書，「應在書面上記明某年某月經大學院審定字樣」；審定後的教科書，「如經過兩年時間，經大學院認爲不合時宜者，得取消其審定效力。」〔註 114〕政府制定教材必須「適合黨義，適合國情，適合時代性」。「凡足以羽翼三民主義的作品，皆定爲學生的課外參考書。除黨義課程外，凡學校各項功課皆須與黨義相聯絡，組織成一整個系統的黨化課程。」〔註 115〕名義上要求以「三民主義」爲教育基本宗旨，實質上是以封建倫理道德來規範教育，壓制了五四以來的新文化運動，使教育後退爲統治者推行思想控制、培養順民的工具。30 年代初教育界興起了「尊孔讀經」的逆潮，1934 年湖南、廣東等省教育當局強令中小學讀經，政府隨即進行制止。

〔註 114〕《大學院公報》，第 1 年第 1 期。
〔註 115〕陳青之：《中國教育史》，商務印書館，1936 年版，第 792～793 頁。

但由於國民黨試圖重建封建倫理，利用封建道德麻痺人民，所以最初產生衝突的必然是語體復古問題。國民黨中央政治學校教授汪懋祖在《禁習文言與強令讀經》一文中提倡「尊孔讀經」，要求恢覆文言，抨擊了五四新文化運動，引發了 30 年代新一輪的文言與白話之爭。在新舊文學的論爭中，現代「大眾傳媒的廣泛性普遍性對文言表述方式進行挑戰，促進白話文的廣泛使用。」除了文本形式的改進，現代傳媒還推動了文學本質的進步。「大眾傳媒促進了中國傳統文化與文學的斷裂和延續。敲響了以文言為表述方式的正統雅文學的喪鐘，促進了白話文學傳統、通俗文學傳統的發展。」〔註 116〕

1、文言與白話之爭

　　文言與白話之爭，早在晚清就出現了。國粹派的主將們從文字、歷史進化論等角度對革新派「廢文言」的主張表示質疑。代表人物章太炎、劉師培等均有深厚的舊學根柢，他們對中國語言文字的思考議論擺脫不了文字與中國傳統文明相糾葛的情結，將文言視作國粹。章太炎認為漢語本身凝結了中國思想的精華，對文字進行任何革新，只會使生民受累，是一種缺乏遠見的舉動。他反對白話的理由是白話比文言更難，用白話作文章，非深通小學不可，否則不知現在口語中的某音對應的是古代的某音某字，更容易寫錯。劉師培則持調和論，認為白話文在文字發展上是一種倒退，但是「世界愈進化，文字愈退化」。要使社會進步，中國之急務乃是言文合一，使識字者日多，再以通俗文推行書報，有助於啟蒙民眾。但他對維新派廢文言的說法又不贊同，認為文言和白話兩套語言系統可以並存，不必偏廢一端。1905 年田北湖在《論文章源流》中寫道：「國與國之階級有文明之程度焉，視其文字之精粗、美惡以定優劣耳。故此以文言之盛久而弗衰，雖人事萬變，世局日新，莫得改易，烏能廢棄哉？」〔註 117〕

　　語言是傳播文化的工具。採用文言，抑或採用白話，乃是影響文化傳播的重要因素。語體形式的變化間接體現了社會變革，自清末以來改革者一直推崇白話。「清末西洋文學潮流漸侵入，在文言方面，只是『桐城派』因翻譯工作而出了一個旁支（嚴復和林紓），報館文體也打破了一些傳統的拘束（梁啟超倡之）；在白話方面也不過出了少許模擬的短篇小說，直到民國七年（一九一八），才真起了大革命：把從前所有遠於『大眾語』的各種問題都叫做『死

〔註 116〕蔣曉麗：《中國近代大眾傳媒與中國近代文學》，巴蜀書社，2005 年版，第 83、228 頁。

〔註 117〕田北湖：《論文章源流》，《國粹學報》第 3 期。

文學』，把近代從『大眾語文學』剛演出來的白話作品都叫做『活文學』；『死文學』一律打倒，『活文學』則認爲『文學正宗』。整個大革命使智識階級的人換了一個根本觀念：二千年來文人學士都看不起的『大眾語文學』，二千年來文人學士都要擺臭架子，戴假面具，陽爲拒絕，而暗地裏卻偷襲他乃至跟著他走的『大眾語文學』，到此才認定他有個相當的地位。」〔註118〕正如胡適所說：「有了新工具，我們方才談得上新思想和新精神等等其它方面。」因此，新文化運動的倡導者力主白話文學乃爲中國文學之正宗。胡適在一些文章中也多次追溯了這個歷史過程。等到五四新文化運動爆發之時，白話代替文言已經水到渠成。1921 年運用白話進行創作的新文學工作者，先後成立了文學研究會、創造社等新文學社團，發宣言、辦刊物，向舊的文學世界展開了全面進攻。北洋政府的教育部也在這一年宣佈小學教科書採用白話，正式承認了白話文學的宗主地位。也就是說《學衡》創刊之時，新文化運動已獲大勝，白話已經是權威語言形式。

在這種情形下，《學衡》獨倡異論。他們完全反對廢棄文言，獨尊白話，認爲：（一）白話的出現是由於文學體裁（小說、戲曲）的增加而非語言更迭式變遷，因此文言體裁應與白話體裁併存，不應用白話取代文言。「吾謂白話文爲中西文學接觸後所引起之一種變遷，而亦古文家義法森嚴壓迫下之一大反動也。」「文言文創業垂統歷保其文學正宗地位，既數千年於茲其仍將光輝永存者，豈不以有其歷史的根基與本身的價值在耶。」〔註119〕（二）用文言還是白話，需按自然規律來發展，若強制使用白話，廢除文言，「則錯淆渙散，分崩離析，永無統一之日」。「若必以其爲隨時代進化而來之今所專用之新文學，以其爲文學界之唯一途徑，則爲不可通之論。」〔註120〕（三）白話文篇幅冗長，方言不能統一，體裁不完整。（四）白話文在文學的藝術和功用上不及文言文。「中國文言與白話之別，非古今之別，而雅俗之別也。」〔註121〕「學衡派」認爲文言是一種表達思想感情的工具，同時也是傳統文化的具體象徵，他們以爲只有保住了文言，才能保障現代與傳統之間的連續性，才可以「保存國粹，發揚國光，鞏固國礎。」〔註122〕梅光迪指出文言作爲一種文

〔註118〕黎錦熙：《國語運動史綱》，商務印書館，1943 年版，第 83 頁。
〔註119〕易峻：《評文學革命與文學專制》，《學衡》第 79 期。
〔註120〕易峻：《評文學革命與文學專制》，《學衡》第 79 期。
〔註121〕胡先驌：《評胡適五十年來中國之文學》，《學衡》第 18 期，1923 年 6 月。
〔註122〕吳宓《論今日文學創作之正法》，《學衡》第 15 期，1923 年 3 月。

學語言，是通過幾千年來的歷史積累，在典雅的文學作品中被凝練、加工而創造出來的語言，藝術性自然要比一般老百姓要高明得多，用白話文代替文言、廢棄文言，其結果非但不能造就真正的新文學，反而會抹殺文學本身的價值。易峻在《評文學革命與文學專制》一文中指出：「（1）文言文為能表現藝術而亦能便利功用之文學，有數千年歷史根基深厚之鞏固，有四百兆民族文物同軌制要求，又須與吾民族之生存同其久遠之價值。（2）白話文則為藝術破產而功用不全之文學，只能為文學一部分之應用工具，只能於文學某種意義上有其革新之價值，只能視為文學的時代發展中之一種產物，絕不能認為文學上革命進化的一代『鼎革』而遂欲根本推翻文言。」「白話文在文學的藝術與功用兩方面俱無健全的理論與基礎，而文言文方面卻有堅實的壁壘與深厚之根源。」「文言非他，就功用方面言乃白話之簡約的表現也。就藝術方面言，乃白話之藝術的表現也。」相形之下，白話文「不能使文章簡潔明快，又喪失聲律的藝術不能使吟誦諧和，不能使文章發生音節之美感。故吾人讀白話文，每覺其繁重枯澀，黏滯蕪漫，或浮薄粗俗，直率刻露」。所以白話文是一個「藝術破產的文學」。詩人吳芳吉不同意新文學運動將白話與文言對立，以白話語體形式作為文化運動的中心，不能算真正的文學革命；廢除漢字是叛祖離宗。他認為「白話運動」能讓文化服務於人民，老百姓人人會讀詩、賞詩，但一味追求「白話」，完全拋棄祖國悠久的歷史文化，完全摒棄文言不合理。對於那些託言保存國粹者，吳芳吉同樣不欣賞，認為是患了枯癆病，沒有吐故納新，哪來新鮮血液？只有新陳代謝，才能促進文學發展，改革是文學發展的必經之路。從「學衡派」成員對待文言與白話的態度上可以看出「學衡派」偏重於「亙古常存的文化因素」的一面，他們對傳統的文言保留肯定態度；對新興的白話亦不完全否定。只是因為他們的刊物上充斥文言，遂使人們忽視了對其主張的細微辨析。實際上新文學所運用的語言，也不是他們大力倡導的言文一致的白話。實踐證明，「白話文的倡導者和反對者似乎都不曾認識到，最後在五四文學中形成的『國語』是一種口語，歐化句法和古代典故的混合物。」〔註123〕被稱為白話美文典範的冰心、朱自清先生的作品同樣吸收了不少古典的語彙和句式。教育的普及促進了白話權威地位的建立，20 年代關於文言和白話的論爭以白話文的最終勝利而告終。白話文

〔註123〕胡適：《逼上梁山》，《中國新文學大系·建設理論集》，上海文藝出版社，1980年影印本，第 20 頁。

運動不僅是文學語言的變革，也是整個社會書面語言的變革。受過中學正規教育的青年帶著從學校裏學來的白話文和新文學觀進入社會的各階層，成爲新文學和新文化的重要社會基礎，基本讀者群和支持力量。但文言並沒有完全消失，潛伏在主流之下，甚至凝結在文學內部，成爲文體中不可磨滅的一部分。

　　30年代關於文言與白話之爭率先在《時代公論》〔註124〕上挑起。國民政府爲加強統治，利用中國封建忠孝節義思想控制群眾，蔣介石帶頭掀起了尊孔復古逆流。1934年5月30日，國民黨中常會決議定8月27日爲孔子誕辰紀念日，當日各地舉行大規模的祭孔典禮，紛紛發表尊孔復孔和反共演說。南京的孔誕紀念會由汪精衛、戴季陶主持。曲阜舉行祀孔典禮時，國民黨中央秘書長葉楚傖，率南京政府各院部等機關代表參加，行政院秘書長褚民誼和山東省主席韓復渠陪祭。各地報刊亦多出祭孔專號，掀起尊孔潮流。11月15日，國民黨中常會第147次會議，通過《尊崇孔子發揚文化案》，規定：（1）將衍聖公改爲大成至聖先師奉祀官，並給特任官待遇，（2）四哲以舊贈名義，給以復聖奉祀官名義，並給薦任官待遇，（3）至聖及四哲嫡裔，由國家資給培植至大學畢業；（4）特設小學於曲阜，優待孔子、顏回、曾參、孟軻後裔，其優待辦法由教育部定之。同日，國民政府訓令教育部，以「天下爲公」歌爲孔子紀念歌，將「尊孔」和「三民主義」兩種風馬牛不相及的思想拉到一起。這一潮流的直接後果就是文言的再次復興。國民黨中央政治學校教授汪懋祖在南京《時代公論》第110號上發表了意見，在《禁習文言與強令讀經》一文中指出所謂的白話實則爲歐化語體，一味推行白話文，將導致中國傳統文學泯滅，民族意識消失。要求恢覆文言，並抨擊五四新文化運動引發了中學課程中民族觀念的淡漠：

　　　　近來文字，往往以歐化爲時髦，詰屈不可理解，須假想爲英文而意會之，始能得其趣味，使學生重而習之，其困難幾同讀經，而語調奇變，幾非中國人矣。

　　　　白話文長於描寫物態，發抒柔情，文言文便於敍事，說理，議論，應用，而壯烈之節，激昂之氣，尤有資於文言。

〔註124〕《時代公論》，1933年4月1日創刊，由時代公論社出發行，通訊處南京國立中央大學。周刊，刊物內容分爲《時事述評》，《政治‧外交》，《法律》，《經濟》，《教育》，《中日問題》，《青年問題》，《國際》，《西北》，《雜著》，《文藝》等欄目，作者包括張其昀，顧一樵等人。

　　吾國所謂現代語體文，乃新文化運動之產品，而其運動之意義，在於發揮個人主義，毀滅禮教，打倒權威，暗示鬥爭。今則變本加厲，徒求感情之奔放，無復理智之制取，青年浸淫日永，則必有更新奇之作品，方得讀之而快意。……

　　而兩次修訂標準，文言文分量愈削愈少，勢將驅除文言文於中學課程之外。而盡代之以白話，使十數年後，文言文絕迹，移風易俗，莫善於此矣。宜有人主張高中全用語體，以爲必如是則教育普及，社會進步，不意民族意識，從此告忘。〔註125〕。

國民黨政府教育部吳研因撰文反對，汪懋祖又作《中小學文言運動》加以反擊，提出「讀經並非惡事」，「時至今日，使各省當局如何陳輩之主張尊孔讀經，可謂豪傑之士。」〔註126〕接著許夢因等人在《時代公論》、《中央日報》等報刊連續發表《告白話派青年》、《文言復興的自然性與必然性》等文章，爲復興文言大作輿論準備。余慕陶在《小學讀經與學習文言文》中指出：「民國以來，讀經問題，以政治力量根本打銷，文言文在晚近亦以政治力量而逐漸排除於學校課程以外。」「立國必須國民具有共通之精神，而此共通之精神又勢必依據固有之文化以建設之。……蓋不解文言，微特不能窺及中國文化之寶藏，並且不能爲一中國人也。」〔註127〕許夢因的看法與此相近，在《告白話派青年》中說：「白話必不可爲治學工具。今用學術救國，急應恢覆文言。」「今中國學者兩種最大之任務，曰復興民族文化，曰接受西洋科學。欲明本國文化，又必先習記載此文化之文言。」〔註128〕這種說法類似於晚清國粹派的說法：不懂文言文意味著不懂傳統文化，進而喪失民族意識，直至「國將不國」。這種說法出現於晚清，可歸結爲民族主義高漲的結果。出現於國民黨統治的 30 年代，則是由於民族危機再度出現，政府以此來加強國內控制。「文言復興論」在社會上也得到了支持和張揚的應和聲，「新壘社」社長李焰生撰寫的《由大眾語文文學到國民語文文學》公然宣稱，「文言做了幾千年的文化符號，又爲全國人所習知，很具有統一性，非方言所能及的。」〔註129〕

〔註125〕《時代公論》第 110 號，1934 年 5 月 4 日。

〔註126〕汪懋祖：《中小學文言運動》，《時代公論》114 號，1934 年 6 月 1 日。

〔註127〕余慕陶：《小學讀經與學習文言文》，《時代公論》115 號，1934 年 6 月 8 日。

〔註128〕許夢因：《告白話派青年》，《時代公論》117 號，1934 年 6 月 22 日。

〔註129〕李焰生：《由大眾語文文學到國民語文文學》，《社會月報》1 卷 3 期，1934 年 8 月。

新文化陣營以「大眾語」的討論來轉移他們對白話文的攻擊，陳子展發表了《文言——白話——大眾語》，以文言與白話的論爭早已分出勝負，下面應當以融合文言與白話的優點的大眾語的發展為主要研究對象。討論者清醒地認識到文言復興並不是一個單獨的問題，而應將它與「那一串讀經、尊孔、逃禪、佞佛等反動的主張聯絡起來當作整個的復古運動之一環去看的。」〔註 130〕魯迅特別提醒要注意那些利用大眾語的復古分子，「文言的保護者，現在也有打了大眾語的旗子的了，他一方向，是立論極高，使大眾語懸空，做不得；別一方面，藉此攻擊他當面的大敵——白話。這一點也須注意的。要不然，我們就會自己繳了自己的械。」〔註 131〕如楊公達發表了《文言白話與大眾語》，贊同「文言白話不特應該並存，更應互相為用。……（大眾語）提倡文字普遍化，語言通俗化。」〔註 132〕文言復興之論終究已是日薄西山，這場論爭很快從文言白話之爭轉入到大眾語的討論中去了。實質上 30 年代的語體之爭是國民黨政治宣傳與左翼作家的一次交鋒，是政治利益不同的兩個集團對於話語權的爭奪，與 20 年代的論爭相比，已不具備文體上的開創意義和革新色彩，是一場言在此而意在彼的論爭。這種論爭源於雙方建構不同的政治話語的政治野心，創造並擴張符合自身利益的文化努力。

2、新舊文學觀念之爭

白話文運動並不是文學革命的全部。李大釗在《什麼是新文學》一文中說：「我的意思以為剛是用白話作的文章，算不得新文學；剛是介紹點新學說、新事實，羅列點新名詞，也算不得新文學。」〔註 133〕魯迅也說過，白話文學「倘若思想照舊，便仍然是換牌不換貨。」新文學觀念的變革實行的是「拿來主義」，借用西方文藝復興以來的進步文學潮流，特別是西方現實主義文學思潮的成果，作為變革舊文學、重構新文學的評判標準和價值參照體系。蔡元培在《中國新文學大系・總序》中認為新文學運動，「正像歐洲的文藝復興一樣，是一切復興的開始。……我們的復興，以白話文為文學革命的條件，

〔註 130〕陳頡：《對於「文言」「白話」「大眾語」應有的認識》，載宣浩平編《大眾語文論戰》，啓智書局，1934 年版。

〔註 131〕魯迅：《答曹聚仁先生信》，《社會月報》1 卷 3 期，1934 年 8 月。

〔註 132〕《時代公論》第 125 號，1934 年 8 月 17 日。

〔註 133〕李大釗：《什麼是新文學》，載朱文通等編《李大釗文集》第 3 卷，人民出版社，1999 年版，第 600 頁。

正如但丁等同一見解。」〔註134〕20 年代《學衡》的創辦，代表著文化守成主義者對於文學激進派的自覺糾偏、互補意識，反抗新文化、新文學的話語霸權，以文化保守主義者的姿態抗衡文化激進。「學衡派」在雜誌開篇便標明宗旨是「論究學術，闡求真理，昌明國粹，融化新知。以中正之眼光，行批評之職事。不偏無黨，不激不隨。」表現出與文化激進主義者們倡導歐化、否棄傳統文化不同的文化保守主義態度。吳宓曾指出：「一國之文學枯燥平淡無生氣久之，必來解放發揚之運動，其弊則流於粗獷散亂紊亂無歸，於此而整理收束之運動又不得不起。此二種運動方向相反如寒來與暑往，形蹟上似此推彼倒，相互破壞，實則相資相成，去其瑕垢而存其精華。」在《文學與人生》中，吳宓肯定了文化發展中「革命」的不可避免性，確認自己的使命就是在「傳統」與「革命」之間吸取合理性成分，建立中正的道德和文化。他們對傳統的尊崇是以西方新人文主義的眼光重新體認傳統價值後所得的理性信念，而不是復古派出於衛道熱忱體現出的戀舊和守舊。

　　「學衡派」與新文學陣營的論爭實質是新人文主義與唯科學主義之間的論爭。《學衡》批評火力主要集中於批評杜威以及實用主義哲學，認為這是新文化運動最重要的外來思想源泉。這些指向不明煽動性強烈的思想的傳播首先在青年中得到廣泛支持。「《新青年》與《學衡》的對抗，主要體現在對於傳統及歐西文明的不同想像，同時也落實在知識者言說的方式上。眼看著新文化運動得到青年讀者的熱烈響應，正如火如荼地展開，《學衡》諸君奮起反抗，首先針對的便是這種訴諸群眾運動的策略。」〔註135〕梅光迪在《評提倡新文化者》（1 期）揶揄：「彼等非創造家乃模仿家。其所稱道以創造矜於國人之前者，不過歐美一部分流行之學說，或倡於數十年前，今以視為謬陋，無人過問者。杜威羅素為有勢力思想家中之二人耳。而彼等奉為神明，一若歐美數千年來思想界，只有此二人者。馬克斯之社會主義，久已為經濟學家所批駁，而彼等猶尊若聖經。其言政治則推俄國，言文學則襲晚近之墮落派。」吳宓在《論新文化運動》（4 期）中質問：「近年國內有所謂新文化運動者，其持論則務為詭激，專圖破壞。……其取材則惟選西洋晚近一家之思想，一派之文章，在西洋已視為糟粕、為毒鴆者，舉以代表西洋文化之全體。」「西洋

〔註134〕蔡元培：《中國新文學大系・總序》，《中國新文學大系・建設理論集》，上海良友圖書公司，1935 年版，第 3～11 頁。

〔註135〕陳平原：《思想史視野中的文學——〈新青年〉研究（下）》，載程光煒主編《文人集團與中國現當代文學》，人民文學出版社，2005 年版，第 31 頁。

文化中究以何者爲上材，此當以西洋古今博學名高者之定論爲準，不當依據一二市儈流氓之說，偏淺卑俗之論，盡反成例，自我作古也。然按之事實，則凡夙昔尊崇孔孟之道者，必肆力於柏拉圖、亞里士多德之哲理；已信服杜威之實驗主義者，則必謂墨獨優於諸子；其他有韻無韻之詩，益世害世之文，其取捨相關亦類似此。」梅光迪在《論今日吾國學術界之需要》（4 期）中暗指杜威思想並非救世靈藥，胡適等人對他的神化未免過分：「今日吾國學術界之最大需要……若爲長遠計，則當建立眞正之大學數處，薈集學者自由講習，以開拓少年之心胸，使知識界學術廣博無涯，不能囿於一說，迷信偶像。同時又多延西洋名師，而派別不同者，來華講學，待之以學者之禮，使其享幽閒高潔之生涯，不可再以群眾運動之法，視爲傀儡而利用之，到處歡迎，萬眾若狂，如西國政客之選舉競爭然。」劉伯明在《杜威論中國思想》（5 期）中理性分析了杜威思想的不恰當，「杜威主創造之理智，以思想爲應付困難之工具，其性質爲預料而非回顧。……其急遽迫促如弓之張，而乏從容安閒之態。偏重創造，不知享受，貪多而不知足，日進而不知止，其結果則技術厭倦，心思煩亂。」《學衡》第 12 期湯用彤在《評近人之文化研究》索性撕破臉皮，辛辣諷刺：「羅素抵滬，歡迎者擬及孔子，杜威蒞晉，推尊者比之爲慈氏。今姑不言孔子、慈氏與二子學說軒輊，顧杜威、羅素在西方文化與孔子、慈氏在中印所佔地位，高下懸殊，自不可掩。此種言論，不但擬於不倫，而且喪失國體。」

「學衡派」與新文學的文學發展理念有差別，他們不同意新文學陣營將文學分爲新舊兩種，吳吉芳認爲評價文學作品的標準不在新舊，而在「文心之得喪，集古今作家經驗之正法，以築成悠遠之坦途，還供學者之行經者」，雖然文學作品很多，時代怎樣變，而「文心」不變，偉大的作品共同具有文心，要眞正確立文學之地位，應該「把握文學的眞諦所在」。「學衡派」不滿新文學家的話語霸權，借助傳統的力量削弱或瓦解這種霸權。「惟反對其（白話文學運動）於文學取革命行動，反對其欲根本推翻舊文學以篡奪其正宗地位，而霸佔文學界之一切領域，專制文學界之一切權威而已。」

五四新文化運動提倡民主、科學，提倡新道德、新文學，張揚人道主義、個性主義的思潮，主張人權、平等，都是服從於民族發展的需要而進行的理性選擇，胡適曾經將這種新思潮的意義總結爲頗有理性色彩的「評判的態度」。信奉新人文主義的「學衡派」同樣崇尚理性，他們遵從「規訓與紀律」，

講究「選擇與同情」，對待中國問題尤其主張審慎的思辨。由於新文化運動的基本思路是將中國社會政治問題歸結爲文化問題，新青年派所進行的文化批判並不是依照文化的內在價值而加以評判，而是依照工具理性即按照達成現實政治目的的需要而進行。相形之下，「學衡派」則更偏重於對事物本身進行純學理性的判斷。「舊文學在文藝上之優點即爲其能具有簡潔雅馴堂皇富麗既整齊諧和微婉蘊藉之風致，尤以聲韻感召心靈，其暗示美感之力至強，而最使文章能有情韻深美之致也。至其便於詞句之簡練，尤足臻文章於言簡意賅氣駿詞快之勝境。」「學衡派」雖然不滿《新青年》流於意氣之爭的批評方式，指責其「對於老輩舊籍，妄加抨擊，對於稍持異義者，詆諆謾罵，無所不至」，並在創刊時表示要「平心而言，不事謾罵以培俗」，但在論爭中，他們自己也並不能避免偏激的攻擊之詞，如梅光迪攻擊新文化運動先驅爲「浮滑妄庸之徒」，「政客滑頭之流」，以致胡適看到《學衡》後在 1922 年 2 月 4 日中的日記裏寫道：「東南大學梅迪生等人出的《學衡》，幾乎專是攻擊我的。」還寫了一首打油詩以表輕視：

老梅説：

《學衡》出來了，老胡怕不怕？

老胡沒有看見什麼《學衡》，

只看見一本《學罵》！〔註 136〕

正如吳宓曾經指出的那樣，論辯文字常常「不談正理，但事嬉笑怒罵，將原文之作者，加以戲侮輕鄙之詞，以自呈快於一時，而不知評其文，非論其人也。」〔註 137〕這種以「激進」爲底色的論辯態度是五四時期所特有的，既是時代背景影響下的強烈情緒展現，也體現出那一時期知識分子對學術理念的看重與堅守。「學衡派」推崇中國傳統文化，在新人文主義的旗幟下批判新文學是導致人欲橫流、綱紀失墜的禍首，其毒害不僅存於文學界，甚而擴展至各領域乃至危及民族存亡，所以新文學是可誅可殺的邪惡事物。新舊雙方的論爭不僅是學問知識的較量，還是道德人格的比拼。「學衡派」如大部分傳統士人一樣，將道德和知識視爲不可分割的統一體。認爲中國受到西方文明的影響，必定要經歷工業化和科學化，但當今國人缺乏指引人性趨善祛惡的宗

〔註 136〕胡適：《胡適的日記》，中國社會科學院近代史研究所中華民國史研究室編，中華書局香港分局，1985 年版，第 260 頁。

〔註 137〕吳宓：《論新文化運動》，《學衡》第 4 期，1922 年 4 月。

教信仰和道德意志，因此隨著物質文明的發展、宗教道德失墜，新派知識分子宣傳的各種革命不過是不同形式的爭權奪利，損壞傳統世道人心。要救國救世，必須從改良人心，提倡道德做起，只有道德增進，才是眞正的改革和進步。《學衡》以嚴正的態度和文化制衡的理念反新文化運動，但 20 年代新文學運動的優勢地位已經確立，雖然《學衡》提出的文化建設道路至今看來頗有合理之處，當時卻不能得到社會支持。其失敗原因除了其本身議論蕪雜、缺乏實據外，沒有得力的媒體爲之共造聲勢也是很重要的原因。《學衡》每月一期，稿件全由同人提供，數量匱乏，銷量較低，最多的一個月賣六百本。而其反對者眾多且大部分已經是文壇上知名人物，如魯迅、胡適等，社會中影響範圍巨大的報刊如《晨報》、《民國日報》、《時事新報》等都傾向於新文學，這些報紙是銷量在三萬以上日刊，其讀者群和影響力遠超過《學衡》。在新文學陣營的強有力的輿論攻勢下，《學衡》很快就被冠以「復古派」、「反動思潮」之類的罪名，成爲世人眼中的老朽枯木，直到 90 年代才得以翻案。

三、關於詩歌審美標準的論爭

「學衡派」以文化保守主義立場對新文化的批評，隨著當今學術思潮的反思獲得廣泛的理解與同情，其思想文化上的建設性意義也得到了詳細的闡述。「學衡派」成員善爲舊詩文，主張以「新材料入舊格律，合浪漫之感情與古典之藝術。」〔註 138〕所謂「新材料」指的是「西洋傳來學術文藝生活器物，及緣此而生之思想感情等」，所謂「舊形式」即「吾國詩中所固有之五七言律絕古體平仄押韻等。」〔註 139〕吳宓、吳芳吉、胡先驌等人都有詩集行世，在「學衡派」對「新文學」的整體批評中關於新詩的審美標準的討論是其中的重要部分。梅光迪、吳宓、吳芳吉、李思純、邵祖平等，都曾對新詩提出過尖銳的批評。他們對「詩」的構想與他們設計的文化發展路徑相同，與新詩的發生具有相同的歷史處境和共同的發展意圖。他們認爲新詩根本不是詩。「學衡」諸人對「新詩」的質疑早在「學衡派」聚集之前就存在。梅光迪與胡適在美國留學時期的論爭是「白話詩」方案提出的直接策動。而學衡派諸

〔註 138〕吳宓：《論今日文學創造之正法》，《學衡》第 15 期，1923 年 3 月，亦見於吳宓：《評顧隨〈無病詞〉〈味辛詞〉》，《大公報・文學副刊》第 73 期，1929 年 6 月 3 日。

〔註 139〕吳宓：《論詩之創作答方瑋德君》，《大公報・文學副刊》第 210 期，1932 年 1 月 18 日。

人與新文學間的衝突，大多在他們留學美國期間也已經開始。胡適與胡先驌
早在美國就相識，在《文學改良芻議》一文中，胡適在談到「八事」中「務
去爛調套語」一項時提到：「今試舉吾友胡先驌先生一詞以證之」，認爲胡先
驌的詞「驟觀之，覺字字句句皆詞也，其實僅一大堆陳套語耳。」胡先驌對
此大爲不滿，在《中國文學改良論》中反唇相譏，指出白話詩不是詩，並對
劉半農、沈尹默的詩作大加嘲諷。《嘗試集》出版後，更是「不惜窮兩句之日
力」，傾盡全力進行批評。這篇長文《評〈嘗試集〉》被認作「是文學革命自
林紓而外所遇之又一勁敵。」〔註140〕全文仿照《文學改良芻議》分成八個部
分：「從《嘗試集》之性質」到「聲調格律」、「文言白話用典」與「詩」之關
係，再到「詩之模仿與創作」、「古學派與浪漫派之比較」，從大處著筆，理論
的辨析與文學鑒賞佔據了大部分篇幅，把《嘗試集》中的具體作品概括爲「枯
燥無味之教訓主義」，「膚淺之象徵主義」，「肉體之印象主義」。胡適提倡白話
詩和白話文的理由有兩條：一是認爲過去的文字是死文字，白話文中所用的
文字是活文字。用活文字所作的文學是活文學，用死文字所作的文學是死文
學。胡適將詩歌音節和韻律亦看作束縛自由的東西，不惜盡數拋棄，損害了
詩歌具有的音韻美。胡先驌認爲這種說法邏輯上有問題：胡適將中國古文比
作古希臘文和拉丁文，把中國白話比作英、德、法文，二者是沒有共同點的，
也不能依據西方語言形式的變遷來推導中國文體的發展歷程。他指出詩的功
用在於能表現美感和情韻，不在文言白話之別。胡先驌在《《評〈嘗試集〉〈續〉》
中指出：「胡君之詩所代表與胡君論詩之學說所主張者，爲絕對自由主義。而
所反對者爲制裁主義，規律主義。以世界文學之潮流觀之，則浪漫主義、盧
騷主義之流亞。」並且作出價值論斷：「是胡君眞正新詩之前鋒，亦獨創亂者
爲陳勝吳廣而享其成者爲漢高。此或嘗試集眞正價值之所在歟。」

　　白屋詩人吳芳吉也認爲「民國之詩，當有民國之風味」，提出新的詩歌標
準：

　　　　吾儕感於舊詩衰老之不愜人意則同。所以各自創其新詩者不同
　　也。新派之詩，在何以同化於西洋文學，使其聲音笑貌，宛然西洋
　　人之所爲。余之所謂新詩在何以同化於西洋文學，略其聲音笑貌，
　　但取精神情感，以湊成吾之所爲。故新派多數之詩，儼若初用西文

〔註140〕陳子展：《最近中國三十年之文學》，《中國近代文學之變遷：最近三十年中文
　　　　學史》，上海古籍出版社，2000年版，第293頁。

作成，然後譯爲本國詩者。余所理想之新詩依然中國之人，中國之語，中國之習慣，而處處合乎新時代者。余之取於外人，亦猶取於古人，讀古人之詩，非欲返作古人，乃借鑒古人之詩以啓發吾詩。讀外人之詩，斷非諂事外人，乃利用外人之詩以改良吾詩也。

余之於詩，欲以中國文章優美之工具，傳述中國文化固有之精神，即一身爲之起點，應時代以與無窮，不必高談義理，但注重於躬行。不必虛矜考據，但終期於創作，不必專務詞章，但求爲人爲文之歸一致。〔註141〕

「在某種意義上，『學衡』的聲音，恰恰構成了新詩合法性辯難的重要一環。」〔註142〕「學衡派」成員學貫中西的知識背景，使他們善用中西比較的眼光，與「整體主義」的態度，來建構文論、詩論的形態。他們關注的不是具體的寫作文本和結構，而是作爲一種知識的、超越文化、語言之上的、普遍的「詩學原理」，具體表現爲：「一，對所謂「詩」的文類界限的維護；二，對「新詩」背後的歷史主義傾向的抗拒。」〔註143〕「舊詩」仍是被用來與新詩相互參照的詩歌典範，但「詩」與「文」的區分，已代替「文言」與「白話」的衝突。對晚近的諸多文藝新思潮理念上的對立與影響的程度的擔憂，使「學衡派」對新思潮的文學形式和宣傳工具：新文學作品尤其是新詩的態度非常鮮明，就「什麼是新詩」、「新詩是否具有文學價值」、「新詩的傳播途徑及未來發展」等方面都進行了探討，新舊文學雙方對於這一問題都給予了較多的關注。〔註144〕吳宓曾經指出：「故新詩人日日作散文，乃假詩之名以炫人。即

〔註141〕吳芳吉：《白屋吳生詩稿自敍》，《學衡》第67期，1929年1月。
〔註142〕姜濤：《「新詩集」與中國新詩的發生》，北京大學出版社，2005年版，第186頁。
〔註143〕同上書，第188頁。
〔註144〕在「學衡派」之前，關於詩學研究問題曾有過激烈論爭。陸耀東先生《中國新詩史》，長江文藝出版社，第68頁曾指出：
1921年10月26日《南高——東南大學日刊》（此刊至今未有人發現）出推崇舊詩的「詩學研究號」，與白話新文學由革命已走上建設（這一年「文學研究會」、「創造社」兩大社團已經形成）的大潮相背離。《時事新報・文學旬刊》上關於《南高東南大學日刊》上「詩學研究號」的激烈批評和反批評的文章共刊7號（期）：1921年11月12日第19號上有斯提（葉聖陶）：《骸骨之迷戀》。1921年12月1日第21號上有薛鴻猷：《一條瘋狗》、守廷：《對於〈一條瘋狗〉的答辯》、卜向：《詩壇底逆流》、東：《看南京（高）日刊裏的「七言時文」》、赤：《由〈一條瘋狗〉而來的感想》。1921年12月11日第22號上有繆鳳林：《旁觀者言》、歐陽煮：《通訊——致守廷》、守廷：《通訊——致

察其作出之詩，與其自標之宗旨亦不相合。」〔註 145〕新舊兩派對於詩歌標準的歧見集中體現在關於《蕙的風》的論爭中。

在中國新詩史上，關於《蕙的風》的論爭是一樁著名的公案。最初這場論爭的性質可以歸結爲新詩的審美特性與道德指向上的分歧，隨著論爭者的逐漸介入，論者背景的複雜化和壁壘森嚴的對立立場使得爭論的主題轉變爲新舊文化理念、不同道德標準，製造了一起偏離旨歸的新舊文學的交鋒。從本質上來看，它不僅是關於詩歌標準的爭論，更是新舊文化衝突的典型事件。

而挑起爭端的胡夢華也被「標本化」，不僅當時就成爲「眾矢之的」，後來還被魯迅戲稱爲「古衣冠的小丈夫」。《蕙的風》這部中國現代新詩史上第 7 部新詩集〔註 146〕，

> 《蕙的風》的作者汪靜之是安徽績溪人，胡適的同鄉。二十年代就讀於浙江第一師範學校〔註 147〕，在朱自清等新文化倡導者的教導下，對新詩發生濃厚的興趣，與應修人、馮雪峰、潘謨華共同組織湖畔詩社，這一階段他與曹佩聲、丁德楨、傅慧珍、符節因分別戀愛，種種愛情糾葛使得他擁有豐富的愛情詩素材。不久情詩集《蕙的風》在上海亞東圖書館出版，胡適、朱自清和劉延陵三人作序，周作人題簽，並請魯迅審讀。這個初登文壇的詩人受到眾多新文學運動的領袖的提攜，

魯迅先生指出詩人可向雪萊、拜倫、海涅三位詩人學習，並在一封寄回詩稿的

歐陽齋》。1921 年 12 月 21 日第 23 號上有靜農：《讀〈旁觀者言〉》、吳文祺：《對於舊體詩的我見》、王警濤：《爲新詩家進一言》、薛鴻猷：《通訊——致編輯》。1922 年 1 月 1 日第 24 號上有幼南：《又一旁觀者言》。1922 年 1 月 11 日第 25 號上有吳文祺：《駁〈旁觀者言〉》、西諦：《通訊——致鳳林、幼南》和鳳林、幼南：《通訊——致西諦》。1922 年 2 月 1 日第 28 號上有吳文祺：《〈又一旁觀者言〉的批評》。隨後此刊轉向對《學衡》的批評。

〔註 145〕吳宓：《譯美國葛蘭堅教授論新》，《學衡》第 6 期，1922 年 6 月。

〔註 146〕1922 年出的《蕙的風》是中國新詩史上第 7 本詩集，此前出的 6 本分別是胡適的《嘗試集》，郭沫若的《女神》，康白情的《草兒》，俞平伯的《冬夜》，應修人、潘謨華、馮雪峰、汪靜之 4 人的合集《湖畔》和朱自清、周作人、俞平伯、徐玉諾、郭紹虞、葉紹鈞、劉延陵、鄭振鐸 8 人的合集《雪朝》。

〔註 147〕浙江第一師範學校是當時名揚東南的新文化壁壘，1920 年發動「挽經風潮」，迫使浙江教育廳免去校長經亨頤職務，夏丏尊、劉大白、陳望道、李次九離開學校。在蔣夢麟的調停下，學校聘請了姜伯韓爲校長，朱自清、俞平伯、葉聖陶和劉延陵等人任教。1921 年，晨光社在潘謨華的策劃下在該校成立。

信中評價：「情感自然流露，天真而清新，是天籟，不是硬做出來的。」〔註148〕胡適、朱自清和劉延陵三人為詩集作序和周作人為之題簽。《蕙的風》出版後迅速走紅，加印四次，銷量高達兩萬餘冊，「《蕙的風》所引出的騷擾，由年青人看來，是較之陳獨秀對政治上的論文還大的。」〔註149〕這部詩集得到新文學界的眾多好評。朱自清指出：「……小孩子天真爛漫，少經人世間底波折，自然只有『無關攔』的熱情彌滿在他的胸懷裏，所以他的詩多是讚頌自然，詠歌戀愛，所讚頌的又只是清新、美麗的自然，而非神秘、偉大的自然；所詠歌的又只是質直、單純的戀愛，而非纏綿、委曲的戀愛。這才是孩子們潔白的心聲，坦率的少年氣度，而表現法的簡單，明瞭，少宏深、幽渺之致，也正顯出作者底本色。他不用錘鍊底工夫，所以無那精細的藝術。但若有了那精細的藝術，他還能保留孩子底心情麼？」〔註150〕宗白華也認為汪靜之是值得誇獎的，說他是「一個很難得的，沒有受過時代的煩悶，社會的老氣的天真青年，」《蕙的風》中的詩是「如同鳥的鳴，花的開，泉水的流」一樣的「天然流露的詩」。胡適讚頌汪靜之的自由精神：「在解放一方面，比我們做過舊詩的人更徹底得多。」〔註151〕汪靜之說他們作詩從內容到形式「有意擺脫舊詩的影響，故意破壞舊詩的傳統。」〔註152〕正是這種自覺與傳統詩歌劃清界限，擺脫原有詩歌規範，試圖開拓新詩歌的情感範疇的努力，使得汪靜之在五四以來尚無佳作的新詩領域，初發啼聲便大受褒揚。

　　新文學界極力誇獎《蕙的風》所具有的開創意義，然而他們也不能漠視這些詩歌內容粗淺簡單，語言過分直白乃至庸俗，詩體不夠完善。在三位文學巨匠的序言裏，不約而同地以一種辯護的姿態，率先提出這個問題，並極力為之周全。胡適的序言一如既往地構建「詩體解放」的歷史神話：「成見是人人都不能免的，也許有人覺得靜之的情詩有不道德的嫌疑，也許有人覺得一個青年人不應該做這種呻吟宛轉的情詩，也許有人嫌他的長詩太

〔註148〕汪靜之：《回憶湖畔詩社》，《詩刊》1979年7月號。
〔註149〕沈從文：《論汪靜之的〈蕙的風〉》，《文藝月刊》第1卷第4號，1930年12月。
〔註150〕朱自清：《〈蕙的風〉序》，載朱喬森編《朱自清全集》11卷，江蘇教育出版社，1996年版，第122頁。
〔註151〕胡適：《〈蕙的風〉序》，作於1922年6月6日，原載《蕙的風》，上海：亞東圖書館，1922年8月，第1頁；又載《努力周報》，第21期，題《蕙的風》，署名「適」，後收入《胡適文存二集》卷四。
〔註152〕汪靜之：《蕙的風·自序》，《蕙的風》，亞東圖書館，1922年版。

繁了，也許有人嫌他的小詩太短了，也許有人不承認這些詩是詩。但是，我們應當承認我們的成見是最容易錯誤的，道德觀念是容易變遷的，詩的體裁是常常改換的，人的情感是有個性的區別的。」〔註153〕胡適體察到汪靜之的情詩感情汪洋恣肆，不加拘束，有濫情的嫌疑，筆法過於大膽暴露，難免被人指責道德墮落，是新時代文人無行的體現。於是稱「道德觀念是容易變遷的」，為這位年輕的同鄉辯護。相比之下，朱自清、劉延陵的序言，更有現實針對性。比起其它湖畔詩人，生活優裕的汪靜之偏離人生現實，耽溺於個人的情感世界，兩位老師為此辯護。朱自清說：「我們現在需要最急切的，自然是血與淚底文學，不是美與愛底文學；是呼籲與詛咒底文學，不是讚頌與詠歌底文學。」但在承認這一「先務之急」的前提下，他還認為並非「只此一家」，從而為「靜之以愛與美我為中心的詩，向現在的文壇稍稍辯解了」。同時指出「靜之是個孩子，美與愛是他生活底核心；讚頌與詠歎，在他是極自然而恰當的事。」〔註154〕劉延陵說得更直接：「中國幾千年來的文學史太不人生的，而最近三四年來則有趨於『太人生的』之傾向」。對於靜之的『讚美自然歌詠愛情』的作品，「而批評者總不應因我偏於自然與愛情而下嚴辭，讀者也不應受『太不人生』空氣之傳染而存偏見。」〔註155〕實際上對汪靜之的青春吟詠，朱自清內心裏並不一定看好，在《〈蕙的風〉序》寫成後一個月，他給俞平伯信中說：「靜之近來似頗浮動，即以文字論，恐亦難成盤根錯節之才。我頗為他可惜。」〔註156〕湖畔詩人應修人也私下對周作人說汪靜之的有些詩「未免太情了（至於俗了），似乎以刪去為宜。」〔註157〕遠在美國求學的聞一多也痛罵：即便在新道德標準下，「便是我也要罵他誨淫，……我罵他只誨淫而無詩。淫不是不可誨的，淫不是必待誨而後有的。作詩只是作詩，沒有詩而只有淫，自然是批評家所不許的。」甚至認為「這本詩不是詩，描寫戀愛是合法的，只看藝術手腕

〔註153〕 胡適：《〈蕙的風〉序》，《努力周報》第 21 期，1922 年 9 月。
〔註154〕 朱自清：《〈蕙的風〉序》，載朱喬森編《朱自清全集》11 卷，江蘇教育出版社，1996 年版，第 122 頁。
〔註155〕 劉延陵：《〈蕙的風〉序》，載王訓昭編《湖畔詩社評論資料選》，華東師範大學出版社，1986 年版，第 104 頁。
〔註156〕 朱自清：《1922 年 4 月 13 日致俞平伯信》，載朱喬森編《朱自清全集》11 卷，江蘇教育出版社，1996 年版，第 120 頁。
〔註157〕 朱自清：《1922 年 9 月 21 日致周作人信》，樓適夷編《修人集》，浙江人民出版社，1982 年版，第 267 頁。

如何。」〔註158〕大罵「《蕙底風》只可以掛在『一師校第二廁所』底牆上給沒帶草紙的人救急。」〔註159〕由此可見新文學內部對這部詩集的評價彼此矛盾，既認爲它具有獨特的詩體解放意義，又指出它的內容和品格是對詩歌本質的背離，在眞正的詩人眼中，這是肉欲的宣泄、墮落的描摹，而不是所謂純潔的天眞的愛情頌歌。

　　新文學內部對這部詩集發生歧見的地方主要在於詩歌欣賞的習慣與藝術手法。東南大學西洋文學系的學生胡夢華〔註160〕在《時事新報·學燈》（1922年10月24日）上發表《讀了〈蕙的風〉以後》，對《蕙的風》的不同看法從詩歌本身延伸到了新舊文化理念分歧、道德觀念更替。首先胡夢華指出《蕙的風》缺乏正確的道德觀，他將詩集中的 165 首詩分爲三類：「輕薄的，纖巧的，性靈的。大概言兩性之愛的都流於輕薄，言自然之美的，皆失於纖巧，然二者之中亦有性靈之作。」指出這是作者的一部「情場痛史」，因「哀痛過甚」而「過於偏激，而流爲輕薄」。這種看法與事實相符，汪靜之自稱：「《蕙的風》抒寫的是「我」與 4 個戀人之間的患得患失的情事，符竹因（綠漪，錄漪）外，其他 3 個分別是曹誠英（詩中用 B 代稱）、丁德楨（詩中用 D 代稱）和傅慧貞（詩中用 H 和蕙代稱）。」〔註161〕在愛情的名義下，詩人枉顧愛情應具有的忠誠品質，遊走在數字戀人之間，自我辯護爲「道德是依時代精神而轉移……破壞舊道德的人不是無道德，卻是最有道德的人，因爲舊道德已經變成不道德了。」〔註162〕這種行徑實質上是極端個人主義導致的自我膨脹。胡夢華所指出的：「蓋文學主美，雖不必去提倡道德，做無聊的倫理教訓，要於抒寫戀愛之中，而勿爲反善德的論調，以致破壞人性的天眞，引導人走上罪惡之路。故言情必不失情之正。不然，就是醜的文學，墮落的

〔註158〕聞一多：《致梁實秋（1922 年 12 月 27 日）》、《致聞家駟（1923 年 3 月 25 日）》，孫黨伯，袁謇正主編《聞一多全集·書信》，湖北人民出版社，1993 年版，第 127、162 頁。

〔註159〕同上。

〔註160〕胡夢華（1903～1983），安徽績溪人，1920 年考入南京高等師範英文科，1922年南高擴爲東南大學，轉入西洋文學系攻讀，1924 年畢業留校任教。後曾在上海商務印書館編譯所任編輯，1928 年出評論集《表現的鑒賞》，1928 年後從政，歷任國民黨黨部和政府要職。解放後先入華北人民革命大學學習，1951～1975 年被拘禁於戰犯管理所，1975～1979 年在天津市政協工作，1979～1983 年赴美國探親，1983 年 6 月回國定居，9 月因心臟病突發去世於北京。

〔註161〕楊西平：《20 世紀詩歌主流》，安徽教育出版社，2004 年版，第 132 頁。

〔註162〕汪靜之：《汪靜之的情書：漪漪訊》，浙江文藝出版社，2002 年版，第 271 頁。

文學。還有一點，更望讀者明白：我決不是主張強抑感情的中庸道德家，反對自我的實現，與性靈的流露。」雖沒有切中肯綮，但也間接地點出文學不能完全藐視社會規範，損傷人性中天眞質樸的一面，無論是以愛之名，還是以道德之名，人性總是在他們之上永恒存在的。汪靜之對自己的浪漫史津津樂道，導致「天眞爛漫的年輕人們還以爲：『文人無行』是常事，是榮耀的事；不然蕙的風集子裏何以盡載些這樣的詩，還有中學教員，新詩的努力者，大學的教授，全國景仰的學者，替他做序呢？辯護呢？」這樣的社會影響是可預期的，對於不具備詩美，又不能給人以人生啓迪的作品進行這樣的吹捧，只能假定它在詩體上別出心裁了。然而《蕙的風》沒有體現出作者具有良好的訓練和素養，只求量不顧質，讓人懷疑作詩只是爲了詩人的娛樂。諸如：「梅花姐妹們呵，怎還不開放自由的花，儒怯怕誰呢？」「一步一回頭地瞟我意中人」，「那夜的親吻異樣甜蜜」，「我昨夜夢著和你親嘴，甜蜜不過的嘴呵！醒來卻沒有你的嘴了；望你把你夢中的那花苞似的嘴寄來吧」等等。這些詩句今日重讀仍有拿肉麻當有趣的嫌疑。胡夢華把這些詩句解讀爲「故意公佈自己獸性的衝動，挑撥人們不道德行爲」；是「表現罪惡」並且「引誘他們去做罪惡」；「這種獸性衝動的話，老成讀者看了只覺其肉麻，血氣方剛的讀者看了，又夢了一番誘惑。可憐不知加添了多少青年男女的罪惡。」胡夢華據此評價《蕙的風》「於詩體詩意上沒有什麼新的貢獻」，可算是公允有依據的。當然「看見『無賴文人是淫業的廣告』觸目驚心的十一個大字，不覺令我對於《蕙的風》生出同感的聯念。」這種論調犯了與汪靜之同樣誇張浮泛的毛病。

　　胡夢華針對《蕙的風》所作的不算嚴謹的批評引發了新文學陣營的圍攻，對這一詩集的不同認識迅速地偏離新詩審美標準，上昇爲新舊文學與道德標準的論爭。胡夢華成爲當時新文學界的「眾矢之的」。章洪熙在上海《民國日報》副刊《覺悟》（同年 10 月 30 日）發表《「蕙的風」與道德問題》，叫囂打倒：「南京的『含淚』批評家和蝙蝠派文人。」胡夢華發表《悲哀的青年——答章洪熙君》（載《民國日報‧覺悟》同年 11 月 3 日）進行回應。隨後周作人發表《什麼是不道德的文學》（載《時事新報‧學燈》11 月 5 日），隻字不提《蕙的風》是否具有詩歌的特質，只質疑胡夢華所說的「不道德的文學」究竟指什麼，並從私德上批評胡夢華，稱之爲「中國的法利賽」，將胡夢華扭曲爲封建道德衛道士，「社會把戀愛關在門裏，從街上驅逐他去，說他無恥；捫住他

的嘴，遏止他的狂喜的歌；用了卑猥的禮法將他圍住；這樣的社會在內部已
經腐爛，已受了死刑的宣告了」，「所以我們要說情詩，非先把這種大多數的
公意完全排斥不可」，並且以絕對肯定的姿態宣告「靜之的情詩……可以相信
沒有『不道德的嫌疑』。」否定胡夢華的文學批評之外，周作人還從私交上揣
測：「中國的慣例，凡是同鄉同學同業的人，因為接觸太近，每容易發生私怨，
後來便變成攻擊嘲罵，局外人不知此中的關係，很是詫異，其實並不足為奇；
譬如『學衡』派之攻擊胡適之君即其一例，所以這回我也不必多事，去管別
人的閒事。」胡夢華隨後辯護，試圖將問題拉回到詩歌的審美特性討論上，
指出「我沒有反對吟詠戀愛之作，並且還是喜歡讀戀愛詩的。第二，我對於
文學與道德乃主調和的，不衝突的；自然不贊成不道德的文學，也不提倡道
德的文學。」「藝術家最緊要的工夫是要修養自己的情感，極力往高潔純摯的
方面，向上提繫，向裏體驗。」並且指出他之所以要批評《蕙的風》，不是因
為他的取材專在男女戀情，而是因為「寫法不道德」。並以子之矛攻子之盾，
反問「倘若周作人君還承認他從前『人的文學，當以人的道德為本』這句話，
在周君眼光裏，文學當然也有道德不道德之別。」巧妙地回答了周作人的提
問，還重申了自己對文學與道德關係的認識。胡夢華的反擊引起了魯迅的反
感，他發表《反對「含淚的批評家」》（載《晨報副刊》11 月 17 日），取笑胡
夢華成了「含淚的批評家」：

　　一，胡君因為《蕙的風》裏有一句「一步一回頭瞟我意中人」，
便科以和《金瓶梅》一樣的罪：這是鍛鍊周納的。

　　二，胡君因為詩裏有「一個和尚悔出家」的話，便說是誣衊了
普天下和尚，而且大呼釋迦牟尼佛：這是近於宗教家而且援引多數
來恫嚇，失了批評的態度的。

　　臨末，則我對於胡君的「悲哀的青年，我對於他們只有不可思
議的眼淚！」「我還想多寫幾句，我對於悲哀的青年底不可思議的淚
已盈眶了。」這一類話，實在不明白「其意何居」。批評文藝，萬不
能以眼淚的多少來定是非：文藝界可以收到創作家的眼淚，而沾了
批評家的眼淚卻是污點。胡君的眼淚的確灑得非其地，非其時，未
免萬分可惜了。

這樣的反駁雖似嘲謔，還算有理，不過新文學陣營只注意胡夢華衝動到「含
淚」，卻看不到汪靜之滿口「美人」「天仙」的酸腐和猥褻，也全不介意章洪

熙叫囂打倒「南京的『含淚』批評家和蝙蝠派文人」〔註163〕的暴戾。胡夢華年少氣盛，隨後發表《「讀了蕙的風以後」之辯護》（載《時事新報・學燈》11月18至20日）；于守璐以《答胡夢華君——關於「蕙的風」的批評》（載《時事新報・學燈》12月29日）反擊。論爭逐漸偏離了對詩歌本體的不同認識，延續了20年代新舊文學的論爭。在論辯的過程中，胡夢華始終孤軍作戰，東南大學師生並未參與，胡夢華代表的只是個人對於詩歌審美觀、應擔負的道德規範和詩人的寫作技巧的看法，這種觀點中雖然浸潤了東南大學「學衡派」對於詩歌的審美範式的標準和詩歌寫作的基本準則，與吳宓在《白璧德論今後詩之趨勢》中的說法一致，都認為以道德的力量約束情感達到制衡，才能創作出好的作品。「無道德者不能工文章。無道德之文章，或可期於典雅，而終為靡靡之音。」〔註164〕在這一點上，胡夢華與「學衡派」的諸公，發言角度上十分相近，並採用了相似的論述方式，但他並沒有得到「學衡派」師長如吳宓、梅光迪等人的授意或支持，也從未打算以此為作為攻擊新文學的依據。新文學界因胡夢華是東南大學的學生，可能受到「學衡派」文化保守主義傾向的影響。且胡夢華的批評文章語氣、立場與「學衡派」有相近之處：

> 胡夢華的批評，指向的正是自由書寫對於既有「詩歌規範」的冒犯，他的言論雖然呈現於一種持續高漲的呼聲中，即新詩的可能性似乎必須要在某種普遍的「詩美」規範中獲得合法性。在這一點上，胡夢華與學衡派的諸公，發言角度上十分相近，並採用了相似的論述方式，雖然以新詩支持者面目出現，但行文中也採用了「子曰詩云」的普遍性邏輯，除不斷提及西洋名家的作品和言論之外，還曾大段引述梁啓超關於「詩」的談論，作為理論的依據。〔註165〕

這種論述方式使新文學界迅速將胡夢華認定為守舊派的代表，以他的學術背景後面所隱藏的「學衡派」的文學保守主義者們為假想敵，把他本來平和公允、意在探討的批評視為惡意攻擊，以人海圍攻戰術取得了壓倒性的偏離目的的勝利，並深挖所謂的思想根源，大有不摧毀其背後的舊文學壁壘不肯罷休的氣勢。在這種成見的基礎上，以詭辯來曲解對方論點乃至上昇為人身攻

〔註163〕章洪熙：《不中聽的閒話》，《晨報・副鐫》，1922年12月1日。
〔註164〕吳宓：《吳宓詩話》，商務印書館，2005年版，第31頁。
〔註165〕姜濤：《「新詩集」與中國新詩的發生》，北京大學出版社，2005年版，第195頁。

擊的論爭方式，並不能讓對方心悅誠服地接受意見，胡夢華直到晚年不悔少作，以他當時年少氣盛，不懼權威，敢於向北方文化重鎮的幾員大將挑戰而自豪〔註166〕。

　　細考背景，新文學界對胡夢華的攻擊算得上是對新文學支持者的誤傷。胡夢華雖身處東南大學，卻並非「學衡派」文化保守主義觀念的擁蠆，反而對新文學有濃厚興趣，並與新文學作家關係密切。胡夢華是安徽績溪人，胡適的同族侄兒，當初投考東南大學的前身南高師時，胡適還曾爲他給當時的校長郭秉文寫了一封推薦信。這封信日後成爲東南大學英文系主任張士一先生用來嘲諷北大名流教授蔡元培、胡適之們慣於寫八行，送人情的實例。這件小事足以證明二胡之間的確有同族之誼，且來往較密切。胡夢華讀書期間，因愛好詩歌與胡適的侄兒胡思永、梁實秋成爲好友。《蕙的風》詩集正是由胡思永寄給他的。梁實秋1923年7月赴美留學，胡夢華曾與郭沫若、郁達夫、成仿吾一起送他去黃埔碼頭。隨後還去杭州煙霞洞看望養病的胡適，在山中與曹誠英、潘家洵、任白濤等相聚。胡夢華的交遊情況可以證實他並非「學衡派」的傳人，而是遊走於新舊文學之間的人物。吳宓曾指出：「本班男生中胡昭佐最活動，安徽績溪縣人，自稱爲胡適之族侄，崇拜、宣傳新文學。」〔註167〕好友吳俊升回憶當時胡夢華「隨名教授梅光迪吳宓諸先生遊，造詣很深。其時正當五四時代新文藝運動在北方勃興，又是學衡派學者在南方宏揚中國古典文學的時期。夢華受新舊兩派潮流的衝擊，和名師的薰陶，能以超然的衡鑒眼光，取法中西文學批評理論，折中新舊，寫出許多篇文學批評文章，與當時文壇名流，尤其是新文學家們上下其議論，大爲中國南北方文藝界所矚目。更受到他的績溪華宗胡適之先生的賞識。」〔註168〕1923年12月1日，胡夢華與吳淑貞在南京舉行婚禮，胡適應邀作證婚人，還邀請了梅光迪、樓光來作男女雙方介紹人，楊銓，柳詒徵，吳宓到場，婚禮上新文學主將和「學衡派」主要成員進行了一次正面交鋒。胡夢華回憶：「吾家博士適之叔展出文學革命觀點，梅、吳二師提出希臘大師蘇格拉底、勃拉圖、亞里斯多德以示當時名遍中國學術界的杜威、羅素二博士，未必青勝於藍，更不足言後來居上。

〔註166〕沈衛威：《回眸「學衡派」——文化保守主義的現代命運》，人民文學出版社，
　　　　1999年版，第24頁。
〔註167〕吳宓：《吳宓自編年譜》，生活・讀書・新知三聯書店，1998年版。
〔註168〕吳俊升：《胡著〈表現的鑒賞〉再序言》，臺北，1984（非賣品）。

接著柳師還提出子不學的孟柯助陣，適之叔，單槍匹馬，陷入重圍；杏佛師拔刀相助，雄辯滔滔。」〔註169〕由此可見，胡夢華身在南京，卻並非主動貼近學衡派的文化守成主義者，而是接納了新舊文學影響的青年，新文學陣營對胡夢華的批判失之武斷。

其次這場論爭是解放後的「新詩」與「藝術論」式的詩美期待之間的衝突。胡夢華認爲「《蕙的風》的失敗，第一因爲（未）模仿。第二因爲未能眞領略自然之美。」並質疑「果然文學創造，可憑天才，無須摹仿？」這裡的「摹仿」就是《學衡》中吳宓、胡先驌、吳芳吉由新人文主義對於傳統的珍視而倡導的詩歌創作手法。吳芳吉稱：「模仿不可不有，又不可不去。不模仿，則無以資練習，不去模仿，則無以自表現。」〔註170〕吳宓也爲之聲稱：「文章成於摹仿，古今之大作者，其幼時率皆力效前人，節節規撫。初僅形似，繼則神似，其後逐漸變化，始能自出心裁，未有不由摹仿而出者也。」並認爲文學變遷也是摹仿對象更替的結果，「文學之變遷，多由作者不摹此人而轉摹彼人，舍本國之作者，而取異國爲模範。或舍近代，而返求之於古。於是異採新出，然其不脫摹仿一也。」〔註171〕這種摹仿是創造性的，「詩人取材常相輾轉沿用，毫不避忌，苟能融化而善用之，甚或青出於藍，即不可以模仿譏之。」〔註172〕並申明「文學創造方法：1、宜虛心 2、宜時時苦心練習 3、宜遍習各種文體而後專精一二種 4、宜從模仿入手 5、勿專務新奇 6、勿破滅文字 7、宜廣求知識 8、宜背誦名篇 9、宜絕除謬見。」〔註173〕當然摹仿不只是對古人的照搬也要有創造精神，要把個性氣質融入其中以便「終能自闢門戶」，主要途徑包括：第一要兼攬眾長，第二要「發揚廣大古人之一長」，三是要擴展題材。〔註174〕胡夢華正是從這些觀點中汲取營養，發現汪靜之的創作沒有「摹仿」的痕蹟，少有中國傳統詩歌的韻味，也沒有西方古典詩歌的優美，僅憑質直坦白、直抒胸臆來取勝。汪靜之標榜的：「眞情流露自然詩，不琢不雕本色詩。無束無拘隨意寫，推翻禮教臭藩籬。」推翻禮教，眞情入詩，當然是一種良好的願望，但實現它不應通過口號和孩子般稚拙的話語，

〔註169〕胡夢華：《重印〈表現的鑒賞〉前言》，臺北，1984（非賣品）。
〔註170〕吳芳吉：《再論吾人眼中之新舊文學觀》，《學衡》第 21 期，1923 年 9 月。
〔註171〕吳宓：《論新文化運動》，《學衡》第 4 期，1922 年 4 月。
〔註172〕吳宓：《英詩淺釋》，《學衡》第 13 期，1923 年 1 月。
〔註173〕吳宓：《論今日文學創作之正法》，《學衡》第 15 期，1923 年 3 月。
〔註174〕胡先驌：《評〈嘗試集〉》（續），《學衡》第 2 期，1922 年 2 月。

將肉麻撒嬌和自我吹捧當作新文化的象徵，這是白話詩走入的誤區，也是對新文學的反諷。汪靜之在《蕙的風‧自序》中高歌：「我有堅決的志願我要把靈魂的牢獄毀去」，問題在於他不僅摧毀了精神的桎梏，同時也把精神存留的物質實體也毀滅了，讓詩失去了自身的獨特品格。于守璐在《與胡夢華討論新詩》提出：「詩是以情為主，詩是自然來的，不是摹仿來的，這是誰都知道的。大概先生所說的摹仿，一定是指情以外要素如含蓄，敦厚等。」「詩原是情的衝動，並不是為做詩而做的詩。那麼寫在紙上的詩，也不過是情的衝動的記載。」「我讀了《蕙的風》只覺得作者熱烈的感情，流露於之上，並不覺得有甚麼不道德的意思。」〔註175〕曦潔在《詩的「模仿」的問題》中指出「胡君對於作詩的感念是要：作詩須於本國舊詩或外國詩有點研究，然後才能作好詩。換言之：作詩須模仿，好詩從模仿而來。但我的意思，與胡君不同，我以為詩非但不應模仿，還無須作的，詩只要寫就是。」「模仿的詩是不能傳真的，沒有永久的價值的。」「詩無須做得，更無須模仿得，只須隨著一剎那熱烈的感情，用藝術的手段去寫而已矣。」〔註176〕這種反駁無力地證明了新詩既缺乏傳統底蘊，也沒能設定合乎自身發展的軌蹟，試圖跳脫窠臼而無力自創天地的困境。

　　這場論爭對汪靜之及其他湖畔詩人產生了微妙的「扭轉」作用。汪靜之和應修人「同時很明白地發現新詩如散文，如說話，太粗糙，太瑣碎，太分散，太雜亂，太不修飾，太沒有藝術性。」〔註177〕對胡夢華的批評，汪靜之雖然不能完全接受，但多少認為有合理之處。他還在給胡適的信中說：「胡夢華君的批評（雖然他不能瞭解我的人格）我並不在意，只感謝他。」〔註178〕1957 年汪靜之對《蕙的風》作了大幅度的刪改，「用園丁的方法，只剪枝，不接木，」〔註179〕砍去了 2/3，全冊僅存 51 首詩，重新出版，當年遭胡夢華批評的篇、段、句，刪除淨盡。胡夢華當初指出：「倘若《蕙的風》不要二百四十頁之多，肯把那些肉麻的，墮落的，纖巧的，說白的，一句兩句無味的，

〔註175〕《時事新報‧學燈》，1922 年 11 月 3 日。
〔註176〕《時事新報‧學燈》，1922 年 11 月 8 日。
〔註177〕汪靜之：《1993 年 6 月 16 日致賀聖謨信》，轉引自賀聖謨《論湖畔詩社》，杭州大學出版社，1998 年版，第 89 頁。
〔註178〕耿雲志編：《胡適遺稿及秘藏書信》第 27 卷，黃山書社，1994 年版，第 648頁。
〔註179〕汪靜之：《蕙的風‧新序》，人民文學出版社，1957 年版，第 1 頁。

刪了或許不至於失敗。」汪靜之在修訂中全盤接受、不折不扣地執行，甚至
比胡夢華要求的還多，僅保留魯迅稱讚過的一句：「一步一回頭地瞟我意中
人」。這既是新社會的出版標準和社會環境的影響，另一方面也說明這才是那
場論爭應該達到的最後結局。這場論爭進而引發了新文學陣營內部對新詩的
批評，1923 年 5 月成仿吾在《創造周報》第一期上發表《詩之防禦戰》，籠統
地將已出版的《嘗試集》、《草兒》等五本新詩集罵爲「不是詩」。1923 年 6 月
16 日張友鸞在《文學周刊》第 2 期上發表了《新詩壇上的一顆炸彈》，以更激
烈的形式對新詩的審美標準進行辯難。這一系列的爭論，雖然「具體發生的
情況、語境各有不同，貌似互不相關，實質是同一問題的延續，暗示著不同
新詩構想間的基本衝突和詩壇的基本分化。」〔註180〕

〔註180〕姜濤：《「新詩集」與中國新詩的發生》，北京大學出版社，2005 年版，第 211
　　　　頁。

第三章　民國時期政治影響下的
南京文學社團與媒體

　　1927 年南京成爲國民政府的首都後，報刊的主要支持力量從學校轉到社會，在國民政府宣傳方針和新聞政策的控制下，30 年代南京的媒體面目模糊、缺乏生機：「南京報紙也不少，新聞自然是千篇一律，連編輯的形式，好像都不敢有所獨創，一味墨守舊法；至於副刊報屁股之類，則更是奇怪，多是以低級趣味爲主，登些似新非新，似舊非舊的莫名其妙的文章，鬧得在南京長住的人，反都去訂閱上海或者天津北平的報紙。」報紙沒有活力，雜誌也毫無起色：「說也可憐，南京雜誌本就少。然而，少之中，能維持到一年以上的，還沒有幾個，多半都是『曇花一現』，就夭折了的。」〔註1〕

　　傳媒與文學有著密切的關係，正是依靠傳媒的刊載、評論、傳播，文學才得以保存、流傳和發展，才能對社會、對美學觀念與道德倫理等方面產生廣泛影響。「每一種傳播媒介都是制度發展、公眾反映和文化內容的淵源。」〔註2〕大眾傳媒與政治、經濟一樣都是近現代社會發展的基本機制，是促進社會充分互動的權威組織。近代大眾傳媒的出現和發展推動了文化的普及，突破了傳統精英文化獨霸文壇的局面。期刊、雜誌、書籍與報紙是印刷時代大眾傳媒的生力軍。報刊和書局在近代的大量湧現，爲中國現代文學的創作、出版和傳播，提供了一個交流的平臺。「正是由於報紙和書局的迅速傳播與擴張，現代文學不僅獲得了『現代意識』，而且直接把這一意識帶入文學創作和

〔註 1〕荊有麟：《南京的顏面》，《中國遊記傳》，亞細亞書局，1934 版。
〔註 2〕〔美〕丹尼爾·傑·切特羅姆：《傳播媒介與美國人的思想》，曹靜生譯，中國廣播電視出版社，1991 年版，第 199 頁。

對讀者的影響當中。」雜誌和報紙副刊是傳播文學作品，改變一個寫作者文化「身份」的重要媒介形式，幫助作者進入公共空間，以社會批判家的姿態出現在社會大眾的閱讀視野。雜誌和報紙副刊不僅開創了一個「批評空間」，而且以巨大的魅力將二三十年代的文壇才子們從大學和書齋中吸引出來，投身到它們的生產當中。這種生產既是創建現代民族國家的過程，也是參與到公眾空間建設的過程。

中國最早的報紙為朝廷的「官報」、「邸報」，晚清以來的報紙受到西方現代報紙形態的影響，「它不再是朝廷法令或官場消息的傳達工具，而逐漸演變成一種官場以外的『社會』聲音。」〔註3〕報紙的出現促進了王朝國家的解體和現代民族國家的建構以及民主制度的發展。「清末民初的報刊，大致形成商業報刊、機關報刊、同人雜誌三足鼎立的局面。……同是從事報刊事業，清末主要以學會、社團、政黨等為中心，基本將其作為宣傳工具來利用；民初情況有所改變，出版機構的民間化，新式學堂的蓬勃發展，再加上接納新文化的『讀者群』日漸壯大。」〔註4〕知識分子借助報刊集合志同道合的友人，形成以媒體為中心的知識群體，宣揚該群體在政治、經濟、教育、文學等方面的共同理念。報刊根據控制報刊的主要力量可分為官辦和民辦兩種。官辦報刊指的是與當權的政治力量關係密切或在政府直接控制、授意下創辦的報刊，民辦報刊則指的是由志同道合的知識分子創辦的報刊，創刊目的是給同道一個發表意見的場域，報導真實新聞，以輿論的力量監督政府的執政行為。不論官辦報刊還是民辦報刊，為了吸引讀者、激發讀者閱讀興趣，文學因素都是報刊的重頭戲。報紙副刊和文學雜誌成為其中的重要組成部分，從文學生產學來看，「雜誌和報紙副刊決定了現代文學的生產方式，它們在現代文學生產的調度中處於樞紐的地位。雜誌和報紙副刊等現代媒體的出現大大改變了傳統文人活動的方式和文學生產方式。」當文學從消遣娛樂的方式轉變成意識形態與商品生產，文學也成為促進社會變革的力量。不同政治立場的集團都試圖通過報刊的編排出版，傳遞新聞訊息和時代精神，構建自身的政治文化並促使其成為社會變革的催化劑。

1928 年國民黨宣佈中國步入「訓政階段」，開始在全國實行「黨治」，推

〔註 3〕李歐梵：《「批評空間「的開創——從〈申報·自由談〉談起》，載程光煒主編《大眾媒介與中國現當代文學》，人民文學出版社，2005 年版，第 1 頁。
〔註 4〕陳平原：《思想史視野中的文學——〈新青年〉研究（上）》，載程光煒主編《大眾媒介與中國現當代文學》，人民文學出版社，2005 年版，第 11～14 頁。

行「以黨治國」、「一黨專政」的方針。在新聞宣傳領域，國民黨提出了「以黨治報」的方針，規定非國民黨的新聞事業必須接受國民黨的思想指導與行政管理，要使「新聞界黨化起來」。〔註5〕其目的在於鎮壓進步的和不同政見的報刊，剝奪人民的言論出版自由，控制全國的輿論宣傳，納全國新聞界於專政軌道。1931 年「九・一八」事變後，國內外政治形勢急劇變化，國民黨統治面臨嚴重的危機。爲了對付日益發展的進步新聞宣傳活動，國民黨吸取了德國、意大利等國的法西斯新聞思想與經驗，利用民族危機，大肆鼓吹和提倡「國家」、「民族」等抽象觀念，進行所謂的「民族主義的新聞建設」，凡是反對國民黨的新聞宣傳，一律以危害「國家」、「民族」利益爲由予以取締與鎮壓；實行所謂「科學的新聞統制」，即按照法西斯主義的原則，改造新聞事業。此後國民黨的新聞統制思想與政策進入了一個將國民黨的新聞事業與非國民黨的新聞事業統籌規劃、全面統制的新階段。1934 年 1 月，國民黨第四屆中央執行委員會全體會議通過了一項決議，明確規定中央宣傳委員會在新聞界的任務是：「集中經費於少數報紙，培養成有力量之言論中心」，「對全國新聞界作有效之統制。」1934 年 3 月，國民黨中央宣傳委員會主任邵元沖在國民黨新聞會議上作的《開會詞》中，進一步闡述了這一新的觀念：「一方面要希望自己的新聞宣傳發生有力的表現要應付反黨反宣傳的新聞」，二者之間要通盤考慮，黨內聯絡，以求脈絡貫通，統一宣傳。〔註6〕根據上述精神，國民黨的新聞事業以獲取「新聞最高領導權」作爲新聞重心，明確提出：「盡力增進黨的新聞業的權威，充分培養其本能，使之自動發揮偉大的力量，取得文藝運動之最高領導權」，「徹底完成新聞一元主義即新聞界之任務。」總體看來，國民黨建都南京後實行新聞統制思想與政策，以「黨化新聞界」、「以黨治報」爲起點，借鑒法西斯新聞手段，極大限制了新聞自由，導致民國時期中國傳媒扭曲發展。

第一節　政治影響下的南京報紙

民國初年隨著印刷技術的進步，報紙的發行量和普及面越來越廣，戈公振指出「共和告成以來，報販漸成專業，派報所林立。近則上海各馬路之煙

〔註5〕《新聞事業在現在中國眞正的地位》，福建《民國日報・新聞周刊》，1931 年6 月 12 日。
〔註6〕《新聞宣傳會議記錄》，1934 年 3 月。

紙店，均有報紙出售，於是報紙有漸與日用品同其需要之趨勢矣。」報紙成為人們日常生活中的一部分，「雖然民國以來，報紙對於社會，亦非全無影響。如人民閱報習慣業已養成，凡具文字之知識者，幾無不閱報。偶有談論，輒為報紙上之紀載。」民國以來的報紙，尤其是辛亥革命前後創刊的報紙，政府對新聞事業的限制較少，報刊的發展十分迅猛，其中有相當數量的報紙帶有政治色彩。有的直接以某個政黨的「機關報」面目示人，有的雖然自詡為「公共輿論機關」，但實際上在人員組成和資金來源上都和政治勢力有著千絲萬縷的關係。民國時期政黨混雜繁多，同一黨內各個派系分化，以不同政治利益集團為後臺的報紙彼此混戰，不僅經常在報紙上進行人身攻擊，甚至出現毆人毀報的事件。報界儼然是另一種形式的政壇，喪失了新聞自由獨立的特質。「民國以來之報紙，捨一部分之雜誌外，其精神遠遜於清末。蓋有為之記者，非進而為官，即退而為營業所化。故政治革命迄未成功，國事弊敗日益加甚。從國體一方面觀，當籌安時代，號稱穩健之報紙，多具曖昧之態度，其是否有金錢關係雖不可知，若使無民黨報紙之奮不顧身，努力反抗，則在外人眼光中，我國人之默許袁氏為帝，似無疑義。」〔註7〕民國初年北洋軍閥爭相收買報人吹捧自己的文治武功，愚弄百姓。遇到不肯合作的報社則實施強制手段，關閉報社或暗殺知名報人，新聞自由只是一紙空文。此時國民黨的宣傳媒體一直抵制軍閥，堅持報導事實真相，尤其注意推廣和提倡國民黨的政策與事蹟。經過爭奪政權的軍事和輿論鬥爭，國民黨深切地了認識到新聞宣傳的巨大威力，因此待國民黨執政後不僅積極發展自己的新聞事業外，還對新聞界施行嚴厲的專制統治，形成一整套新聞統制思想理論與政策，具體表現為頒佈一系列有關新聞出版的法令、條例，建立新聞檢查制度與各種新聞統制機構。譬如 1928 年 6 月，國民黨中央制訂了一系列有關黨報建設條例，同時還制訂了《指導普通刊物條例》和《審查刊物條例》。這些條例，對非國民黨系統的報刊的出版與宣傳事宜作了明確規定：「各刊物立論取材，須絕對以不違反本黨之主義政策為最高原則」，媒體「必須絕對服從中央及所在地最高級黨部宣傳部的審查」。1929 年國民黨中央又頒佈了《宣傳品審查條例》，進一步規定凡是國民黨的或非國民黨的宣傳品，包括報刊和通訊社稿件在內，都要送交國民黨黨部審查，並宣佈凡「宣傳共產主義及階級鬥爭者」、「反對或違背本黨主義政綱政策及決議者」、「妄造謠言以淆亂觀聽者」為反

〔註 7〕 戈公振：《中國報學史》，上海古籍出版社，2003 年版，第 235～236 頁。

動宣傳品，必須「查禁查封或究辦之」。同年國民黨中央還頒佈了《出版條例原則》，規定：「凡用機械印版或化學材料印制定新聞紙類、書籍、圖畫、影片及其他文書，出售或散佈者，均認爲出版品」，均應「登記審查」，凡「宣傳反動思想」、「違反國家法令」、「妨害治安」、「敗壞善良風俗」的出版品，「不得登記」。1930 年 12 月 16 日，國民黨又以國民政府的名義頒佈了《出版法》，將國民黨採取的種種新聞統制措施用立法手段固定下來，正式將新聞統制政策合法化。《出版法》第四章爲「出版品登記事項之限制」，規定：「出版品不得爲左列各款之記載：一、意圖破壞中國國民黨或三民主義者，二、意圖顛覆國民政府，或損害中華民國利益者，三、意圖破壞公共秩序者，四：妨害善良風俗者。」「戰時或遇有變動，及其他特殊必要時，得依國民政府命令之所定，禁止或限制出版品關於軍事或外交事項之登載。」這些限制條文意義含混，如「意圖破壞」、「意圖顛覆」等詞均可由當局視情形任意闡釋。1931 年 10 月政府頒佈了《出版法施行細則》。1932 年 11 月中央黨部頒佈了《宣傳品審查標準》，明確規定凡是「宣傳共產主義及鼓動階級鬥爭」、批評國民黨政策的都是「反動的宣傳」，進一步限制了新聞自由，確立了黨辦報刊的權威地位。1933 年後國民黨的新聞統制政策發生了較大的變化，不再以原來實施的審查追懲制度爲主要統制手段，開始在新聞界推行旨在事前預防的新聞檢查制度，直接干涉新聞事業本身的業務工作。1933 年 1 月 19 日，國民黨第四屆中央執行委員會第五十四次常務會議分別通過了《新聞檢查標準》和《重要都市新聞檢查辦法》。〔註 8〕根據上述文件的精神，國民黨先後在南京、上海、北平、天津、漢口等大城市設立歸屬國民黨中央宣傳委員會指導的新聞檢查所，各地的新聞檢查所要求該地當日出版的日報、晚報、小報，甚至增刊、特刊、號外等，均須在發稿前將全部新聞稿件一次或分次送請檢查。對不送檢查之報紙，將給予一天至一星期停版之處分或其他必要之處分。可見國民黨政府爲了鞏固其政權，採用一切手段控製取消一切反對意見。「任何組織和群體，若要對該政權的權力或政策加以限制，不是被解散，就是被該政權加以控制，使之無害。」「政治上的反對者遭暗殺；愛報導缺點的新聞記者被逮捕；報紙刊物受檢查。」〔註 9〕爲了防止對自己不利的新聞的傳播，政府

〔註 8〕以上條例均參見中國第二歷史檔案館編：《中華民國史檔案資料彙編‧第五輯第一編文化》，江蘇古籍出版社，1994 年版。
〔註 9〕費正清：《劍橋中華民國史上》，中國社會科學出版社，1994 年版，第 157 頁。

要求各地報紙採用「中央通訊社」通稿，由於內容乾癟枯燥，各報社往往採用外國通訊社提供的新聞，其中一些對國民黨不利的消息也常見於報端。為此政府從 1931 年 10 月，先後同英國路透社、美國美聯社、合眾社、法國哈瓦斯社等簽定交換新聞合同，收回外國通訊社在中國發佈中文新聞稿的權利，由國民黨中央通訊社選編後再轉發給各地報刊採用。政府還通過壟斷髮行權，摧殘進步報刊。為了限制這些報刊的影響，通過郵局扣留或銷毀。開始是偷偷摸摸幹，後來公開禁止發行。據 1934 年國民黨全國文藝宣傳會議的《文藝宣傳會議錄》記載，國民黨中宣部正式公佈，已審查了 469 種書刊，其中查禁 60 種，扣留 122 種。而實際上從 1929 年至 1934 年 2 月，僅浙江一省就查禁了 1086 種，而且「凡左聯作家所作書籍，概予以焚毀。」在《第二次國內革命戰爭時期國民黨政府查禁書目編目（1927 年 8 月～1937 年 6 月）中，共收錄了 1927～1937 年以來國民黨查禁的書目兩千餘種，其中文藝書刊幾近半數。國民黨直接派軍警和特務對進步文化和文藝機關團體進行破壞，對革命、進步的文化和文藝界人士不斷地進行迫害，對共產黨在國統區出版的地下報刊，國民黨一時無法查到出版地址，直接採用禁止郵寄的辦法加以扼殺。由此可見國民黨政府為了維護自身統治，實行種種文化控制政策，導致媒體的畸形發展，引起官方意圖與民眾需要通過媒體來爭奪話語權。

一、官方報紙

國民黨從未形成統一的統治集團，黨內、軍內派系林立，為各自的利益爭鬥不斷。1927 至 1930 年國民黨開始執政時期，這種爭鬥尤其激烈。軍事上，蔣介石、閻錫山、馮玉祥、桂系、奉系五大新軍閥勢力不斷爭戰。國民黨內，蔣介石、胡漢民、汪精衛三大派別爭權奪利，此外還有「西山會議」派、CC派、國民黨左派等派別。政治分裂導致國民黨的新聞事業最初也不是統一的整體。各種報刊、電臺、通訊社分別隸屬於軍閥勢力和黨內不同派別。其中勢力和影響較大的是汪精衛一派。他們首先佔領了武漢的輿論陣地。1927 年3 月 22 日，國民黨在武漢創辦《中央日報》。擔任社長的是汪派干將、當時國民黨中央宣傳部長顧孟餘。「顧孟餘要利用宣傳部辦一機關報，命秘書劉范會籌備，陳毅修、毛盛炯、畢磊、胡耐安等磋商，畢磊所擬中央日報通過。在譚延闓幫助下，運用汪精衛的『革命的過來，不革命滾開去』的原則進行。編輯特色，第一張為電報，全繫上海特派員之消息，第二張為黨政要聞，第

三張為武漢新聞，第四張為國際新聞，第五張為副刊，且有『我們和世界』一張，綜合一星期來之軍政黨以及國外一切。」〔註10〕最初共產黨員和進步人士參與武漢《中央日報》工作，利用汪精衛同蔣介石的矛盾，刊載了不少宣傳進步意識的作品，如郭沫若的討蔣檄文《請看今日之蔣介石》。「七‧一五」政變前後，該報是汪精衛集團的宣傳工具，大肆鼓吹北伐軍沿江東進，攻取南京，反映了汪精衛集團要同蔣介石爭奪第一把交椅的掌權願望。除了武漢《中央日報》之外，汪精衛一派還排擠了原來在國民黨報刊《漢口民國日報》、《楚光日報》等工作的共產黨員和進步人士，將這些報刊控制在自己手中。國民黨中宣部辦的《中央政治公報》也在汪派掌握之下，國民革命軍政治部辦的「革命軍通訊社」成了汪派在軍隊中的重要喉舌，汪派還成立了「中央通訊社」，於 1927 年 8 月 1 日正式發稿。武漢新聞界儼然一時成了汪派的天下。國民黨內的其它派別也有自己的報刊工具。如 CC 派陳立夫 1928 年 4 月在南京創辦《京報》。在《中央日報》遷到南京之前，以「內容謹嚴，消息敏確」佔據著南京的地盤。《中央日報》遷來後，「幾有不容並存之勢」，只得宣佈停刊。在上海，《民國日報》最初是「西山會議」派的陣地，後歸入市黨部 CC 派陳德徵等人手中。派系報刊林立的局面的存在，說明蔣介石集團初期在國民黨中的主導地位還不鞏固。軍事內戰和黨內鬥爭使他無暇顧及新聞宣傳陣地的整治。局勢穩定後加強新聞輿論控制的任務便提上日程。

　　早在 1927 年秋，國民黨就籌備出版《中央日報》。上海《中央日報》創辦於國民黨二屆四中全會舉行之際。在這次會議上，蔣介石被選為國民黨中央政治會議主席和軍事委員會主席，取得了國民黨最高領導權。1927 年 10 月 2 日，國民黨中央宣傳部根據蔣介石的指令，通過了創辦《中央日報》的決議。決議稱：「創辦一個代表全黨的大規模機關報，名叫中央日報」，「本應設在南京，因為物資及新聞消息的關係，在南京辦非常困難」，所以決定設在上海，指定周更生、劉蘆隱、徐樹人、高力、許寶駒、周傑人、余增、魯存仁、彭學沛、周炳林、潘宜之等人為籌備委員，由潘宜之具體負責。1928 年 2 月 1 日，國民黨中央黨報《中央日報》在上海創刊。據臺灣出版的《中國新聞史》（曾虛白著，臺灣政治大學新聞研究所 1966 年）稱，這是國民黨第一個中央直屬黨報。國民黨中央黨部指定孫科、胡漢民、伍朝框、潘宜之等組成董事會，孫科任董事長。任命當時任中宣部長的丁惟汾任社長，潘宜之任經理，

〔註10〕萬式度：《中央日報小史》，《社會新聞》第 2 卷第 4 期，1933 年 1 月 10 日。

彭學沛任主筆。為籠絡各派系，還成立了編輯委員會，由胡漢民任主席，代表人物有吳稚暉、戴季陶、李石曾、陳布雷、葉楚傖、蔡元培、楊杏佛等。此外還設立了撰述委員會，邀請國民黨內外名流如胡適、邵力子、羅家倫、博斯年、唐有壬、馬寅初、王雲五、潘公展、鄭伯奇等為撰述委員。上海《中央日報》創刊後，編號另起，以示與武漢《中央日報》沒有承繼關係。上海《中央日報》每日3大張，共12版，每張一、二版為廣告版，三、四版為文字版。第一張的文字版主要刊載國內外要聞及重要文章。第二張文字版設有「黨務」專欄、本埠新聞及各地通訊等。第三張為專版和副刊，主要有：《摩燈》，文藝性副刊；《商情與金融》，刊載市場與金融的行情動態；《國際事情》，是「研究國際重要問題」的學術理論性專版；《經濟特刊》，以刊載經濟理論文章、調查報告為主；《一周間的大事》，系統介紹一周內國內外政治、軍事、外交、經濟等方面的重大事件。報名為孫中山墨寶，國民黨元老吳稚暉為創刊號寫了一篇《祝詞》，希望該報積極宣揚「孫文主義」、「為總理吐氣」。其具體使命為：「（1）中央日報是國民黨的喉舌；（2）中央日報發揚國民黨的主義，解釋國民黨的政策，研究具體的建設方案；（3）中央日報志在打倒惡化和腐化勢力；（4）中央日報要發揮中國人的義俠的革命精神；（5）中央日報要把科學和藝術振興起來，發揚中國人的創造力；（6）中央日報是一把熊熊的火炬把全國革命民眾的胸腔一個一個燃燒起來。」《中央日報》初期無社論或社評欄，在一般報紙的社論地位發表署名文章，就當時重大事件或問題發表評論，或對國民黨某一重要政策作進一步的闡述，實際上起著社論的作用。經常發表文章的有彭學沛、戴季陶、陳布雷、周佛海、唐有壬等。《中央日報》是國民黨機關報，為國民黨輿論宣傳的重要喉舌。

1928年6月，國民黨中央常會第144次會議通過並頒佈了《設置黨報條例》、《指導黨報條例》、《補助黨報條例》等條例，目的是要加強國民黨中央（主要指蔣介石集團）對黨內新聞事業的領導權。條例在黨報的設置和領導體制、黨報的宣傳內容、黨報的組織紀律和津貼標準等方面部作了詳細的規定。其中規定「中央宣傳部特設指導黨報委員會，專司黨報的設計、管理、審核、考查及其他一切指導事宜」；「直屬於中央之各黨報由中央宣傳部直接指導之」；「凡中央及各級宣傳部直轄之日報雜誌，其主管人員及總編輯由中央或所屬之黨部委派之」。這明顯是為了整治那些打著「民間」旗號接受派系津貼的報刊，以及隨意假借「中央」名義辦的報刊。國民黨企圖以黨內文件、

黨的紀律來加強對黨內報刊的控制，排斥異己宣傳力量，建立起對全國的新聞統制。此時國民黨政府已定都南京，國民黨中央黨部也設在南京。機關報設在上海，兩地相距甚遠，交通、電訊一旦出現異常，指揮與控制報紙的宣傳就會出現困難。另外國民黨內部派別林立，鬥爭激烈，上海是改組派活動中心，掌握《中央日報》宣傳大權的彭學沛等都與汪精衛派系關係密切，有失控的危險，所以國民黨中央黨部決定將《中央日報》遷往南京出版。1928年 10 月，國民黨中宣部正式派員至上海籌措遷館事宜。《中央日報》在上海出版整整 9 個月後於 10 月 31 日（第 271 號）停刊。1929 年 2 月 1 日，《中央日報》在南京復刊，期號續前，即第 272 號，報社初設在南京珍珠橋邊，由新任國民黨中宣部長葉楚傖兼任社長。復刊後《中央日報》的編輯方針，除了一貫堅持的「闡明黨義、宣揚國策」外，更著重提出「擁護中央、消除反側、鞏固黨基、維護國本」。由於採訪力量薄弱，新聞依賴中央社和路透社的稿件，所以讀者不多，至 1929 年發行量僅 2000 份左右，連南京當地的廣告都拉不到，完全依賴政府補貼度日。為了改變這種狀況，國民黨第三屆中委執行委員會特地召開臨時全體會議，通過了《改進宣傳方略案》和《改進中央黨部組織案》。這兩個決議案對於改進和強化國民黨新聞事業提出了若干指導性意見。按照《改進宣傳方略案》的要求，《中央日報》改革實行社長制，言論報導直接對中央負責，行政（包括經費、人事）相對獨立，第一任社長為程滄波，提出了「經理部要充分營業化，編輯部要充分學術化，整個事業當然要制度化效率化」，著手對《中央日報》進行整頓。首先致力於新聞和言論的改進，當時南京報紙新聞內容貧乏，一般讀者喜歡閱讀來自上海的報紙。針對這種情況，《中央日報》以取代「滬報」為目標，向編輯部全體人員提出「人人做外勤，人人要採訪」的要求，擴大南京和其它大城市的新聞采集網，並在館內指定專人比較本報同其它報紙的新聞，力爭不遺漏國內重大新聞，國際新聞也有所加強。經過努力，《中央日報》的版面由兩大張擴大為三大張。對於社論，程滄波也相當重視，親自撰寫許多「社評」，充分地體現國民黨的立場。無論在蔣介石組織軍事「圍剿」革命根據地的時候，還是在鎮壓「一二‧九」愛國學生運動的時候，《中央日報》都發表「社評」為國民黨的政策辯護，忠實地充當國民黨中央的喉舌。其次，致力於廣告、發行的改進，謀求經濟上的相對獨立。國民黨黨報由於有經費津貼，一般不重視廣告和發行，所做廣告多半是機關和人事廣告，十分刻板，吸引不了客戶，而發行多半操

縱在報販手中，效率很低。程滄波接任後，在廣告推銷上改變等客上門的慣例，社員直接到商店、工廠接洽，經常作廣告比較，改進廣告設計。在城內外各處設立報紙分送點，出報後將報紙直接送至訂戶手中。《中央日報》的改進加上國民黨中央在資金和人力上的支持扶植，報紙略有改觀。1932 年 9 月，創辦發行《中央夜報》。同年 11 月，又創辦《中央時事周報》。1935 年 10 月，在南京市中心新街口建成中央日報大樓，又引進新式輪轉機和其它印刷設備，每日銷數由 6000 份增加到 3 萬份，是國民黨內實力最為雄厚的黨報。1937 年 6 月，為配合蔣介石在廬山訓練國民黨反共骨幹，《中央日報》發行廬山版。抗戰爆發以後，《中央日報》在長沙和昆明發行過《中央日報》長沙版和昆明版。

1931 年「九·一八」事變以後，國內抗日呼聲越來越高，同時國民黨內部的派系之爭加劇，導致國民黨統治基礎動搖。1932 年 3 月蔣介石授意桂永清、戴笠等親信組成以忠於蔣介石，聽命於蔣介石旨意的核心組織——「復興社」，大力宣傳德國的成功經驗法西斯主義，標榜一個主義、一個領袖，主張「酌採德、意民族復興運動精神」，實行鐵血救國。「復興社」成員主要是下級軍官、學生和政府機關職員，特別重視對青年的訓練，著重培養青年的民族國家意識，為此還在各省市舉辦暑期青年軍事集訓。「復興社」出版了一批宣傳法西斯主義的報刊，比較有代表性的是南京的《中國日報》，上海的《社會主義月刊》、《抵抗》等。《中國日報》是在蔣介石的親自支持下籌備創辦的。1931 年 12 月，蔣介石的親信，曾任國民黨海陸空軍總司令部政訓處「剿匪」宣傳大隊第一大隊長的康澤接到蔣介石的手令，去上海浙江興業銀行領得開辦費 3000 元，接收了南京的《建業日報》，在此基礎上籌辦出版《中國日報》。1932 年 1 月 20 日《中國日報》創刊，社址在南京市中心明瓦廊，作為「復興社」機關報，由康澤任「復興社」宣傳處長兼《中國日報》社長，公開註冊為：社長顧希平，總編輯鄒繩武，總經理康忍安，總主筆周天繆。《中國日報》對開兩大張，最高日銷數達 1.8 萬份。與一般商業報紙不同的是，版面顯得很嚴肅。頭版不登廣告，重要新聞用頭號黑體標出，社論在頭版右下方，每天一篇。新聞採取混合編輯法，不分國際、國內、本埠，按重要程度依次排列。《中國日報》明確地表現了忠實於蔣介石統治的政治傾向，在新聞報導中有選擇地刊登了維護蔣介石中央的消息，宣揚國民黨軍隊在「剿共」前線的「勝利」以及分化瓦解地方勢力的成就，在言論上千方百計地為國民黨的「攘外

安內」政策作辯解。在對日政策方面，《中國日報》公開主張對日妥協，「反對無準備之作戰與盲目之犧牲」。《中國日報》認爲，日軍很強，我軍很弱，「以我之弱，一時不能返其所失，則兩國間之清算在於將來。」宣揚法西斯理論，鼓吹「一黨獨裁」、「領袖中心」，是《中國日報》的一大特色。1933 年 6 月27 日，《中國日報》專門創辦了《挺進》副刊，發表一系列文章宣傳法西斯主義。這些文章鼓吹在中國實行獨裁政治，荒謬地將布爾什維克的十月革命勝利同墨索里尼在意大利的執政，都歸結爲依賴獨裁政治力量的結果，引申開來認爲在中國「什麼民主政治、議會政策、黨權開放，都是自取紛擾」，「只有獨裁政治，才能應付這種惡劣環境，壓倒反動勢力，克服派別分歧。」〔註 11〕所謂「反動勢力」指人民革命力量，而「派別分歧」是指國民黨內的權力紛爭。這些文章毫不掩飾地宣稱，「我們在原則上是反對民主，而擁護一黨獨裁的。」有一篇題爲《革命與領袖》的文章甚至公開聲稱蔣介石是中國唯一的領袖，洋洋萬言，從領袖的作用、領袖的素質談到擁戴領袖的態度，宣揚領袖主宰一切的法西斯理論。文章最後道出了全文的眞正用意；「自孫中山先生逝世後，繼承孫中山先生者，以蔣中正先生最爲適當。」〔註 12〕

二、民辦報紙

　　南京的民辦報紙主要出現在 20 年代末 30 年代初，辦報人大都沒有官方背景，報館運營以民間資本爲主體，少量接受政府或其他政治勢力的經濟援助，預設讀者是一般的社會民眾。民辦報紙具有非政治傾向，這首先表現在重大的政治問題上，民辦報紙對統治者的政策始終取對立的或游離的態度。〔註 13〕民辦報刊的勃興打破了官報和外報對傳媒的壟斷，在政治國家之外逐漸開拓出一個新的自主性的社會空間，反映了從晚清開始的大眾傳媒「民間化」的趨勢，「民辦報刊實際成爲一種溝通社會民眾和政治國家之關係的公共機關，它所拓展的社會空間正類似於哈貝馬斯所說的批判性的『公共領域』。」〔註 14〕

〔註 11〕《中國日報》，1933 年 7 月 11 日。
〔註 12〕《中國日報》，1933 年 9 月 23 日。
〔註 13〕參見朱曉進等：《非文學的世紀——20 世紀中國文學與政治文化關係史論》，南京師範大學出版社，2004 年版，第 6 頁。
〔註 14〕劉震：《新青年與「公共空間」——以〈新青年〉「通信」欄目爲中心的考察》，載程光煒：《文人集團與中國現當代文學》，人民文學出版社，2005 年版，第 89 頁。

　　1927 年北京《世界日報》的老闆成舍我逃出軍閥張宗昌的槍口，沉默一年後，1928 年 3 月在南京出版了《民生報》，這是南京最早出現的民營小型報紙。經理為周邦式，總編是張友鸞，報社骨幹力量多數從《世界日報》抽調。報紙最初為四開一張，不久即改為兩張，最多時出過四張。《民生報》按照成舍我的「小型報乃『大報』的縮影」的觀念，採取「小報大辦」、「精選精編」的方針，「重視言論，競爭消息，廣用圖片」，內容生動充實、印刷精緻，給人以耳目一新的感覺，經營情況較《世界日報》更好，最初發行 3000 份，一年後即發行到 1.5 萬份，最多時發行到 3 萬份，超過了政府機關報《中央日報》的銷量。成舍我對該報寄予了很大希望，曾計劃在南京組織中國報業公司。1934 年 5 月，《民生報》公開揭露行政院政務處長彭學沛（汪精衛部屬）貪污舞弊事，引起軒然大波，導致報紙在南京被永久查封，老闆成舍我遭拘禁 40 天，被勒令從此不得在南京辦報。《民生報》在政治高壓下不得不草率結束。

　　《新民報》1929 年 9 月 9 日創刊於南京，其命名是以「作育新人」為目標，並含有繼承和發揚同盟會時代《民報》精神的用意。9 月 9 日創刊是為了紀念孫中山先生第一次起義的日子。當時的創辦人認為報紙應該對青年宣揚三民主義，報頭是吳竹似從孫中山遺墨中摹寫出來的。最初只出版日刊。1937 年抗戰爆發後遷往重慶，先出日刊，後出晚刊，並出有成都版日、晚刊。1946 年後恢復南京版，始出晚刊，後出日刊。同年又出版北平《新民報》日刊和上海《新民報》晚刊。《新民報》發起人有餘惟一（中央通訊社社長）、劉正華（中央通訊社編輯）、鄭獻徵、吳竹似、彭革陳、陳銘德等。報社主要由陳銘德負責，全稱為首都新民報社。創刊總編輯為吳竹似，因肺病修養後，余惟一介紹張友鸞繼任總編輯。之後繼任的總編輯有謝崇周、崔心一，趙純繼等。30 年代《新民報》的辦報方針是：「一、傳達正確消息，二、造成健全輿論，三、促進社會文化，四、救濟智識貧乏，」要求報紙「絕不官化，傳單化……為辦報而辦報，代民眾立言，超乎黨爭。」〔註 15〕報社社址最初設在洪武路，1930 年遷到估衣廊 73 號，1935 年再遷新街口北中山路 102 號，門面為青白色，與國民黨的「青天白日旗」保持一致。最初《新民報》四開一張，1930 年改為對開一張，1937 年改為對開兩張。報紙最初由滬寧印刷廠代印，1931 年籌集經費自辦了「明明印刷廠」。《新民報》初創時為了籌集經費，曾從地方軍閥和中央政府處爭取津貼。1929 年到 1938 年報社與割據川東的四

〔註15〕《新民報》兩週年紀念增刊，1931 年 9 月。

川軍閥劉湘關係密切，劉湘為《新民報》提供開辦經費 2000 元，出版後又提供每月津貼 500 元，陳銘德個人活動經費每月 200 元。劉湘大方出資的目的是為了在「首都」吹噓自己的「文治武功」，宣傳政績以鞏固自身的地位，進而挾「中央」以自重，擴大自己在四川的勢力。《新民報》開辦後為劉湘大造聲勢，凡是其集團擴張及在京川籍官員、四川相關社會活動稿件都積極刊發。劉湘三次入京，《新民報》逐日報導劉湘行蹤並代他起草講話稿，籌備記者招待會。《新民報》發行量最初只有兩千份，大部分贈閱，版面主要依靠中央社稿件，缺乏可讀性，因此業務收入不能自給，中央宣傳部曾以所出《七項運動》（合作、保甲、造林、禁煙、新生活等運動）周刊隨《新民報》附送為條件，月津貼 800 元至 1932 年停止。之後在孫科的斡旋下，中山文化教育館以刊登該館季刊廣告的名目給予《新民報》一次性經費 2000 元。在中國輿論專制狀況下，《新民報》不得不依賴於政府和地方軍閥的經濟支持，導致《新民報》的獨立方針只能部分執行，不帶官方色彩、不作空洞說教、代表民間立場的辦報宗旨，在實際執行過程中總是打折扣。1929 年總編輯吳竹似患肺結核修養，陳銘德力主請曾擔任過北京《世界日報》和南京《民生報》總編輯張友鸞接任。他到任後首先進行改版，進一步明確讀者範圍，廣泛登載青年喜聞樂見的新聞。1930 年童子軍南京大檢閱時，他特派幾位專訪記者進行詳盡報導並配圖片，引起了青年學生對《新民報》的興趣。金滿成主編的副刊《葫蘆》也和新聞版面配合，著重揭露和批評社會上的不合理現象，吸引了大批青年讀者，尤其是學生、店員和低級公教人員。在「九・一八」、「一二・九」運動中《新民報》都作出了迅捷的反應，不僅在第一時間進行詳細報導，而且以激情充沛的社論鼓舞愛國情緒，敦促政府採取措施，在社會上引起了巨大反響。「九・一八」發生後，《新民報》除了發表《請向日宣戰》的社論外，還及時報導日寇侵襲的消息，大量刊登了「驅日前線敢死隊」、「中國青年捨身抗日團」、「抗日義勇鐵血軍」、「抗日救國義勇軍」等組織的活動，發行數量激增到一萬多份。1931 年 12 月 15 日蔣介石被迫下野，當天學生到國民黨黨部請願，軍警與之發生衝突，多人被捕。第二天《新民報》發表《昨日中央黨部門前學生行動評判》為題的社論，提醒學生提高警惕，揭發政府陰謀。當晚《中央日報》誣衊學生搗毀黨部是由共產黨主使，引起學生前往珍珠橋《中央報社》報館質問，軍警開槍打死多人，並有多人被從橋上推落橋下淹死，釀成「珍珠橋慘案」。中央通訊社發佈消息時歪曲為學生自行失足

落水，《新民報》揭發了實情，並在副刊上發表了一首詩：「《中央日報》門前，不知有多少冤鬼。」爲此《中央日報》在南京地方法院控告《新民報》，學生紛紛要求前往作證，《中央日報》代表不敢到庭，官司作罷。此後國民黨進一步壓制輿論，對學生運動的新聞報導受到嚴格審查，《新民報》也受到嚴重警告。1932 年 1 月 28 日淞滬會戰爆發前後，《新民報》先後發表《請對日絕交》（1 月 17 日），《對日絕交與應有之準備》（1 月 18 日），《再論對日絕交》（1 月 20 日），《對日一戰才有生路》（1 月 28 日），《請政府收復東北》（2 月 24 日）等社論，導致 6 月 19 日報紙受到首都警備司令部停刊一日的處分，罪名是有兩天的三條新聞未送檢查直接發表。1932 年國民黨中宣部頒佈《宣傳品審查標準》後，新民報逐漸與國民黨政府發生直接衝突。1935 年 6 月開始，羅承烈擔任主筆，社論開始主張團結一致、共同對外，積極宣傳抗日。1935 年 6 月連續發表了《惟急起禦侮乃能復興民族》、《親善乎？漢奸乎？》、《我們的抗議》、《還能忍耐嗎？》等社論，並就「蘇蒙協定」與日本《朝日新聞》進行論戰。「一二‧九」運動後，《新民報》熱情支持學生愛國熱情，痛斥政府綏靖政策。這些社論發表後，南京警備廳調查科要求報紙停刊三日，並拘留了社長陳銘德。國民黨檢查機構對報紙審查嚴格後，「開天窗」時常發生。1936 年 9 月 18 日，紀念「九‧一八」的社論全被扣了，《新園地》、《南京版》兩個副刊稿件全被扣，開了兩個巨型天窗，上面分別填以「請看新民報 言論正確 消息靈通」十三個大字。《新民報》在社會上廣受歡迎，1936 年報紙發行量達到一萬六千多份，很快上昇到兩萬份左右。同時《新民報》在政治上受到更大壓力，國民黨認爲《新民報》是四川軍閥在南京的潛在間諜機關。爲了度過難關，《新民報》股份有限公司 1937 年 7 月 1 日宣佈集資五萬元成立，在報紙上發表了董事長、董事和監察人的名單。董事長爲蕭同茲（國民黨中央通訊社社長），常務董事爲彭革孫（國民黨中宣部新聞事業處處長），王漱芳（南京市政府秘書長），董事爲方治（CC 系頭目），盧作孚（四川民族資產階級），張廷休（CC 系）等人，《新民報》藉此籠絡了國民黨統治集團的各派各系，以民族資本家爲經濟後盾，以求保全報紙。

相形之下，《南京人報》的民辦性質更加鮮明，創辦過程較《新民報》也更順利。《南京人報》1936 年 4 月 8 日在南京發行，創刊人是著名的小說家、報人張恨水，不接受任何經濟援助，也沒有任何後臺，資金完全來自張恨水本人的積蓄。通俗小說家張恨水的巨大號召力促使第一天報紙就銷到一萬五千份。

《南京人報》是小型報紙，張恨水任社長，兼編副刊《南華經》；張友鸞任副社長兼經理，張萍廬編副刊《戲劇》；張友漁寫社論，盛世強在北京打電話報告新聞。張友漁和盛世強是義務幫忙，不收任何報酬，由此可見這份報紙是真正的報人辦報。張恨水 1944 年回憶《南京人報》的創建過程時感慨良深：「先是，愚在首都創辦《南京人報》，以一書生，毫無憑藉，乃欲於先進各報林立間，獨當一面旗鼓，實深冒險。及既出版，雖未躋後來居上之勢，而與各先進報分庭抗禮，初無遜色，頗足自傲。然所以有此自傲者，非區區一人之所能為，內則同社諸友，甘苦相共，日夜努力；外則文藝知交，紛紛以著作相助，遂使各版各欄，均有令人一閱之價值。而此諸友，知我窮也，毫不需物質之報酬，甚或驅車臨社，伏案撰文；或急足送稿，自行破鈔，精神上之協助，在報史中竟難覓得前例。」〔註 16〕在《南京人報》中張恨水發揮了自己作為一位老報人的所有經驗和智慧，編撰的文章短小精悍，富有濃鬱的南京地方色彩，副刊生動活潑，從版面到內容新穎雋永。在副刊《南華經》上張恨水發表了兩部長篇小說《中原豪俠傳》和《鼓角聲中》以及大量的詩詞散文，是《南京人報》的靈魂，正是張恨水作為通俗作家所具有的獨特魅力和雖脫離政治而不失傳統氣節的人格特質，使得這份報紙一直堅持到 1937 年 12 月南京淪陷前四天才停刊。抗戰中他曾傷感地指出：「愚半生心血錢，均消耗於兩事：一為北平一美術學校，一為《南京人報》，二者皆毀於炮火，乃使愚鬢毛斑白，一事無成，其因此而負師友期望者，尤覺內疚於心。」〔註 17〕四十年代張慧劍重新恢復了《南京人報》。

三、報紙副刊

副刊是指報紙的具有相對獨立編輯形態，並富於文藝色彩的固定版面、欄目或隨報發行的附刊。現代中國報紙副刊在引導思想潮流，建構國民意識，拓展公共領域方面起到了相當重大的作用。「報紙文藝副刊之類的媒體（包括雜誌）是文化載體，它有濃鬱的歷史文化含量。在此類媒體上發表的文學文本是有文化生命力的。而這種文化生命是只有在嵌有版面的空間結構，與前後左右的背景材料發生對話關係時，它才是鮮活的。」〔註 18〕副刊是「報紙雜誌化」的產物，因為那時的中國，「雜誌又如此之少，專門雜誌更少了，日

〔註 16〕張恨水：《冶城話舊‧序》，萬象周刊社，1944 年版，第 1 頁。
〔註 17〕同上書，第 2 頁。
〔註 18〕雷世文：《現代報紙文藝副刊的原生態文學史圖景》，載程光煒主編《大眾媒介與中國現當代文學》，人民文學出版社，2005 年版，第 159 頁。

報的附張於是又須代替一部分雜誌的工作。例如宗教、哲學、科學、文學、美術等，本來都應該有專門雜誌的，而現在《民國日報》的《覺悟》，《時事新報》的《學燈》，北京《晨報》的副刊，大抵是兼收並蓄的。」〔註19〕這一特徵將讀者與報紙副刊緊密聯繫了起來。1946 年沈從文爲天津《益世報》編《文學周刊》，在《編者言》中指出：「在中國報業史上，副刊原有它的光榮時代，即從五四到北伐。北京的『晨副』和『京副』，上海的『覺悟』，和『學燈』等，當時用一個綜合性方式和讀者對面，實支配了全國知識分子的興味和信仰。」沈先生認爲，報紙副刊「直接奠定了新文學運動的磐石永固」。這一席話，給予了中國現代報紙的副刊以公正的評價。李歐梵先生也認爲：「報紙的『副刊』是值得深入研究的，它非但代表了中國現代文化的獨特傳統，而且也提供了一個『媒體』理論：西方學者認爲現代民族國家的建構和民主制度的發展是和印刷媒體分不開的，也就是說報章雜誌特別重要，然而西方報紙並沒有一種每日刊行的副刊。」〔註20〕可見，副刊是中國現代報業的獨創，它是清末民初現代傳媒本土化發展的典型標誌。報紙副刊傳播了進步的革命的思潮，弘揚了科學與民主的思想，針砭時弊，呼喚救亡，促進了文學的改良，繁榮了文學的創作，發展了文學的流派，培養了好幾代的青年作家，同時也教育和滋養了整整一個世紀的報紙讀者。在中國，報紙的副刊和正刊可以是密切配合的，配合正刊完成報導任務和輿論導向任務，實現辦報人的辦報目的；也可以相對獨立，報紙副刊可以擺脫正刊的影響，單獨發揮作用。報紙本身不僅負擔著傳播新聞的使命，也是傳播知識、啓蒙思想的工具。商業化報紙和消閒性副刊不是主流，佔有主流地位的是具有強烈政治色彩的報紙和富於思想性的副刊。

《新民報》的副刊最早是由金滿成主編的《葫蘆》，意思是讓人搞不清葫蘆裏賣的是什麼藥。1933 年 5 月金回四川，由卜少夫主編，改爲《最後版面》，之後改爲《新民副刊》，高植、沈從文、黎錦明、靳以、繆崇群等長期爲之撰稿。1933 年 11 月《新民報》共出版副刊 11 種包括：《婦女》、《兒童》、《西醫》、《電影》、《藝術》等周刊；《國際》、《社會科學》、《國醫嘗試》、《度量衡》、《漫畫》等半月刊；《新民副刊》、《南京》等常用副刊。1934 年作了調整，除了《新民報副刊》、《南京》外，共有 7 個周刊：《新民漫畫》、

〔註19〕孫伏園：《理想中的日報附張》，《京報副刊》1924 年 12 月 5 日，第 1 版。
〔註20〕李歐梵：《「批評空間「的開創——從〈申報·自由談〉談起》，載程光煒主編《大眾媒介與中國現當代文學》，人民文學出版社，2005 年版，第 1 頁。

《兒童國》、《社會問題》、《新婦女》、《國醫常識》、《法律周刊》、《銀色副刊》。1935 年 12 月 1 日開始每天用半版刊登陽翰笙、田漢等人主編的《新園地》副刊，創刊號是「中國舞臺協會」專頁，發表田漢的《幕前致詞》、張曙的《談曲》，洪深的《演技小論》，田漢的《械鬥之歌》，馬彥祥的《戲劇運動的新方向》等，擴大了宣傳抗日的影響，揭發暴露了國民黨統治。遇到重大事件如聶耳週年祭，魯迅先生逝世等出版專輯，至 1937 年 5 月 3 日第 761 號停刊。這些新內容引起國民黨的注意，張道藩、王平陵出面要求在《新園地》發表「中國文藝社」社員的作品，被拒絕後，1936 年 12 月 19 日由他們另編出版了與《新園地》針鋒相對的《文藝俱樂部》副刊。在第一號「編後」上寫道：「本來，本刊序言是請社長葉楚傖（當時任國民黨中宣部長）先生撰文的，葉先生因國事過忙，致未能與讀者見面，特此致歉！」《文藝俱樂部》只出了兩期就停刊了。之後《新園地》改名為《新民副刊》，編輯為施白蕪，繼續原來的精神與方向，刊發了田漢的名劇《青年進行曲》。兩個月後抗戰爆發，《新民報》從兩大張改為一張，8 月 8 日《新民副刊》改名《戰號》，直到 11 月下旬遷出南京為止。

　　《中央日報》的副刊有《中央副刊》和《中山公園》。《中央副刊》於 1936 年 5 月停刊，改出《貢獻》，內有特寫、掌故、文壇信息等欄目。此外，還有《社會調查與研究》、《婦女》、《會計》、《地理》、《戲劇》、《史學》、《科學》、《醫學》等周刊、雙周刊。《中國日報》對副刊很重視，除了每天有文藝性副刊《大觀園》，第八版為副刊專版，採用書本式排版，便於讀者單獨裝訂保存。最多時有七個副刊，一周輪一圈，每天一個，內容廣泛，如《衛生常識》、《電影與戲劇》、《文藝周刊》《社會科學》、《書報論衡周刊》、《現代軍事》、《國際述評》等。

　　總體看來副刊是豐富報紙內容，開拓讀者範圍的欄目，尤其文藝副刊既促進了現代文學社會屬性的轉變，又促進了文學與社會現實尤其政治狀況的緊密結合。即便在黨化政治下，文藝副刊也展現出與社論或宣傳口號不同的風貌，以活潑、生動、親切的筆觸描摹現實生活，成為報紙中不可或缺的部分。

第二節　政治影響下的南京文學社團與刊物

　　民國時期雜誌的出現和社會現代化進程緊密相連，雜誌推動了中國社會思想文化的過渡與發展，支配了時代的思想文化的動向，直接揭示了一個時

代的思想秘密。戈公振指出:「一國學術之盛衰,可於其雜誌之多寡而知之。民國以來,出版事業日盛。以時期言,則可分歐戰以前與歐戰以後。以性質分,則可分爲學術與爭論與改革文學思想與批評社會之三大類。」〔註21〕形式自由、內容豐富是期刊特有的優勢。「期刊比報紙上的文學副刊的容量要大,比單行本的出版周期要短,要迅捷。這樣就特別能把作家、編輯、出版商、讀者這四方面,緊緊環繞在讀書市場的周圍,形成一個文學的『場』。」〔註22〕刊物的聚合構成了文壇,隨著雜誌的勃興,作家之間的聯繫加強了,文學越來越社會化。雜誌推動和加速了文學內容、題材、風格、流派演變的節奏和周期,改變了文學的氛圍,加強了社會認同和一體化。有人將民國時期期刊的類型分爲:「第一種是由商業性文化機關出版專以營利爲目的的,第二種是政治團體或學術團體出版以傳播他們的主張或思想爲目的的,第三種是學術或文藝團體和商業性文化機關合作出版的,第四種則是愛好文藝的青年自動集資出版的。」〔註23〕30 年代文學與政治的關係非常密切,政治文學社團與刊物在南京比較興盛。1933 年、1934 年是中國的雜誌年,全國至少出版了 215 種雜誌,其政治屬性和商業性質取代了同人性質。當雜誌帶有政治屬性時,「批判的公共性遭到操縱的公共性的排擠」〔註24〕,瓦解了大眾傳媒構建出的公共交往空間。

　　1928 年國民政府定都南京後,開始著手制定並推行現代民族國家建設計劃。隨著一系列政治、經濟、教育整頓措施的推出,黨治文化、黨治文學出現。當時蓬勃興起的左翼文學運動使國民黨中宣部擔心左翼文學運動所宣傳的階級論會激化國內階級矛盾,直接危及國民黨的建國方略的實施。因此國民黨當局積極扶持官方文藝團體,推行官方文藝政策。1929 年 6 月國民黨全國宣傳會議第十次會議便著手「確定本黨之文藝政策」:「一、創造三民主義的文學(如發揚民族精神,闡發民生建設等文藝作品);二、取締違反三民主義之一切文化作品(如斫喪民族生命,反映封建思想,鼓吹階級鬥爭等文藝作品)。」1930 年 3 月「左聯」成立後,國民黨政權更加緊了對「三民主義文

〔註21〕戈公振:《中國報學史》,上海古籍出版社,2003 年版,第 217 頁。

〔註22〕吳福輝:《作爲文學(商品)生產的海派期刊》,程光煒主編《大眾媒介與中國現當代文學》,人民文學出版社,2005 年版,第 110 頁。

〔註23〕危月燕(周楞伽):《談中國的雜誌》,《春秋》第 5 卷第 1 期,1948 年 4 月 14 日。

〔註24〕〔德〕哈貝馬斯:《公共領域的結構轉型》,曹衛東等譯,學林出版社,1999 年版,第 202 頁。

藝」的提倡和扶持。1930 年 6 月 1 日，由國民黨上海市黨部、社會局、警備司令部的一些政客、軍官、特務、御用文人，組織成立了「六一社」，鼓吹所謂「民族主義文藝運動」，先後在上海出版了《前鋒周報》、《前鋒月刊》、《現代文學評論》等刊物，在南京出版了《文藝月刊》、《開展》月刊、《流露》月刊等，並在許多刊物上同時刊發了他們的《民族主義文藝運動宣言》，借「民族主義」旗幟推行「三民主義」，抵制階級鬥爭學說和左翼文藝。1934 年國民黨召開了一次大規模的文藝宣傳會議，再次強調建立以「三民主義」為哲學基礎的「文藝理論中心」，並針對右翼文藝運動出現的新動向作出了新部署。政治鬥爭趨於激烈時，不同政治利益集團對傳播媒介的爭奪愈加劇烈。30 年代國民黨政權依靠文化控制（包括控制文化傳播媒介）來鞏固自己的政權，對書籍報刊進行嚴格審查和查禁，進步書籍的出版「漸次減少」，「好銷的書不好出，好出的書不好銷，於是只剩下『雜誌』一條路還可撈幾個現錢。」〔註25〕1933～1934 年的文壇刊物大盛，而「文藝書的單行本卻少到幾乎看不見」，這完全是「國民黨反動派的禁書令和圖書雜誌審查法的推行」後的必然結果。1934 年 3 月 25 日，國民黨 CC 系的陳果夫、邵元沖、吳鐵城、葉楚傖、潘公展等在上海發起成立中國文化建設協會，以反對階級鬥爭、反對無產階級文化、反對共產主義為宗旨，提倡發揚固有文化、吸收西方文化建立新的文化體系，從孔孟之道入手進行中國本位的文化建設。協會聲稱成立目的是充實民眾的生活，發展國民的生計，爭取民族的生存。實質是為配合蔣介石軍事反共，進行反革命文化「圍剿」，復活封建文化服務。該會選舉理事 61 人，候補理事 20 人，以陳立夫、邵元沖、吳鐵城、朱家驊、陳布雷、張道藩、潘公展、吳醒亞、李登輝、沈鵬飛、葉秀峰、張壽鏞、裴復恒、黎照寰、翁文灝、劉湛恩等為常務理事，下設教育、出版、新聞事業、電影等委員會，並在各地設分會，出版《文化建設》月刊。1934 年 6 月 6 日，國民黨中央宣傳委員會為加強對文化事業的反動專制，在上海設立中央圖書審查委員會，由吳開先、潘公展、吳醒亞等任委員，內設總務、文藝、社會科學三組。6 月 9 日，該會公佈《圖書雜誌審查辦法》10 條。7 月，修訂《圖書審查辦法》14 條。《辦法》規定，一切圖書雜誌付印前應將稿件送中央圖書審查委員會審查，准予出版的圖書雜誌必須在封面底頁上印審查證號碼。圖書雜誌出版後還要送中央圖書審查委員會，每種三份，以供審查官員進行核對，如發現與審查

〔註25〕茅盾：《所謂雜誌年》，《文學》第 3 卷第 2 期，1934 年 8 月 1 日。

稿件不符時，就會受到內政部的處分。進步文化因此遭到嚴重破壞。1935 年7 月 12 日，國民政府立法院修正通過《出版法》，全文共 7 章 49 條，其中「登載事項之限制」、「行政處分」及「罰則」占 28 條。新出版法規定，一切出版物須先經地方主管官署核准後始能出版，出版物審核權力在內政部。地方政府有監督、取締新聞紙和雜誌發行之權。該法則公佈後，新聞界紛紛要求復議，京、滬、平、津新聞界代表、南京新聞學會紛紛集會請命，立法委員吳經熊就各地新聞界要求修改新《出版法》一事對記者表示：「統觀《出版法》原文，不無束之過嚴，新聞界之請願，自不能非之。」但又宣稱：「吾國言論自由雖有明文，而自由二字，係相對的而非絕對的；在組織尚未健全之過渡時代，其自由之範圍亦較縮小，未能盡量發展。」他們一方面迫害進步文化界，查禁進步書刊，另一方面提倡以封建道統為中心的「新生活運動」。蔣介石在《新生活運動要義》中推行「四維」「八德」，提倡尊孔讀經，掀起了全國性的復古逆流；教育部汪懋祖則鼓吹復興文言文。他們竭力主張要用「三民主義」理論統帥文學藝術，及早制定「本黨的文藝政策」，即通過加強書報檢查制度、查封書店以及對左翼作家的捕殺，設立「全國圖書雜誌令查委員會」等機構，來打擊、封殺左翼文學力量，同時努力培植自己的文學力量，以少數國民黨作家為核心，拉攏、團結一批中間派作家，策劃、發動一系列與左翼文學針鋒相對的文學運動與左翼文學進行正面交鋒，以扼制左翼文學力量的蓬勃發展。除了民族主義文藝運動所組織的社團及刊物外，國民黨右翼黨派文學還有其他一些社團及媒體，作為一種文學現象，文學社團的組成和文學期刊的創辦，無疑是文學興衰的一個標誌。民族主義文學及右翼黨派文學社團及媒體正是 30 年代以來國民黨政治文化的完整展示。

一、民族主義文藝運動的社團及刊物

20 年代末，文學的生產迅速走向商品化，書局大量湧現，報紙雜誌的數量也成倍地增長。到了 30 年代中期，中國的書報出版業達到了空前繁榮的地步，刊物興盛，以致報紙雜誌化，文藝副刊紛紛上馬。文學生產的商品化與意識形態領域的鬥爭密不可分。自 1928 年起左翼文學形成風潮，新興書局看到有利可圖，競相出版普羅文學作品，進一步促進了左翼文學理論和創作的勃興。為此國民黨打出了民族主義的旗號來對抗左翼的階級論，強調文學應該反映民族的意識，塑造民族的意識。民族主義遂成為國民黨的一切文藝政

策和文學運動的理論基礎。1931 年「九‧一八」事變爆發後，國內民族主義
情緒空前高漲，民族主義從民初的衰頹一躍成爲壓倒一切的主流思潮。國民
黨所倡導的民族文藝也在與左翼文學的鬥爭中逐漸發展，30 年代中期已經與
左翼文學勢均力敵。南京國民黨政府在其統治時期所制定的文藝政策以及策
動的文學運動，是國民黨的建國方略在文藝領域裏的具體實踐，也是以文學
促進現代民族國家建設的必需步驟。

1、前期民族主義文學社團及刊物

民族主義文藝運動於 1930 年到 1931 年萌發，這一時期大量論文闡述民
族主義，隱蔽地鼓吹法西斯主義。在國民黨的宣傳家眼中，「所謂民族主義文
藝就是民族之苦悶的象徵，民族之前進的船舵。」而民族主義文藝運動對民
族復興有巨大幫助，「文藝是民族的生命，文藝運動是民族復興的前驅，在目
下因爲我們需要創造一種培植民族精神，鼓舞民族生命之新文學，來負擔這
偉大的工程，民族主義文藝之眞正意義既是如此，今後文藝運動所應有的定
向亦復如是。」因而應該推動民族主義文藝運動的發展，讓文藝眞正實現其
使命和責任。「我們今後的文藝，是負有二種使命，一是民族生活的誠實底反
映，二是民族生命的向前底推進，當我們願意創作的時候，千萬不可丟了這
二個重大的方針。」〔註26〕1930 年元旦，國民黨中央宣傳部部長葉楚傖在上
海《民國日報》「元旦特刊」上發表《三民主義的文藝底創造》一文，強調「文
藝創造，是一切創造根本之根本，而爲立國的基礎所在」，「若沒有三民主義
之文藝，則三民主義之革命，成爲孤立無援，而非常危險」。他特別警告道：
共產黨徒正在乘虛而入，「用一種很熱烈的情調」、「很富於挑撥性的色彩」和
「很富於煽動性的文字」，以及「不複雜而簡易的構造」，做他們的文藝工作，
國民黨若是任其發展下去，自己卻「一點也不去運動」，那簡直是「自暴自棄」。
葉楚傖再三強調：「建設三民主義之文藝乃是目前至重要的工作」，含糊地指
出建設路徑應當「要以三民主義之思想爲思想，思想統一以後，三民主義的
文藝自然會產生了」。1930 年 4 月 28 日，國民黨上海特別市執委會宣傳部召
開了第一次全市宣傳會議。會上，市黨部宣傳部長陳德徵檢討道：「有許多事
情，往往我們想到但還沒有做，如談了好久的三民主義文學，至今尚未完全
實現，只看見一般不穩思想結晶的文藝作品，以及表現不穩思想的戲劇」。他

〔註26〕周子亞：《論民族主義文藝》，載吳原編《民族文藝論文集》，正中書局，1934
年版，第 2～12 頁。

認為要扭轉這種局面，僅僅依靠消極的取締是不行的，「根本方法，尤在我們自己來創造三民主義的文藝，來消滅他們。」這次會議通過了「如何建設革命文藝以資宣傳案」，要求各區黨部宣傳刊物上「盡量刊載革命文藝之理論及創作」，市宣傳部也要著手編輯革命文藝刊物。」這一時期南京民族主義文藝運動的參與社團及刊物有：開展文藝社及其出版的《開展月刊》，長風社及其出版的《長風》半月刊、《活躍周報》等。

「開展文藝社」是南京較重要的民族主義文學社團，最初發起人是曹劍萍、翟開明、劉祖澄三人，不久潘子農、卜少夫等相繼加入。「開展文藝社」的定期出版物計有《開展》月刊、周刊及《青年文藝》三種，此外還有一種《民俗》周刊。從 1930 年 11 月 15 日《開展》月刊上刊登的「開展文藝社」第一屆職員表名單看，社員多半供職於南京各黨政部門：曹劍萍在南京市黨部秘書處工作，趙光濤是江蘇省立民眾教育館主任，總出版組幹事程景顧來自鐵道部，戲劇組幹事葉定來自南京市黨部等。南京、上海、鎮江、杭州、寧波等地均有成員，其中較活躍的有婁子匡、仇良爆、段夢暉等。《開展》月刊 1930 年 8 月 8 日創刊，共出版十二期，終刊於 1931 年 11 月 15 日。「開展文藝社」在發刊詞中宣稱：「民族主義文學以水到渠成之勢，無疑的成為支配中國文壇的一種新的勢力了。我們應該幫同來開展著，給中國的文學，開展一條新的路徑，建設起一種文學的革命的文學來。」刊物內容側重文學創作，如一士的《回國》（2 期），潘子農的《決鬥》（4 期），劉祖澄的《血》（4 期），卜少夫的《兩種典型下的青年》等都是技巧圓熟的文學作品。刊物刊載了大量民族主義論文，如一士的《民族與文學》（創刊號）指出文學應當以民族意識為指導，進而去指導人生。「在中國的現在狀況之下，只有民族的生活意識，而不許可有個人的生活意識」，文學應該「以指導和解決民族的物質生活為其外緣的意義的最高原則」。創刊號還以《中國民族主義文藝運動宣言》為標題，轉載了前鋒社的《民族主義文藝運動宣言》。刊物還設有《開展線下》欄目，刊登了不少雜文，第 10、11 期合刊為《民俗學專號》，由鍾敬文、婁子匡編輯。《開展》周刊以《新京日報》副刊的形式編輯出版，卜少夫主編，出了 30 多期。《青年文藝》以《中央日報》副刊出版，由曹劍萍編輯，影響較小。在民族主義文藝和三民主義文藝的論爭中，「開展文藝社」堅定地站在了民族主義文藝一邊，認為三民主義文藝雖與民族主義文藝「實出一轍，而旗幟之鮮明與堂皇，

更非民族主義文藝所可並肩而語」，自然就更「容易被人談焉而置之」。他們認爲「三民主義文藝在文藝上不能單獨成爲一個理論，只能是民族主義文藝內容的一大部分。我們要在文藝上表現三民主義……是爲了我們的民族」，而「爲了民族」正是民族主義文藝理論的要義之一，所以三民主義文藝「到了今天，便應該是民族主義文藝的內容之一」。

　　民族主義刊物《活躍周報》1931 年 5 月創刊，1931 年出版了 25 期，1932 年出版了 4 期，編者署名爲活躍周報編輯部，發行者爲活躍周報發行部。據 1931 年第 20 期上的《報告二十期後的《活躍》》介紹，編者爲卜少夫、潘子農、吳永在、孔魯芹。屬於新聞類定期刊物，曾觸犯過當局，《《活躍》在一九三一》中指出：「《活躍》在一九三一年，有二十五次的出現，其中十六、十九兩期，被禁止發行，二十期全部沒收。」思揚在《南京通訊》中提到《活躍周報》時說：「人物是頗會『動作』的卜少夫（開展社員），背景是陳立夫、賴連，有錢供給。但最近聞因爲卜的妄動成了問題。」

　　《長風》半月刊是南京的另一份打著民族主義旗號的刊物，創刊於 1930 年 8 月 15 日，由徐慶譽主編，南京時事月報社印刷發行，同年 10 月 15 日第 5 期後停刊，《長風》半月刊自稱發行動機是想從學術的立場來「整理紊亂頹廢的思想」。在第一期《本刊之使命》中提到：「本刊負有兩個重大的使命：一個是介紹世界學術，二是發揚民族精神。」刊物指出當今世界「生存競爭，愈演愈烈，競爭的武器，即是學術。有學術者生，無學術者死，學術進步者勝，學術幼稚者敗」，中國要想「取消次殖民地的微號，一洗八十年來的奇恥大辱，除力謀學術發達外，旁的沒有辦法」。《長風》半月刊特闢「專論」一欄，廣泛討論科學、教育、文化、政治乃至青年思想等方面的問題。在民族精神方面，刊物指出「共產主義者一味激起互恨的階級意識，而抹殺互愛的民族意識，當然不是我們的朋友。我們爲中國民族謀解放計，十二分的希望共產主義者與頹廢主義者回頭猛省，打破以往的成見，和我們一同站在革命的戰線上犧牲奮鬥。」他們提倡的所謂民族精神，其內容偏重於傳統的道德文明：「中國人的固有道德，如忠孝仁愛信義和平，是中國立國的基石，也是中國民族五千年綿延不絕的命脈。」因爲《長風》半月刊沒有表現出明顯的民族主義文藝的特徵，曾遭到許多莫名猜測，如「長風半月刊之內幕：林庚白拉章衣萍後，在文藝春秋上大發表自吹自拉之自傳，最近大拍陳公博的馬屁，拿到一筆津貼，主編長風半月刊，標明爲半政治文藝刊物，實則則爲自

吹自擂的陣地。」〔註 27〕甚至被疑心爲共產黨的刊物,「長風與紅旗:中共
機關刊紅旗分爲南北,上海出版,河北省委出版北方紅旗。長風半月刊從紅
旗轉載了許多布爾什維克主張,頗讓共黨宣傳人員滿意。」〔註 28〕從這兩則
消息中可以看出《長風》半月刊雖然致力於激發民族意識,卻並不是民族主
義文藝運動中的先鋒,刊物短暫的存留時間使得它沒有留下明顯的社會影
響。刊物上發表的作品數量不多,內容多半爲攻擊普羅文學或宣講民族主義
大道理。爲此其他民族主義刊物的編者比較不滿,《前鋒周報》的編輯李錦
軒在《給〈長風社〉》中批評該社很少發表眞正的民族主義文藝,「徐先生爲
有名之小學教育專家,大概只專於小學方面,對於什麼什麼主義,恐怕還有
點朦朧不專吧。」〔註 29〕「長風半月刊,也是一九三〇年南京所出的一種刊
物,編者似乎是一個多方面的追求者,內容反渙散而沒有什麼精彩了。據說
已經停刊。」〔註 30〕

2、後期民族主義文學社團及刊物

　　上海「前鋒社」解體後,民族主義文藝運動陷入了低潮,對民族主義文
藝運動迅速的崛起與衰落,有人這樣譏諷道:「這一個運動來勢雖然兇猛無
比,去勢也非常迅速,在一九三一年中曾有一個高度的發展之後,便也(衰)
落了。過去一年中可以說是不見有民族主義文藝的活動,所有的也不過是幾
個無名小卒在掘著自己的墳墓工作。」〔註 31〕1932 年到 1937 年抗戰爆發前爲
民族主義文藝運動的後期。1932 年 3 月 1 日,在蔣介石授意下,賀衷寒、鄧
文儀、康澤等黃埔骨幹分子在南京發起成立「三民主義力行社」。「力行社」
外圍組織分兩層,即「青會」(「革命青年同志會」和「革命軍人同志會」)和
「復興社」。在思想文化方面,「力行社」依託於各地的文化學會,創辦了不
少報刊雜誌,宣傳鐵血救國的主張,發表了一系列介紹德、意法西斯主義並
主張用法西斯主義救中國的文章,以致從 1932 年底起法西斯主義成了國內思
想界的熱門話題。這一時期民族主義者指出「民族主義底目的,是要使民族
能夠獨立,並且在各民族間處於平等的地位;凡能使得達到這目的的文學,

〔註 27〕 《社會新聞》第 4 卷第 26 期,1933 年 9 月 18 日。
〔註 28〕 《社會新聞》第 4 卷第 29 期,1933 年 9 月 27 日。
〔註 29〕 《前鋒周報》第 28 期,1930 年 9 月 28 日。
〔註 30〕 烽柱:《我所見一九三〇年之幾種刊物》,《文藝月刊》第 1 卷第 4 號,1930 年
11 月。
〔註 31〕 天狼:《一九三二年中國文壇之回顧》,《新壘月刊》1 卷 1 號,1933 年 1 月 10 日。

就是民族主義的文學，無論是戲劇，小說，詩歌或者散文。同時，凡是攻毀民族主義前途底障礙的文學，和暴露民族主義敵對底醜態的文學，也都是民族主義的文學。」〔註32〕官方理論家從三民主義的立場解釋民族主義文藝運動存在及發展的合理性，「從文藝的性質和要素來看，文藝原來是民族的，故只有民族主義的文藝運動才是順理成章，事半功倍；歷史上看，堅強的民族意識往往爲文藝所喚起，其例不勝枚舉。從整個的三民主義的立場看來，也覺得民族主義的文藝運動，實在是推進國民革命的一種重要而又切實的基本工作。」並且結合民族危機，指出當前任務是：「中國人要爲全世界的弱小民族打抱不平，必須先把自己從不平等的地位提高到平等地位，換言之，須先恢復中華民族的地位，民族主義的文藝運動，就是喚起中國人的民族意識爲恢復民族地位打基礎的一種切要的工作；我們承認他是以負起推進國民革命的使命的，也不爲過分罷。」〔註33〕他們標榜自己不同於左翼文學的功利態度，將文學視爲「宣傳的利具」，「階級的武器」，通過文藝宣傳國家主義思想，從而爭雄世界。他們認爲自己只是「借文藝的力量來作喇叭的吹號，把大眾已失了的心拉回轉來，從新來彈出有節奏的沉灝的音調，使民族的生活，有著精神的接濟，永久的生命得以繼續綿延。」〔註34〕矛盾社的《矛盾》月刊，《新壘》是民族主義文學的典型代表。

《矛盾》月刊創刊於1932年4月，1934年6月第3卷第4期終刊，共出版3卷16期，由矛盾出版社編輯發行。第一卷爲24開本，由潘子農主編，1933年9月第2卷起遷往上海，改爲16開本，由汪錫鵬、徐蘇靈、潘子農共同編輯，發行人爲劉祖澄。該刊宗旨是：「以我們鋒利的矛，去刺破一般醜惡者用來遮隱他們罪孽的盾，更以我們堅實的盾，來抵抗一般強暴者用作欺凌大眾的兇器的矛。」〔註35〕《矛盾》月刊設有理論、小說、劇本、詩與散文、批評與介紹、國際文壇情報、矛盾陣營、評論、每月漫談等欄目，主要撰稿人有王平陵、黃震遐、楊昌溪、洪深、歐陽予倩、陳白塵、熊佛西、戴望舒、老舍、徐遲等。刊發作品有強烈的時代意識和民族情懷，如劉祖澄

〔註32〕許尚由：《民族主義的文學》，吳原編《民族文藝論文集》，正中書局，1934年版，第41頁。
〔註33〕潘公展：《從三民主義的立場觀察民族主義的文藝運動》，載吳原編《民族文藝論文集》，正中書局，1934年版，第76、85頁。
〔註34〕周子亞：《論民族主義文藝》，同上書，第14頁。
〔註35〕《我們的話》，《矛盾月刊》發動號，1932年4月。

的《辱》（1 卷 1 期），趙光濤的獨幕劇《敵人之吻》（1 卷 1 期），袁牧之的《鐵蹄下的蠕動》（1 卷 2 期）等。1931 年潘子農主編的第 1 卷第 5、6 號合刊爲《戲劇專號》，內有歐陽予倩、熊佛西、馬彥祥、唐槐秋、袁殊、袁牧之、陳凝秋等人的文章，是當時僅有的文藝期刊中的戲劇專集，促進了 30 年代南京話劇運動的發展。第 2 卷第 3 期是《追悼彭家煌氏特輯》，第 3 卷第 3～4 期合刊爲《弱小民族文學專號》。《矛盾》月刊的骨幹作者和欄目設置，都與《開展月刊》有一致之處。1931 年下半年，「開展文藝社」內部因嚴重的財務和人事糾紛，潘子農、翟開明、劉祖澄、洪正倫、卜少夫五人正式退出，「開展文藝社」遂宣告解散。1932 年潘子農在同鄉中統頭目徐思曾的幫助下成立了矛盾出版社，除了出版《矛盾月刊》外，還聘請劉吶鷗擔任主編出版「矛盾叢輯」。據《矛盾月刊》3 卷 3、4 合期上的預告，「矛盾叢刊」計有戲劇 4 種（袁牧之、馬彥祥、唐槐秋、閻哲夫四人的劇作），論文集 4 種（向培良、王平陵、潘子農、劉吶鷗四人的論文集），小說集 6 種（汪錫鵬、劉吶鷗、潘子農、徐蘇靈、劉祖澄、莊心在），散文隨筆集 4 種（蔣山青、卜少夫、林予展、翟開明），詩集 2 種（黃震遐、陳凝秋），畫集 2 種（洪正倫、徐蘇靈）。

「新壘社」是國民黨改組派干將李焰生一手組建的文學社團，集合了一群失意的國民黨左派人士以及部分退黨的前國民黨黨員，《社會新聞》攻擊說其「負有改組派之政治使命」。李焰生則聲稱《新壘》「是純文藝的刊物」，「我們擺脫一切黨派，我們不滿於一切黨派，才辦此《新壘》。」〔註36〕從《新壘》月刊、半月刊的內容看，「新壘社」的確是超越黨派爭鬥的，他們不滿於現代中國文壇的「烏煙瘴氣荒蕪頹廢」，認爲文壇上的各派「或爲一般少爺紳士們所迷戀爲精神的鴉片，或爲一般政治運動者利用爲黨派的工具，甚而至於以之做巴結要人之進身階，求名求利之敲門磚」，「他們曲解文藝本身的意義和價值，把文藝帶上歧路。」〔註37〕他們反對政治介入文學，認爲「把文藝作爲黨派政爭的工具」，將文藝當作宣傳工具或爭鬥武器，「其價值不過等於一張政治傳單，只能收一時的政治煽動的效果」，「對於人生斷難有其他的有價值的貢獻」。〔註38〕但也指出民族文藝運動是時代的自然產物，其存在與其他

〔註36〕 焰生：《新壘漫話》，《新壘月刊》1 卷 5 期，1933 年 5 月 15 日。
〔註37〕 焰生：《新的壁壘》，《新壘月刊》1 卷 1 期，1933 年 1 月 10 日。
〔註38〕 持大：《文藝與黨派》，《新壘月刊》1 卷 5 期，1933 年 5 月 15 日。

文學形式一樣是有價值的，當前的問題在於文壇上所謂民族文藝的運動者「不是為民族文藝及民族而努力……而是為他們背後的黨派而努力，希圖以文藝名義，掩藏其黨派的罪惡，運用其黨派作用。此種政治吹打手和宣傳員，是傷害文藝，混亂人生，我們站在文藝和人生立場而反對之。」〔註 39〕從新壘社的成員構成來看，他們對於國民黨的文藝政策並無反感，讓他們質疑的只是參與建設民族文藝的人並非懷有真誠的以文學救民族的信念，而是借文學的名義來謀黨派私利，不僅在民族文藝與左翼文藝之間進行爭鬥，在民族文藝內部也因背後的黨派有別，而互相詆毀。這樣的文藝掺雜了過多的功利性和政治意圖，貶低了文學應有的獨立品質和教化功能，使文學淪為政治的傀儡。

二、國民黨右翼黨派文學社團及媒體

　　民族文藝運動在政府經費資助和宣傳機構的大力吹捧下登上文壇，但由於文學理念含糊、作品文學價值低，很快偃旗息鼓。民族文藝運動的退場並不代表三民主義文學消失，事實上，國民黨統治時期三民主義文學一直存在，「三民主義文學，以三民主義為原則而建設的革命文學。」右翼黨派文學社團要求現代文學要以三民主義為指導思想，建立「忠君愛國」的「反帝國主義精神，反封建宗法制度的精神，喚醒民族尚武的精神，恢復吾國固有道德的精神，描寫民生疾苦的精神。」並公開指出三民主義文學的提出就是為了對抗左翼文學，「三民主義文學排斥普羅文學，要以正確的理論來批評普羅學說，在積極方面，我們只有更進一步地努力於建設我們三民主義文學之園地。」〔註 40〕他們認識到三民主義文學沒有理論基礎必然會陷於「散亂而不一致」，以三民主義文學理論來統一國民黨文藝界的思想，結成大規模的國民黨文藝陣線。有人指出三民主義文學應當負起維護和發揚新民族精神的責任，它「應該是社會底……而且應該是指示社會組織，促進社會生活的理想底作品」，它不僅要「體認一切被壓迫革命民眾底生活」，而且還要能夠「指導大眾生活底行動，做革命民眾前導的明燈，做革命民眾反省的明鏡，做革命民眾生活底燃料」。為此，作家必須深切地認識時代，「把握著時代的啟示」，堅執革命的

〔註39〕焰生：《關於文藝的幾個問題之討論》，《新壘月刊》1 卷 6 期，1933 年 6 月 15 日。

〔註40〕林振鏞：《什麼是三民主義文學》，載吳原編《民族文藝論文集》，正中書局，1934 年版，第 184～201 頁。

立場,「以革命的宇宙觀認識大自然,以革命的歷史觀批判歷史的演變,以革命的人生觀解釋人生,肯定人生,以民生史觀探討大眾的要求,測候大眾生活的表象和內容。」〔註41〕在理論上指出三民主義文學應有廣泛的取材範圍,舉凡「帝國主義侵略的狂暴,手工業的沒落,小有產者的破產,豪紳地主的貪婪,貪污投機的卑污,反動分子的搗亂,男女的互相誤解,青年心理的矛盾,饑荒兵匪的僚亂,老弱的顛沛流離」,都可以成為描繪的對象。不難看出,三民主義文學除了強調用三民主義思想來統帥文學外並沒有多少特別的內容,「文藝本來是不分派別的,加上三民主義四個字,不過是一種標榜罷了。」〔註42〕1930 年 6 月王平陵、潘公展等發起「中國民族主義文學運動」,7 月成立「中國文藝社」,出版了《文藝月刊》等刊物;線路社和流露社分別創辦了《橄欖月刊》、《流露月刊》,還出版有《開展叢書》、《文藝叢書》等。由於政局的動蕩,南京作家流動頻繁,所辦文藝社團、刊物生命都較短暫。1937 年 12 月 13 日南京淪陷,並遭到舉世震驚的大屠殺,社會經濟遭到空前的破壞,知識分子和文學團體紛紛內遷或流亡海外。

1、中國文藝社及刊物

1930 年 7 月由國民黨中宣部直接領導的「中國文藝社」成立,骨幹成員有王平陵、左恭、鍾天心、繆崇群、周子亞等,出版《文藝月刊》和《文藝周刊》。前者創刊於 1930 年 8 月 15 日,每期容量達 15 至 20 萬字,是當時不多的幾種大型文學月刊之一,1937 年 10 月 21 日起改為《文藝月刊·戰時特刊》,不定期出版。後者約創刊於 1930 年 9 月間,附於《中央日報》,每周四出版,內容簡短,主要登載中國文藝社的動態信息。朱應鵬指出:「中國文藝社,是三民主義的文藝,他們的作品我看的極少,但是我知道它是由黨的文藝政策所決定的。」〔註43〕中國文藝社的成員的面貌比較複雜,是國民黨內部派系鬥爭的縮影:王平陵與中央宣傳部關係密切,左恭和鍾天心屬胡漢民派。思揚在1931 年 9 月出版的《文學導報》第 4 期上發表《南京通訊》:「現在,因為蔣大人拘禁胡漢民,西山派赴粵反蔣,劉蘆隱離職,所以中國文藝社的鍾天心和左恭,都去廣東了。」〔註 44〕一般認為王平陵是《文藝月刊》

〔註41〕 東方:《我們的文藝運動》,《民國日報·覺悟》,1930 年 5 月 21 日。
〔註42〕 陶愚川:《我們走那條路》,《民國日報·覺悟》,1930 年 8 月 13 日。
〔註43〕 《朱應鵬氏的民族主義文學談》,《文藝新聞》第 2 號,1931 年 3 月 23 日。
〔註44〕 《文藝新聞》第 2 號,1931 年 3 月 23 日。

的主要編輯，他從 1929 年開始主編《中央日報》的兩個副刊《青白》和《大道》，積極響應三民主義文藝政策，《民族主義文藝運動宣言》剛在 1930 年 6 月 29 日出版的《前鋒周報》第 2 期上刊登了一半，他就在 1930 年 7 月 4 日《大道》上全文轉載。但《文藝新聞》第 9 期（1931 年 5 月 11 日）上提到「南京中國文藝社，許多人都以爲是王平陵一個人辦的，實在據記者所知，該社月刊編者是左恭，周刊編者是繆崇群，王則爲戲劇組工作。」《文藝月刊》中沒有提到具體負責的編輯，在 8 卷 5 期（1936 年 5 月 1 日）的《編輯後記》中提到：「文藝月刊自八卷一期起，早已改爲『編輯委員會』制；四位編輯委員共同審查稿件，共同編輯，共同批稿費。各人有固定職業，只是兼職，不領薪水。」具體編委及負責板塊不得而知。

　　《文藝月刊》共出版了 73 期。前期以少談或不談政治、執著於藝術探求的面目出現，吸引不同傾向的作者和讀者，很少刊登正面宣傳三民主義理論和文藝主張的論文，讀者的普遍閱讀需求在很大程度上左右了刊物的辦刊方針和用稿選擇。刊物主要發表文學創作，包括翻譯作品，盡量地弱化黨派色彩以消除中間派作家的畏懼心理，還用優厚的稿酬來吸引作家，甚至發表一些左翼知名作家的作品招徠讀者。在該刊眾多撰稿人中包括了各派別的作品，原南國社成員皮牧之、馬彥祥，「京派」作家梁實秋、沈從文、凌叔華等，「現代派」作家施蟄存、戴望舒、穆時英、杜衡等；巴金、李青崖等自由作家；左聯作家何家槐、晶紺弩、魯彥等，都曾在《文藝月刊》上發表過作品。就《文藝月刊》的總體創作內容看，它基本上是屬於中間偏右的一份純文學刊物，其反共傾向遠不如同一時期的其他國民黨文學刊物鮮明。《文藝月刊》在創刊後的前兩年裏幾乎就從未正面提過三民主義文學。在徵求社員的啓事上，「中國文藝社」宣稱其宗旨是「站在革命的立場，發揚民族精神，介紹世界思潮，創造中國新文藝」，略有右翼黨派文學的意思。「中國文藝社」似乎是有意識地要淡化自己的黨派色彩，因此幾乎從不正面闡發民族主義立場，只有在刊物發表的批評左翼普羅文學的文章才能看出其背後的黨派立場。如王平陵的《會見謝壽康先生的一點鐘》（創刊號）借謝壽康之口宣稱「文藝是無階級的，無國界的，不是代表某一時代的某一階級的留聲機」，「現代中國文壇上，那些畸形的不成樣的東西」完全離開了現實生活，「中國勞動界的痛苦，並不就是他們所描寫的那樣，他們那樣虛無漂紗的理想，也絕不是中國勞動界所需要的東西。」徐子的《魯迅先生》（創刊號）中也暗諷：「本來，

實際的政治運動者拿文藝做他們達到目的的一種工具，我們並沒有什麼理由可以反對。不過該考慮的：文藝固然無法避免被政治家利用，但是文藝的目的與內容是否就於政治的目的與內含？而且，文藝家在一種暴力與一定的口號下，是否可以創造有生命的文藝來？中國共產黨的先生們原來是對什麼事物都是只問目的不擇手段的，在政治方面攪了若干時，現在又攪到文藝的園地裏來了。」繆崇群的《亭子間的話》（1卷2期）借引用李錦軒發表在《前鋒週報》創刊號上的《符咒與法師》中的文字，暗嘲普羅文學。周樵則在《通訊》（1卷2期）中罵共產黨：「他們又復把這些殘酷的獸行，妨害到幼稚的中國文藝界，提倡什麼普魯列塔利亞的文藝，把流行的打倒式與擁護式的宣傳標語，籠罩著文藝的形式，便自詡爲這是『革命文學』，『大眾的文學』。」認定左翼作家是蘇俄赤色帝國主義盧布收買的文壇走狗。克川的《十年來中國的文壇》（1卷3期）批評蔣光慈、郭沫若、洪靈菲、戴平萬等左翼作家的作品「不是個人主義的思想，便是英雄崇拜，或者是放進了些感傷和悲觀的氣分。……即使在技術方面，也是不太高明的東西。」蘇雪林在《郁達夫論》（6卷3期）中攻擊創造社作家：「在文藝標準尚未確定的時代，那些善於自吹自捧的，工於謾罵的，作品含有強烈刺激性的，質雖粗濫而量尚豐富的作家，每容易爲讀者所注意。所以過去十年中創造社成爲新文藝運動主要潮流之一；誇大狂和領袖欲發達的郭沫若爲一般知識淺薄的中學生所崇拜；善爲多角戀愛的張資平爲供奉電影明星玉照捧女校皇后的摩登青年所醉心；而赤裸裸描寫色情於形的煩悶的郁達夫則爲荒唐頹廢的現代中國人所歡迎，都不算是什麼不能解釋的謎。」「每以革命的文學家自居，革命情緒也令人莫名其妙。儘管向讀者介紹自己荒淫頹廢的生活，卻常鼓勵讀者去赴湯蹈火爲人類爭光明。」直至《文藝月刊》的第11卷第1期《編輯後記》中明確提出：「民族文藝之重要，在今日已成爲人人皆喻之事實。本雜誌素以嚴肅執態度，提倡民族文藝；但極力避免心不由衷的口號文學。」進一步證實了《文藝月刊》的確是三民主義文學陣營的重要組成部分。

　　《文藝月刊》還參與了「京派」「海派」之爭。沈從文發表了兩篇文章：《現代中國文學的小感想》（1卷5期）和《論中國現代創作小說》（2卷4期，5、6合期），通過文學生產方式的變化來闡述文學發展的變化。他認爲從1924年起，隨著新文學中心由北平南移上海，在出版業中「起了一種商業的競賣，一切趣味的附就，使中國新的文學，與爲時稍前低級趣味的海派文學，有了

許多混淆的機會，因此影響創作方向與創作態度非常之大」。1927 年後中國文學向「革命」的轉向，乃是因爲「日本人年來對這文學新問題的興味」，而日文轉譯又尤爲方便，可以大量地生產與介紹，遂「支配了許多人的興味」。他譏銷已經「轉變」了的上海作家「爲階級爭鬥的頑強」欲望其實是「轉販」而來的：

> （他們）安居在上海一隅，坐在桌邊五十支燭光的電燈下，讀日本新興文學雜誌，來往租界乘電車或公共汽車，無聊時就看看電影，工作便是寫值三元到五元一千字的作品，送到所熟習的書鋪去。……（他們）讀高爾基，或辛克萊，或其他作品，又看看雜誌上文壇消息，從那些上面認識一切，使革命的意識從一個傳奇上培養，在一個傳奇上生存。作者所謂覺悟了，便是模仿那粗暴，模仿那憤怒，模仿那表示粗暴與憤怒的言語與動作，使一個全身是農民的血的佃戶或軍人，以誇張的聲色，在作品中出現，這便是革命文學所做到的事。又在另一方面，用一種無賴的聲色，攻擊到另一群人，這成就便是文學家得意的戰績，非常的功勳……若是把所謂使一切動搖的希望，求之於這類賢人，求之於這類文字，那只是一個奢侈的企圖，一個不合事實的夢想罷了。〔註45〕

當「第三種人」文學群體率先表現出對三民主義文學疏離的態度時，《文藝月刊》與之開展了「民族主義文學論爭」。「第三種人」代表胡秋原發表《阿狗文藝論》和《勿侵略文藝》提出的「文藝自由論」，批判國民黨扶持的「民族主義文學」運動。他明確指出：「偉大的藝術、都具有偉大的情思，而偉大的藝術家，常是被壓迫者、苦難者的朋友，……如果有意識爲特權階級辯護，那藝術沒有不失敗的。」他怒斥「民族主義文學」是「法西斯蒂文學，是特權者文化上的『前鋒』，是最醜陋的警犬。他巡邏思想上的異端，摧殘思想的自由，阻礙文藝之自由的創造。」爲此他提出「文學與藝術，至死也是自由的，民主的。因此，所謂民族文藝，是應該使一切真正愛護文藝的人賤視的。」〔註46〕他認爲建立在專制基礎上的民族主義文學，是文壇「最大的醜惡」。〔註47〕這種論調引起《文藝月刊》的重視，在 3 卷 7 期中發表了反

〔註45〕沈從文：《中國現代文學的小感想》，《文藝月刊》1 卷 5 期，1930 年 12 月。
〔註46〕胡秋原：《阿狗文藝論》，《文化評論》創刊號，1931 年 12 月 25 日。
〔註47〕胡秋原：《錢杏邨理論之清算與民族主義文學理論之批判》，《讀書雜志》，第 2 卷第 1 期。

駁文章，梁實秋的《論「第三種人」》從文壇狀況出發，細緻分析文壇上：「非赤即白，非友即敵，非左即右，非普羅階級即資產階級，非革命即反革命，——這一套的邏輯，我們是已經聽過不少了，魯迅先生之根本否認『第三種人』亦不過是此種邏輯運用到文學上來的一例而已。」雖然這種評判標準不合理，但是事實上「第一種人是普羅文學家，第二種人是資產階級文學家，第三種人根本不存在。」根本否定了「第三種人」存在的可能性。王平陵的《「自由人」的討論》中則指出「所謂『為文藝而文藝』，所謂『純文藝』云云，嚴格說起來，作者畢生的精神，就只能專在文藝的技巧上努力，聲調，格律上推敲，絕不能有所感，有所為。……『自由人』告訴我們，文藝是不應該替人類的，社會的，民族的利益而服務，文藝只能躲在象牙塔裏為其本身的利益而服務，文藝家是超社會而存在的。」這種脫離社會的文學形態自然是找不到現實基礎的，所以他建議：「文藝家應該常常離開了研究室，把頭伸向窗子的外面，探一探現實社會的真相，不當把視線專注在書本上。有時候根據著自發的興趣和精神，從客觀的事實中，表現出最精彩最感動的部分，決不能一概誣為政治的留聲機，無條件地抹殺。」這種反駁從根本上推翻了「自由人」的文藝基礎，並粉飾誇大了民族主義文學的文學價值和社會意義。

中國文藝社的另一刊物《文藝周刊》由王平陵、繆崇群主編，是《中央日報》的副刊之一。曾登載過葉楚傖、陳立夫等關於文藝的講話（《葉楚傖先生的「藝術論」》，1931 年 1 月 15 日；陳立夫講《中國文藝復興運動》，1931年 2 月 19 日），以及諸如洪為法的《普羅文學之崩潰》（1931 年 2 月 26 日至3 月 5 日）這樣的長篇批評，但此類文章數量較少，相反，倒是「中國文藝社」社員的一些與政治並無多少瓜葛的詩文擠掉了不少版面，這使得《文藝周刊》頗像是「中國文藝社」社員們的自家的遊藝園。

2、線路社及流露社

1930 年 6 月線路社成立於南京，接受國民黨組織部津貼，主要成員有何洒黃、許少頓、楊晉豪等，創辦過《橄欖月刊》、《橄欖周刊》（《中央日報》副刊之一），《線路》半月刊和《線路》周刊。骨幹成員何洒黃是極端反動的右翼文人，認為「文藝與革命是很有關係的，它在革命進程中，可以宣傳鼓吹煽動」。反對左翼文藝，「如現在的『破鑼文學』就是忘記了時代性的一種文藝，所以『破鑼的作家』說起話也就像打破鑼一樣的吵鬧而難聽。」大力鼓吹三民主義文學，「我們的材料，應取之於黨義，拿文藝去宣傳，最好我們作一篇文藝，要含有

宣傳本黨主義的作用，使讀者讀完以後對於三民主義有更深的感覺，並且也勿堆塞了許多生梗的奧妙的名詞，以致讀者感到枯燥；乏味和失了宣傳的意義。……我們黨治下的作家們，大家站在本黨的立場，用文藝去發揚主義的光輝；不然，則離開了時代的文藝，立刻便會夭亡的！」〔註48〕

　　「流露文藝社」是一群自稱「僅只知道哭的愚笨的小孩」組建的文學社團，接受組織部津貼，社務由蕭卓麟主持，成員有左漱心、莊心在、林適存等，曾經創辦《流露月刊》、《中國文學》月刊和《流露》周刊（《新京日報》副刊）。1934 年 8 月隨《中國文學》月刊停刊而停止活動。《流露》月刊創刊於 1930 年 6 月 1 日，雖說是月刊，可實際上除了前兩期尚能按期出版外，幾乎每期都要延期出版。從第 2 卷起，改為半月刊，自 3 卷 1 期（1933 年 3 月 2 日）起又恢復為月刊。1933 年 3 月，南京的「流露社」在沉寂了一年多之後，出版了《流露》3 卷 1 期革新號，由原來的月刊改為半月刊，版式也由 24 開改成 16 開。在創辦《流露》月刊之前，這批人就已辦有一份名為《無定河邊》的小刊物，出版將近一年，至《流露》月刊創刊方始告停。思揚在《南京通訊》裏說「流露社」「背景是陳立夫」，但從《流露》的內容和傾向看，它和「前鋒社」及「開展文藝社」顯然有所不同。「流露社」宣稱「文學是什麼，我們沒有什麼理論，我們只知道要哭，字裏面有我們真情的淚和聲音，便是文學，至少是我們自己的文學」，「我們要流露的是淚和聲的迸出」，「要盡量自由地哭」，倘若非要在文學上面加兩個字，那「我們的便是『哭的文學』。」這就在某種程度上決定了《流露》的精神氣質。《流露》上很多作品表現了青年人對現實世界的不滿以及由此而起的難以排遣的鬱悶和悲憤。「流露社」雖然從來沒有正式提出民族主義文藝的口號，但它對民族主義文藝的主張顯然是贊同的。在《流露》月刊 1 卷 5 號的《編者前言》裏，「流露社」聲稱在現在之中國，「因著國際帝國主義的宰割，自然這被宰割的弱小民族的慘痛的呼聲，形成了劃時代的民族主義文學的陣營」，實質上認可了民族主義文學的重要價值。在 1 卷 6 號上署名「亞孟」的一篇文章明確指出「反普羅文學的戰線，因著時代的關係，現在漸次的在民族主義文藝運動中統一起來了」，並認為「民族主義文藝的使命，在中國尤其重大，一方面是在發揚弱小民族的民族精神，同時在予以時代的認識。」《流露》月刊上也發表了一些民族主義作

〔註48〕何迺黃：《革命與文藝》，載吳原編《民族文藝論文集》，正中書局，1934 年版，第 111 頁。

品，比如夢如的《戰場之上》（1卷3、4號合刊）寫的就是「革命軍人」「為
著求民族的生存，求社會的安寧，謀大家的福利」，在中原大戰的戰場上奮勇
搏殺的故事。從1933年第3卷開始這類作品逐漸增加。蕭卓麟的《紅對聯》
講述的是1933年春節，南京市黨部印發了一批宣傳抗日的紅對聯，結果引來
日本人的抗議，南京市政府只好下令撕掉紅對聯，表達了對侵略者強烈的民
族仇恨。《最近文壇之巡閱》（3卷1期）很能代表革新後的《流露》的基本立
場，作者批評了「第三種文學」，認為它是「我們這時代不需要的，也不能成
立」，「在現代世界裏，壓迫民族（帝國主義）與被壓迫民族構成了兩大對立
的極端的民族階級。這時代的文學就應該把握住被壓迫者方面，反映出現時
代的壓迫者種種暴行、橫蠻無道，而促進時代的進展與改善。」中國所需要
的文學應該是「一種客觀的把握時代思潮的，所謂全面反映現實社會的作品，
一種堅強被壓迫民族意識的，鞏固民族自信力的，聯合各弱小民族成為一陣
線的反映的，能鞏固民族的團結力的一種偉力的文學」。

　　「三民主義文學」、「民族主義文學」是由當時的政治文化催生出來，權
力和金錢培植出的畸形的文學形式，是為政治目的服務的宣傳文學，也是30
年代南京文壇上不可忽視的文學潮流。正如魯迅所預言的：「民族主義文學」
這類「寵犬」文學，「他們將只盡些送喪的任務，永含著戀主的哀愁，須到無
產階級革命的風濤怒吼起來，刷洗山河的時候，這才能脫出這沉滯和腐爛的
運命。」〔註49〕這種右翼黨派文學為政治意義犧牲了文學價值，單調的口號、
說教形式和明確的政治企圖注定了其藝術感染力薄弱，生命力短暫，社會影
響狹小。民國時期南京政治文學社團未能擺脫政治力量的控制，甚至主動趨
附其上以邀功請賞。這既是對文學獨立價值的背叛，也是政治通過政治文化
對文學施加影響的最典型的示範。

〔註49〕魯迅：《「民族主義文學」的任務和運命》，《文學導報》第1卷第6、7期合
　　　刊，1931年10月23日。

第四章　文學南京的獨特性

　　以「文學南京」來定義民國時期的南京文學與南京這座城市之間的關係，借用了陳平原對「文學北京」的設計理念，要描述不僅僅是文學作品中呈現的南京這座城市的風貌，「乃是基於溝通時間與空間、物質文化與精神文化、口頭傳說與書面記載、歷史地理與文學想像，在某種程度上重現八百年古都風韻的設想。」﹝註1﹞試圖展現的是二十世紀二三十年代這一時間刻度上南京的文化情懷與文學特質，加深對這一時期的南京的日常生活形態、文人社團的聚會與唱和、文學的生產與知識的傳播，以及文學與政治之間的糾葛的瞭解，從而建立起一個既有田園風光又有都市情懷的充實豐滿的南京形象。

　　南京是中國歷史上著名的古都，早在南北朝之前就作爲政治文化中心而存在，是王朝時代最早出現的城市之一。十五世紀南京發展到歷史最大規模，利瑪竇（Matteo Ricci）1595 年到南京，描述道：「據中國人看來，這座城市的壯麗是舉世無雙的，在這方面，世界上大概真也極少有超過它或堪相匹敵的城市。南京確是滿城遍佈宮殿寺觀、小橋樓閣，歐洲的類似建築，絕少能超過它們。在有些方面，南京超過我們歐洲的城市……。此城曾做過整個帝國的京都，作爲古代帝王之居，歷數百年之久。其帝雖遷居於北京……但南京的氣派與聲名卻絲毫無損。」1600 年他遊歷到北京時將其與南京進行比較：「此城的規模、城中房屋的規劃、公共建築的結構及城防溝壘，都遠遜於南京。」﹝註2﹞由此可見南京雖然地處長江下游並缺乏

﹝註1﹞陳平原、王德威主編《北京：都市想像與文化記憶》，北京大學出版社，2005年版，第 520 頁。

﹝註2﹞〔意〕利瑪竇：《十六世紀的中國》，Louis J. Gallagher 譯，蘭登書屋 1953 年版，第 268～270 頁，第 309 頁。

江南經濟所特有的富源，但是作爲具有重要戰略意義的行政中心，其設計發展是封建王朝時代城市文明的最高峰。建基於封建經濟之上，被制約在傳統價值體系內的南京，不足以產生具有主宰性力量的社會階層，亦未能如中世紀歐洲城市那樣在社會政治、經濟、文化方面產生巨大社會影響，更無從談起城市居民的公民意識和近代意義上的人文觀念的產生。南京的城市建設和市場在古代雖已初具形態，卻不是現代意義上的發展，本質上與鄉村是一致的。對於南京這樣一座田園風格與都市情致並存的城市，現代都市化進程相對滯後，政治文化功能超越了經濟功能，市井人生基本不是文學關注的對象。民國時期南京的城市文化與中國傳統的鄉村文化息息相關，當政治局勢發生巨大變革，封建王朝壽終正寢之後，南京如同其他城市一樣經受歐風美雨的洗禮，並在西方政治、文化觀念的催生下，建構出新的城市生活方式、新的市民人格心理和新的價值觀念、人文系統。1927年南京被定爲都城後，城內大興土木，在歷史遺蹟和現代建築之間不斷取捨，建立了新的城市形象，以致於有學者控訴並警示：「金陵古蹟，日就摧殘，近代以來，凡有四次：洪武締造京城，六朝古碑，改砌街道；洪楊草創宮室，四郊古墓寺院，碑碣坊表，運載俄空；端方總督兩江，金陵古代金石，半歸私室；近歲國都南遷，公私營造，毀棄尤多。夫古蹟者，國家歷史所寄，民族精神所繫，苟非大不得已，必當百計保存。」〔註3〕南京作爲二三十年代的政治中心，由於內亂和外敵入侵，僅 1912～1949 年先後有過數次變故：1912 年定都南京而後移都北京之變，1927 年還都南京，1932年 1 月臨時遷都洛陽，1937 年移都重慶，1945 年還都南京，有人認爲南京雖爲都城，但由於地理位置和經濟狀況的局限，一直沒能完全控制國家局勢。但二三十年代南京作爲首都是基本事實，政治方針、制度法令都由此發出昭示全國，其城市制度文化是當時政治權威的象徵。城市的精神文化是城市文化的內核或深層結構。它包括一個城市的知識、信仰、藝術、道德、法律、習俗以及城市成員所習得的一切能力和習慣。在城市的精神文化中，又可以分爲兩部分：一部分是通過媒體記錄保存的文化；另一部分則以思想觀念，風俗人情等形式存在於城市市民的大腦中。當今學者們多關注上海的弄堂、北京的胡同所內涵的文化底蘊，南京的「里巷」與之相比，所帶有的歷史文化意義並不稍遜。所謂里巷，指的是南京城裏古老的

〔註 3〕朱希祖：《序》，朱偰著《金陵古迹圖考》，中華書局，2006 年版，第 1 頁。

小巷、坊里。比如「六朝時的『周處街』『蟒蛇倉』『烏衣巷』『桃葉渡』，有的地名已改，有的名在地遷；至於五代時南唐遺址，宋元以來的舊蹟，明初明末的故處，更是不勝屈指。」〔註4〕南京的城市精神文化非常複雜，在民國時期政府的倡導下，南京既保留了傳統社會的禮俗習慣，也大力倡導西方文明，使其建立了一種多元的城市文化。

　　城市中的文學家的創作與城市文化有密切關係，作家們躑躅街頭、遙望城中建築、追憶感懷城市往事陳蹟，在市井人生中尋找創作題材。除了自己的切身生活體驗外，作家居留的城市政治環境的影響、文化思潮的崛起與興衰、語體的變遷、文學生產方式和傳播機制的發展等，都成爲影響文學最終面貌的重要因素。文學對城市的表現反映了人類對於自己的聚集地的感情和態度，體現了人類與自己所建造的空間之間的關係。文學中的城市是現實城市的投射和重建。文學中城市形態的演變既是現實城市演變歷史的折射，也是文學家關於城市的觀念化的歷史。文學中的城市不只是城市文化的附庸還具有自身的獨立性。不僅如此，文學中的城市影響著人們對於現實城市的理解和想像，因此它又以不同的形式介入現實城市的建設和改造。梳理城市與文學的關係，就是將二者的歷史結合分析，從而給文學一個完整的背景，給城市一個完美的修飾。「文學南京」所要描摹的就是二三十年代南京這座城市獨特的文化傳統以及在此浸染下所形成的文學風貌，並將這種文學樣式與現代文學史中備受重視的兩大城市文學：北京、上海的文學特徵進行對比，進一步彰顯「文學南京」的獨特價值和意義。

第一節　南京城市文化傳統的獨特性

　　「江南佳麗地，金陵帝王州。」古都南京有著燦爛的文化，昔日輝煌在歷史文獻中綿延千年。就地理位置來看，南京地處長江流域南北交接處，是多種地域文化交融的產物，兼具江淮文化和吳越文化的特徵。南京城市職能明確，既是世俗的政治權力中心，也是傳統主流城市。僅從空間布局上就可以看出南京是一座政治權力佔據控制地位的城市，以帝王宮殿或行政機構爲中心，商業區域及民用區域呈輻射狀環繞行政中心。

〔註4〕盧前：《柴室小品・里巷文獻》，《盧前筆記雜鈔》，中華書局，2006 年版，第154 頁。

在中國城市發展史中，幾乎所有的城市都是由鄉村蛻變而來，封建王朝時代城鄉之間沒有明顯的界限，城市本身彷彿是一個擴大了的鄉村，直至現代都市出現才孕育出新的文明。大量市民聚居在城市裏，帶來了交往、對話的便利；商業的興起，推動了經濟的發展；對話的頻繁，促進了文化的發展。對於南京來說，直到 20 世紀 20 年代，南京都沒有轉變成現代化的都市，仍舊是個大鄉村型的城市。陳西瀅大贊南京這種難能可貴的質樸的鄉村氣息：「可是我愛南京就在它的城野不分明。你轉過一個熱鬧的市集就看得見青青的田畝，走盡一條街到了一座小小的山丘，坐在你的小園裏就望得見龍蟠的鍾山，虎踞的石頭。」〔註5〕這種鄉村形態與城市模式的混雜，使得南京從未建立起類似上海的現代都市形象。「一進城，你切不要吃驚，廣闊的荒野，橫在你眼前；極臭的大糞味兒，會從路旁的菜園裏走向你的周圍。你以為你是到了深山僻鄉麼？不，紅紅綠綠的洋房，也慢慢會跨過你的眼簾，跑向後邊去，平坦的柏油馬路，也會一段一段將你載至目的地。這樣，你腦筋中，回憶著往古，吟昧著現代，你慢慢地，慢慢地走進了旅社。」〔註6〕二三十年代的南京雖然由於人口的急劇增加，不斷進行市政建設，農田逐漸減少，但市區和郊區沒有形成明顯的分野，「這樣的城市實際上只是一個放大了的村莊，這樣的城市，無論它有多大，永遠只能是農業文明的溫馨安樂窩，而決不可能是冒險家的遊樂園。」〔註7〕這種城市形態決定了南京是兼具現代都市和傳統田園兩種特色的城市。

一、作為政治中心的南京

1927 年國民政府定都南京後，南京開始加速向現代都市發展，並在政治中心的基礎上開始積聚經濟力量和文化精英，促進南京的文化傳統向現代文明發展。民國時期南京的主要城市魅力在於它作為政治中心形成的影響力。這一方面促進了南京現代文明的發展，另一方面導致南京缺乏現代都市應具有的西方現代意義上的公共意識和公共空間，「中國的城市大，起源早，但沒有發展起『民主』『自由』、『自治』和『法制』的體制。歐洲市民意識中突出的政治權利觀念，在中國城市市民中肯定沒有。六大古都：西安、南京、開封、洛陽、杭州都是政治中心，不是經濟中心，都是官本位，不是民本位。

〔註 5〕陳西瀅：《南京》，《西瀅閒話》，新月書店，1928 年版。
〔註 6〕荊有麟：《南京的顏面》，《中國遊記傳》，亞細亞書局，1934 版。
〔註 7〕諸榮會：《風生白下——南京人文筆記》，南京師範大學出版社，2005 年版。

中國市民缺乏公共意識和公共觀念，對城市公共空間也缺乏關心，公共空間意識等於零。」〔註 8〕民國初年政治上頻繁的變遷使得二三十年代的南京始終處在一個尷尬的境地，無法建立富有自信的現代城市文化。由於地理位置局限，南京的影響力集中在長江流域中上游，北有北京這個政治文化老牌中心，南有上海這個新崛起的經濟、文化中心，南京夾在中間，往日的輝煌文化被視爲保守古舊，新文學思潮無法完全攻破這個堡壘，於是南京成了新文學運動刻意忽略的部分。1912 年 1 月 1 日中華民國建立時曾在南京定都，隨著民國大總統被袁世凱竊取，出於政治和軍事上的考量，國都遷往北京。第二次北伐成功後，在南京還是在北京建都的問題是南北軍事集團之間爭執的焦點。國民黨及蔣介石軍事集團的勢力和利益集中在江浙，依靠江浙財閥的經濟支持，故而傾向於建都南京。國民黨元老吳稚暉指出建都南京爲孫中山「總理遺囑」，「南京建爲首都是總理理想的主張，總理還要將遺體葬在南京。……首都建在南京已無問題。」〔註 9〕而北方輿論界在閻錫山、馮玉祥等軍事集團的支持下，堅持建都北京。北京師範大學地理系白眉初（月恒）教授在《國聞周報》第 5 卷第 25 期上歷數南京作爲都城之歷史變遷，並得出相應的結論：「南京十代國都，其特點所在，非偏安，既年促。」這種不吉的預言很快遭到官方言論的反攻，他們認爲南方是倡導革命的根據地，建都金陵可以洗刷清朝數百年的污俗。國學大師章太炎卻致書參議院，申言建都金陵有五害而無一利：「僻處江南，國家威力不能及於長城以外；北方文化已衰，長城以外，不再能夠蒙受國家教化，影響甚大；國家中心在南，東三省及中原失去重鎮，面臨日俄窺伺，難免有土崩瓦解之憂；遜清餘黨仍有可能死灰復燃，徙都南方，猶如縱虎兕於無人之地，實堪憂慮；遷都的同時還要遷移諸使館，勞民傷財。」〔註 10〕直到 1932 年民族危機加劇時，還有人對定都南京提出質疑：「試問金陵既不足以謀長期抵抗，則當年毅然定都，豈非爲毫無意義之事。」〔註 11〕1936 年朱偰替南京據理力爭：「誠能以金陵爲國都，長安爲西京，北平爲北京，番禺爲南京，勵精圖治，不遑寧處，據龍蟠虎踞之雄，依負山帶水之勝，則中興我民族，發揚我國光，其在茲乎！」

〔註 8〕李天綱：《文化上海》，上海教育出版社，1998 年版，第 74 頁。
〔註 9〕吳稚暉：《吳稚暉在市黨部演講》，上海《民國日報》，1928 年 6 月 5 日。
〔註 10〕轉引自程章燦：《舊時燕──一座城市的傳奇》，鳳凰出版社，2006 年版，第 34 頁。
〔註 11〕張其昀：《國難會議與行都》，《時代公論》第 2 號，1932 年 4 月 8 日。

〔註12〕客觀地看，南京作爲首都的文化和地理位置優勢不及西安和北京。首先，就地理位置而言，南京只是一個地域性重要城鎮，處於長江下游，對全國的影響和輻射力相當有限，雖然自然和經濟條件遠遠優越於北京、西安，但作爲一政治中心明顯不足；其次，南京深受吳越文化影響，其傳統是重文輕武、重商輕農，市民對政治的熱情沒有北方高漲，不適合作政治中心。各種力量權衡之下，20 年代建都南京主要是由於蔣介石集團在北方沒有足夠的力量，爲了在經濟上依靠富庶的江浙，同時就近控制新崛起的都市上海而採取的措施。作爲首都的南京在二三十年代聚集了大批文人學者，爲他們進行前所未有的廣泛交往提供了條件，並促成了南京現代城市文學出現。現實的政治危機、、應付都市壓力的心理狀況以及潛意識中對於傳統的、鄉村的對人倫關係的重視等等，促使活躍在大學、媒體或政府中的南京文人以不同的標準形成不同形式的社團組織，參與文學、社會和政治事務。這爲原先分散的讀書人形成一個知識分子階層並表現出強大的社會能量提供了基礎。這種普遍的集體化是中國都市文人的鮮明特徵，這既是民國時期社會頻繁變亂後文人的應激反映，也是中國士大夫傳統和鄉村文化在都市中的另一形態的延續。它所發揮的作用和顯示的力量使知識分子成爲一個不容忽視的階層。革命家、文學家、政治家、思想家是對 20 世紀被正統意識形態肯定的作家的界定模式，這也是傳統士大夫之文人與官僚雙重身份的轉化。文學家所遺傳來的政治使命感、民國時亡國滅種的民族危機、文人自身的政治興趣和政治道路抉擇使他們以集體形式創建組織、加入團體，在同一目標下聯合具有文學共同性的作家，在現實鬥爭需要時，聯合各種不同風格、流派的作家，要求作家顧全大局並服從革命需要；特立獨行、爲藝術而藝術既不被批判也從來不作爲主導性的正面價值而得到提倡。文學成爲一項非單純文學使命的集體事業。當文學家把城市作爲文學表現的背景或中心時，他就在自覺或不自覺地建造著「文學城市」，通過城市空間的描寫，街道、建築物地布局，生態和文化環境地展現，爲作品中的人物提供活動的空間，並情不自禁或地將自身的價值取向灌注其中。

曾爲十朝古都的南京存留了大量的傳統文化遺蹟，在城市文化傳統中積澱了破落帝京的流氣，並在長期尷尬的地位中形成了寬容多元的文化形態。它沒有現代都市的野心和生機，也沒有成爲傳統都城的尊貴和自傲，當代傳

〔註12〕朱偰：《自序》，《金陵古迹圖考》，中華書局，2006 年版，第 1 頁。

媒曾將南京視爲「最傷感的城市」，易中天則在《讀城記》中提到南京可能成爲中國最儒雅的城市。這種煽情的命名對南京來說過於浮泛。從十五世紀中後期開始，南京從首都變爲留都，失去了政治中心的地位，卻成爲文化精英的聚集地，在中國文化東遷南移的過程中，南京的文化不斷豐富發展。

二、作爲教育文化中心的南京

　　自古以來南京就是南方的教育文化中心和科舉考試的鄉試地點，秦淮河畔的繁盛多半依賴於夫子廟和江南貢院的存在。吳梅曾以一首小令《過舊貢院》展現民國時期貢院的變遷，間接展示了傳統教育理念和制度在民國階段的淪落。

　　　　（南商調山坡羊）明遠樓更籌都廢，至公堂風霜未圯。二十年
　　鄉科早停，想當時短盡書生氣，秋草肥，秦淮花月非，便幾間矮屋
　　歷遍滄桑矣，身外浮名，人間何世，東西文場改舊基，高低層樓接
　　大堤。〔註13〕

民國時期南京教育發達。1912 年中華民國的誕生促進了教育改革的步伐。孫中山提出「教育爲立國之本，振興之道，不可稍緩」〔註14〕的思想，促成了以國民教育爲中心的民國教育新體系的建立。首任教育總長蔡元培提出軍國民教育、實利主義教育、道德教育、世界觀教育、美感教育「五育並舉」的教育方針，以民主政治和自由思想否定君權的絕對權威和儒學的獨尊地位，成爲民國教育除舊布新的基準。隨著政治風雲的變幻和帝制復辟的鬧劇，袁世凱妄圖改變教育導向，把「尊孔以端其基，尙孟以致其用」納入《教育綱要》。1922 年 9 月教育部在濟南召開全國學制會議，議決《學校系統改革案》，頒佈「壬戌學制」，這是二三十年代流傳最廣、影響最大的是美國進步主義教育思想的中國式表現，繼承和發展了辛亥以後教育改革的成果，總結出五四新文化運動在教育改革上的要求，基本統一了全國的教學秩序和內容。這個學制一直沿用到 1949 年，中間沒有大的變動。

　　1927 年教育部長蔡元培推行「大學區制」，在江蘇省、浙江省和北平市試行，南京是重要試點之一。1927 年國民政府定都南京後，教育行政組織變化的基本趨勢是在逐步加強中央集權的前提下，實行分層逐級管理。南京國民

〔註13〕吳梅：《過舊貢院》，《國風》第 3 卷第 4 號，1933 年 8 月 16 日。
〔註14〕秦孝儀：《國父思想學說精義錄第二編》，正中書局，1976 年版，第 429 頁。

政府不僅以法規形式確定了教育振興的指導原則，使三民主義教育宗旨具體化、制度化，而且使各級各類學校在管理上有了法定依據和操作規範。中國現代教育制度在 30 年代基本定型，構建了一個比較完備的西式教育法律法規體系。有人認為民國時期的教育不切實際地模仿西方學制，導致傳統學術淪喪，教育思維逆轉。「今我國教育界輒喜誇誇其談歐美之學制，而不究國民根本之急需，務迎合世界教育之潮流，而不知國內教育之病象。國外之學說新法，輸入未為不多，然介紹者多採零碎販賣之術，施行者乃有削足適履之苦。」「零碎販賣西說則轉可以博名興利也。以商業眼光而求學術，而謀教育，則學術與教育罹於厄運。至可痛已。竊不揣淺陋，以為今日我國教育上之大病，概有四端，曰模擬之弊，曰機械之弊，曰對外務名之弊，曰淺狹的功利主義之弊。」〔註15〕另外國民黨的專制統治要求教育盲目服從、袪除異端，「吾國古代聖哲之理想，蓋主張由教育發生政治，而不使政治之權駕乎教育之權之上。故一國之中惟教育之權為最高。自天子以至於庶人，自成年以至於幼稚，無不範圍於教育之內。」「至於新教育新學校興，然後校長、教員出於運動，仰望官吏，求其委任，人不之禮，身亦不尊，降而至於今日，則惟奔走索薪，呼號固位為事。其巧滑者則假教育為名高，陽以取青年學子之尊崇，陰以戈軍閥商賈之賄賂。人格掃地，師道陵夷，本實既撥，雖日取新說以塗飾耳目，終無所補。」〔註16〕南京的教育逐漸淪為黨化教育，傳統教育理念遭摒棄，舶來的西方教育思想繁衍興盛，教育與實利密切相關，道德因素缺失。

　　制約中國現代教育發展的最大問題是經費匱乏。民國成立後將教育經費劃為中央、地方共同承擔，但當時財政不穩，「國庫之匱乏，內外債之舉行，固無足怪也。而其間以地方稅與中央稅制度之不分，中央與地方財政之衝突以及地方官吏解款之玩忽，，各行省協濟中央之遲延，皆為財政竭蹶之大原因。」〔註17〕1922 年 2 月，蔡元培發表《教育獨立議》，主張實行不受黨派和教會控制的「超然」教育，強烈要求教育經費獨立，由政府劃出某項固定收入專作教育經費，不得挪移他用。他主張「教育經費應急謀獨立，教育基金應急謀指定，教育制度應急謀獨立」。〔註18〕1924 年之前東南大學經費依

〔註15〕汪懋祖：《現時我國教育上之弊病與其救治之方略》，《學衡》第 22 期，1923
　　　　年 10 月。
〔註16〕柳詒徵：《教育之最高權》，《學衡》第 28 期，1924 年 4 月。
〔註17〕郭秉文：《中國教育制度沿革史》，商務印書館，1916 年版，第 131 頁。
〔註18〕《中華教育界》，第 11 卷第 9 期。

靠校長郭秉文奔走於地方軍閥門下多方籌措，仍然捉襟見肘，無法兼顧學校建設和師生待遇，以致教授柳詒徵對郭秉文與地方軍政勢力勾連，久不報銷學校決算經費的做法大為不滿，曾在刊物上發表文章《論「學者之術」》不點名地批評了郭秉文。國民黨對教育經費問題相對重視，1924 年第一次全國代表大會宣佈：保障及擴充教育經費是基本的施政原則；要增加高等教育經費並保障其獨立，庚子賠款全劃作教育經費。〔註 19〕1927 年 12 月通令各省市整理學制，保障教育經費獨立。1928 年 10 月把「確立教育經費」列為訓政時期關於教育的施政綱領中的重要內容。1925 年起，江蘇省教育經費率先獨立。教育經費分國庫和省庫兩項，前者負擔國立大學經費，後者負擔省立中小學及社會教育經費。實際上就南京而言，教育經費主要集中在高等教育上，且政府時常剋扣教育經費，以致教師薪資長年拖欠，學校維持尚成問題，何談發展：「江蘇省議會將江蘇省立各校教育經費，多方核減，而議員歲費，變其面目，暗增 10 餘萬。」〔註 20〕初中等教育和社會教育在經費上更為困難，經常出現學校因經費不足停辦的狀況，如燕子磯小學因經費困難在 1932 年10 月 23 日停辦。〔註 21〕

　　教育經費往往還有歸屬關係不明晰的弊病，如東南大學時期，經費來源於中央撥款和江蘇、安徽、浙江、江西四省的經費，合併江蘇幾所學校後改為國立中央大學後，經費供給出現了問題。「依目前制度言，江蘇教育經費項下之專款，幾無一非地方稅，而大學又以國立為名，其中所歸併之原有省校，掩蓋於國立二字名稱之下，無法分明，財政部既只知權利，不盡義務，地方人士只知目前，不查歷史，於是中央大學經費，遂成一上不在天下不在田之局。」校長張乃燕極力主張中大經費應「得以將固有稅源確定，不受制度變遷之影響。」〔註 22〕這一要求被政府擱置。政府規定：「中大經費由財政部與江蘇教育經費管理處分別撥付。」江蘇每年撥付 132 萬元，其它由財政部補足。省部雙方積欠經費，導致學校難以維持。至 1932

〔註 19〕中共中央黨校黨史教研室選編，《中國國民黨第一次全國代表大會宣言》，《中共黨史參考資料》，人民出版社，1979 年版，第 1～11 頁。

〔註 20〕《東南大學學生會反對減少教育經費致各報館函（1923 年 1 月 14 日）》，《南大百年實錄・中央大學史料選》（上），南京大學出版社，2002 年版，第 235頁。

〔註 21〕《社會新聞》，第 1 卷第 9 期，1932 年 10 月 28 日。

〔註 22〕《張乃燕為學校經費無著致吳稚暉函（1930 年 11 月 30 日）》，《南大百年實錄・中央大學史料選》（上），南京大學出版社，2002 年版，第 288 頁。

年「積欠教授工資已逾四月，圖書儀器講義文具都欠費。」〔註23〕教育經費匱乏不斷引起學潮，「大學成為黨棍黨販鑽營奔走之場。」〔註24〕1930年張乃燕因經費問題辭職，是年朱家驊出任校長，之後因學生砸毀誣衊學生運動的《中央日報》報館引咎辭職。1932年中央大學發起「教育經費獨立運動」，教師宣佈「總請假」，組成師生聯席會，要求政府以英國退賠的庚子賠款為中大基金，並與新任校長段錫朋發生衝突，以致中央大學被勒令解散，教員予以解聘，學生聽候甄別。經過一個暑假的整頓才重新開學。中大教師總結說：「中大這次校潮，既絕對的不是政潮，亦相對的不是學潮，因為最初只是教授的爭經費潮，後來是十數學生的毆段潮，結果是中大的解散潮。」〔註25〕整頓後羅家倫就任校長，提出的第一個要求就是：「經費應請繼續以切實之維持與保障，每月按照預算全數發給。」〔註26〕1932年7月行政院發佈的《整頓教育令》承認：「推原學潮發生之因，固有多種關係，迭年以來，政府方面因種種窒礙，致學款常有稽延……」〔註27〕1932年以後，隨著中央政權的鞏固和國家財政統一，中央對教育的投入逐年增加，1930年的教育經費只占國家總預算的1.46%，到1935年教育經費增長到國家總預算的4.8％。當時執教於中央大學的著名歷史學家郭廷以評價這一時期的高等教育時說，從1932年到1937年，教育經費拖欠極少，教師生活之安定為二十年來所未有，可說是「民國以來教育學術的黃金時代。」〔註28〕但是公共教育財政體制仍有待建立，教育和學術的獨立仍是高遠的理想。「時代的落差，中西文化的衝突，教育的高定位與經濟的嚴重滯後，是主宰民國教育浮沉更深層的矛盾。」〔註29〕總體看來二三十年代南京現代教育的建立和發展是中國教育發展的縮影和集中代表，高等教育和專業學校發展勢頭迅猛，這關係著城市居民素質的提高和政治發展。南京的教育不僅是在中西文化矛盾中進行，也是在國家與社會，政治與學術的夾縫中衝撞。

〔註23〕繆鳳林：《中央大學經費獨立運動》，《時代公論》第13號，1933年6月24日。

〔註24〕范曄：《一九三二年底中國文化》，《社會新聞》第2卷1、2、3合刊，1933年1月1日。

〔註25〕繆鳳林：《中央大學解散後的幾句話》，《時代公論》第18號，1932年7月29日。

〔註26〕《中央周報》第222期，1932年9月5日，第6頁。

〔註27〕《整頓教育令》，《國民政府公報洛字第49號》，1932年11月2日，第8頁。

〔註28〕郭廷以：《近代中國史綱》，中國社會科學出版社，1999年版，第649頁。

〔註29〕張憲文主編《金陵大學史》，南京大學出版社，2002年版，第799頁。

第二節　新舊文學作品中的南京形象

　　宏闊的城市規模、燦爛的文化傳統和新興的教育理念使南京既有保存國粹的意識，又有吸納新興事物的胸襟和能力。南京是中國文學發展和文學理論批評研究的發祥地和重要中心。六朝文學批評、志人志怪小說，南朝民歌、南唐詞、明清傳奇、明清散文詩歌等，都是中國文學寶庫中的璀璨明珠。南京古典文學所表現出的首創性、豐富性和多層次持續發展性是南方文學的代表特徵，也是具有獨特內容、形式、風格的中華文化的重要組成部分。「六朝煙雨」、「南朝舊事」、「金陵春夢」、「秦淮風月」等文學語言已經和「鍾山龍蟠」、「石城虎踞」等特殊的地理環境結合起來，在人們頭腦裏形成了一種獨特的富於詩意的社會歷史風貌。南京作為六朝金粉地，中國古代文人對之一直懷有特殊的感情。尤其在明清小說中對南京的風土、人文等多有描繪。如《醉醒石》第一回中寫道：「南京古稱金陵，又號秣陵。龍蟠虎踞，帝王一大都會。其壯麗繁華，為東南之冠。及至明朝太祖皇帝，更恢拓區宇，建立宮殿。百府千衙，三衢九陌。奇技淫巧之物，衣冠禮樂之流，豔妓孌童，九流術士，無不云屯鱗集。真是說不盡的繁華，享不窮的快樂。」〔註30〕以南京為背景和重點描述對象的小說，如《儒林外史》、《紅樓夢》等已經成為影響中國歷史發展和社會人心的巨著。

　　二三十年代的南京文壇包含著新舊兩種趨勢。舊文學陣營中的文人繼承了傳統文化精粹，致力於風物古籍的考訂吟詠，在古典文學研究和舊體詩詞曲賦創作方面頗有成績，作品在《學衡》、《國風》、《文藝月刊》、《時代公論》等刊物上屢有刊登，有明清時期文人或文人團體的清奇悠然的風骨。作品主題集中在南京自然面貌、歷史古蹟、四時風物的描摹，大多借物詠情、追憶前朝、感懷身世、有不勝悲切蒼涼的歷史感。正如鄭鶴聲所言，「金陵風物，最足代表南朝文明。」他引經據典加以論證：

　　　　杜佑通典：「永嘉之後，帝室東遷，衣冠之俗多渡江而南，藝文儒術，於斯為盛。」楊萬里曰：「金陵，六朝之故國也，有孫仲謀宋武帝之遺烈，故其俗毅且英；有王茂弘謝安石之餘風，故其士清以邁，有鍾山石城之形勝，長江秦淮之天險，故地大而才傑。」楊演曰：「建業自六朝為都邑，民物浩繁，人材輩出。」齊謝入朝

〔註30〕　（清）東魯古狂生著：《醉醒石》，金城出版社，2000年版，第8頁。

曲：「江南佳麗地，金陵帝王州，逶迤帶綠水，迢遞起朱樓。」李白月夜懷古云：「蒼蒼金陵月，空懸帝王州，天文列宿在，霸業大江流。」歐陽修有美堂記：「四方之所聚，百貨之所交，物盛人眾，爲一都會，而又能兼有山水之美，以資富貴之娛者，惟金陵錢塘耳。」〔註31〕

這些詩文在二三十年代新文學早已佔據權威位置的情況下，更顯得獨樹一幟。中央大學《國風》上刊發的詩詞細緻生動地挖掘出南京自然景物中的歷史感，創造出壯美秀麗的藝術形象，其中對山川、水系、歷代古蹟、園林別宅的描寫都展示出作者紮實的傳統文化功底和感時憂國的現實參與感。多入詩人法眼的景致包括鍾山、棲霞山、牛首山、玄武湖、臺城、莫愁湖等。鍾山也名蔣山，又名紫金山，山勢蔓延數里，雲氣山色朝夕百變，自古即爲風水寶地，六朝時期寺廟極盛。民國時期因孫中山埋骨於此山，並依山建築書院和高官別墅，政治上和文學上都備受重視。伯商、傑曾創作了一首《鍾山行》，形式自由，氣勢雄渾，結合當時的民族危機，追憶南京前朝故事，恨不能再展宏圖、驅逐敵寇，抒發文人對於時事的感觸。「江山依舊恨沉淪」及「今日中原正多難」兩句，貼近現實，讓人聞之傷心。

> 大江西來日夜流，山勢盡與江東浮。
>
> 鍾山天矯獨西上，崢嶸桀驁勝蛟虬，
>
> 朝吞朔氣自東海，夜挹星辰瀉斗牛。
>
> 卷舒雲影青蒼遠，叱吒風雷千里展。
>
> 變化莫測疑鬼神，龍爭虎鬥撼乾坤。
>
> 高皇開基自江左，隻手擎天蕩寇氛，
>
> 六百年來浩靈氣，江山依舊恨沈淪中放帶無拘縛淪。
>
> 君不見，孝陵弓劍今還在，石馬嘶風日又曛。
>
> 今日中原正多難，瞻徊無奈涕沾巾。〔註32〕

汪辟疆的《江行望鍾山》則繼承了溫婉工整的五言格律詩體，巧用妙思，在長江上航行之時遠觀鍾山，在動靜之間詳查山中景色。這首詩有山水詩的散淡沖和，又有唐宋詩歌成熟後的完整意境，不失爲佳作。

〔註31〕鄭鶴聲：《江浙文化之鳥瞰（續）》，《國立中央大學半月刊》1 卷 9 期，1930年 3 月 1 日。

〔註32〕《國風》第 4 卷第 6 號，1934 年 3 月 16 日。

　　鳴榔意已驚，離群思先積。陀樓望鍾山，曉妝想初抹。

　　我日醉其旁，煙霞坐愉悦；如何偶乖違，曠若三秋闊。

　　平生癡愛心，於人於物役；不到平穩地，只此一關隔。

　　孤寢寤寐思，似有山靈説：「山花紅欲然，輕寒爲君勒；

　　山鳥苦相關，斂聲代君發。

　　慰情出肺腑，顧我何由得！雲鬟豈在遠？欲往乏雙翮。

　　縮愁萬條青，搖夢一江白。旦晚定歸來，躡屨探雲窟。〔註33〕

鍾山某種程度上已經成爲南京的形象代表，感懷南京多半要提到此山。梁公約的《與祭鍾山書院食堂禮成有作》中將鍾山視爲傳統文化流傳下來的代表，「大雅久不作，鍾山無限青。」並在《送別》中慨然將鍾山風景視爲南京對離鄉遠客的溫柔情思：

　　遼遼萬里攜家去，尚戀鍾山一片雲。

　　遠道天寒霜似雪，江南花發我思君。〔註34〕

如果說對鍾山的想像多剛毅坦誠，清涼山則更帶有文學想像性。清涼山原名石頭山，清末文人龔賢隱身於此。南京的別名石頭城，林文英曾細加考據：「南京的別名眞多，如金陵如建業如秣陵如江寧如白下，又還有所謂石頭城。」這個別名與清涼山不無關係，「『金陵』兩字代表『石頭山以北地』。」〔註35〕雖然如今石頭城的石頭坍塌迸裂，早已失去抵擋外敵的功用，清涼山仍讓文人感觸頗多，尤其是山上隱居文人龔賢所築的掃葉樓，直至今日還是文人的遊處。邵祖平的《開歲二日同人遊掃葉樓》描述冬日詩人至掃葉樓緬懷故去詩人、追問生命意義的情懷，詩歌具有宋詩般的枯硬蘊藉，借懷古人展示今人自主把握自身命運的信念。

　　惻惻春寒烏帽濃，吾儕腿腳幾人同。

　　獨攜新歲蹁躚意，老踏空山窸窣風。

　　市遠酤深微有雪，屋寒天淡不聞鴻。

　　尋常彩勝家家見，我欲樓窗問所從。〔註36〕

梁公約的兩首詩頗能表現出文人墨客對掃葉樓的青睞，春日賞景，攜友遊玩，

〔註33〕《文藝月刊》第 8 卷 1 期，1936 年 1 月 1 日。

〔註34〕《學衡》，第 75 期，1932 年 4 月。

〔註35〕盧前：《柴室小品・冶城的研究》，《盧前筆記雜鈔》，中華書局，2006 年版，第 152 頁。

〔註36〕《學衡》第 5 期，1922 年 5 月。

清涼山的明媚春光，掃葉樓的豐富懷想，帶給他們美好的記憶。

《壬寅孟陬二日與顧石公丈楊鍾武登掃葉樓口占》：

脫巾放帶無拘縛，斗明登臨思悄忱，

遠水江帆天際夢，夕陽春樹寺瘻煙。

眼中人事因時改，上界鐘聲向晚圓。

勝友嘉辰最難並，好開懷抱早春天。

《庚戌三月望日登掃葉樓懷顧石公丈用易石甫題壁元韻》

絕磴層崖憶舊攀。一天煙雨暗螺鬟。

詩人老去春如夢，芳帥青青滿盍山。〔註37〕

「好開懷抱早春天」是詩人的愉快心境寫照，「詩人老去春如夢」則是詩人對逝去歲月的懷念，萬物生機盎然，而人卻已失去青春。盧前曾細緻描述民國時期的掃葉樓：「樓中懸龔半賢畫像，壁間題詩，張貼兩傍。住持僧亦解風雅，今已不復記其名號矣。」〔註38〕他的《掃葉樓》不同於上面的作品，字句簡潔清新，略有少年「為賦新詞強說愁」的做派，構思精巧細緻，靈活化用古詩來串聯南京名勝，貼切自然，沒有雕琢痕蹟，營造出近似宋詩的凄婉意境。

此地清涼望莫愁，霜楓點染白蘋洲。

石頭蕭瑟人歸去，秋到寒山掃葉樓。〔註39〕

玄武湖、臺城、雞籠山一帶是二三十年代文學作品中出場頻率最高的區域。這裡山光水色交相輝映，遠眺鍾山，近觀臺城，南朝時的古同泰寺香火鼎盛，胭脂井中幽魂黯然，豁蒙樓上書香盈盈，儼然是個集休閒娛樂、探訪古蹟、研習宗教、感慨人生為一體的寶地。東南大學——中央大學的學子教授們紛紛登臨此處，留下了諸多詩篇，昔日京華內城的繁華景象在他們筆下活靈活現。如葉玉森的《予病怔仲翼謀邀遊雞鳴寺歸賦一詩並示步曾夢炎》中帶有佛性。

持心入萬籟，喧極哪能定。

我非藥樹身，不病已潛病。

乍脫簪組羈，初賦草木性。

乃聞醫者言，弗如習吾靜。

〔註37〕《學衡》第 75 期，1932 年 4 月。

〔註38〕盧前：《冶城話舊卷二‧掃葉樓》，《南京文獻》第 4 號，1947 年 4 月。

〔註39〕盧前：《冀野選集》，美中文化出公司，1997 年版，第 43 頁。

幸逢蕭散人，挈我躡雲境。

幽禽時一啼，鳴雞不可聽。

登樓瞰湖光，流雲閃微瑩。

臺城故嶕嶢，餓帝足淒詠。

酸苦業佛場，呼蜜宜罔應。

料知薛荔鬼，冷眼待遊幸。

山僧出世淺，但云此土淨。

袈裟笑緝客，指點煙嵐勝。

雜坐飽伊蒲，蔬筍自名俊。

歸袂又揚塵，無言答清磬。〔註40〕

《國風》第五卷第一號的《金陵百詠》裏朱氏三代分別用南朝齊武帝之事，追憶景陽樓和眼前臺城的歷史，懷想當年風流人物，「何至中原淪九夷」之句影射時事，在民族存亡的危急關頭，這組詩鼓舞士氣，警惕世人莫貪圖享樂，只知倚紅偎翠，淪落到亡國喪家之境地則悔之莫及。

景陽樓

（一）朱遏先

千騎雞鳴埭，鍾山獵乍回。為防宮漏杳，欲載美人來。

樓閣憑山起，鐘聲隔嶺催。風流齊武帝，偏有治軍才。

（二）朱琰

雞籠山上景陽樓，水色巒光滿目收。

出獵尚留齊武迹，藏書最喜竟陵謀。

白門楊柳依依恨，玄武煙波渺渺愁，

一樣鐘聲花外渡，梵宮零落不勝秋。

（三）朱偰

玉漏沉沉夜未明，君王宵獵月中行，

三千宮女嚴妝待，只聽鐘樓一杵聲。

耿耿星河夜未西，行行北埭始聞雞。

肯將射雉勤天下，何至中原淪九夷。

臺城　朱遏先

建康宮闕已成塵，剩有臺城尚絕倫。

〔註40〕《學衡》第 21 期，1923 年 9 月。

最占金陵佳麗處，湖山只許六朝人。

荒涼一片城頭月，寂寞千秋湖外煙。

多少詩情與畫意，空中樓閣夢中天。

又　　朱琰

古道荒涼夕照西，臺城柳色最淒迷。

空餘一片城頭月，來弔蕭梁烏夜啼。

又　　朱偰

故壘荒涼迹未消，秣陵風雨自飄瀟。

齊梁宮闕蕭條盡，何處蒼茫問六朝。

月色昏黃萬籟空，六朝事迹太匆匆。

惟餘匝地寒將泣，似語滄桑白露中。〔註41〕

整組詩圍繞「六朝」展開，在歷史興亡的過程中，宮闕湮沒、樓閣倒塌，而自然風光如鍾山、玄武湖、雞籠山經歷千秋萬代仍保持了舊風貌。玄武湖是這一區域中獨具特點的景觀，本名桑泊，因燕雀為前湖，故稱之為後湖；因位置在城北，也稱為北湖，宋朝時傳說湖中有黑龍，故也名玄武湖。這片水域原本是六朝時的水上戰場，因玄武湖內有櫻花洲等五洲，民國時闢為五洲公園，四時美景引得遊人如織，也成為文人結社聯句的重要場地，無論新舊文學作家，都毫不吝惜地讚賞玄武湖。朱偰善用典故，一邊誇讚秋日湖色，一邊追憶六朝時此湖的軍事意義，用「年年此日警烽煙」來告誡政府不能任由外敵欺凌。朱遏先和朱琰的詩也基本是這種論調，

朱偰：《九月十六日東北淪亡前二日重至後湖》

煙波渺渺水連天，闊別名湖又一年。

秋後江山難入畫，萬籟風物易成妍。

長隄芳草傷心綠，半郭乘楊帶雨鮮。

最是金甌殘闕了，年年此日警烽煙。〔註42〕

玄武湖　　朱遏先

習戰昆明得勝謀，江山半壁不須愁。

金陵王氣綿千載，玄武餘威壓九州。

夕照臺城縈蔓草，晚煙鍾阜鎖靈楸。

〔註41〕《國風》第 5 卷第 1 號，1934 年 7 月 1 日。

〔註42〕《國風》第 3 卷第 10 號，1933 年 11 月 16 日。

　　　　漁歌亦識興旺恨，橫海樓船與共仇。

　　又　朱琰

　　　　風日晴和稱意遊，微茫煙水足尋幽。

　　　　聞歌每憶臺城路，放棹頻沿蓮藒洲。

　　　　畫舫低回懷遠道，漁村瀟散隱中流。

　　　　湖山勝處應留戀，況有憑高覽勝樓。〔註43〕

汪辟疆的《後湖集》既是他個人的詩集，也是應和當時中央大學教授的詩社所創作的詩歌，文字融洽新舊，別具一格，以清雅的文筆描述了春光中的玄武湖，繁花似錦，櫻花、桃李爭相怒放，春雨如絲泛舟湖上，悠然欣賞湖邊民居、遠處群山，與友人飲酒賞景，帶有舊式文人閒適的生活意趣。

《後湖看花圖》

　　　　北渚阻城湮，未覺江湖遠；花時共經過，冷處偏著眼：──

　　　　新荷未出水；繁櫻已飛憲；鍾山與雞籠，倒影入鳴智。

　　　　吾宗澹定人，幽賞每忘返。阿咸出新意，逢吉寫圖卷。

　　　　此真濠濮情。亦復得蕭散！題詩踐宿諾，春事猶未晚。

　　　　何當辦一壺！醉倒同山簡。

《社集後湖》

　　一、

　　　　後湖如故人，不見已心寫。蚑茲春動初，一豁足嬌姹！

　　　　頻年數數至，每至不寬假。相攜就風漪，亦復倒杯斗。

　　　　終朝對湖山，佳處總難捨。世紛了不知，笑語出花下。

　　　　此境人所難，稱意稱天蝦！速攜蠻盍來，猶及作春社。

　　二、

　　　　春事已如許，春物難為容。我愛湖上人，日對花重重：

　　　　朱櫻已破萼；桃李尋爭濃；定知蔆尾春，萬顆堆筠籠；

　　　　況有青員賓，早貯千畝胸。燕公繁華樹，持較將勿同？

　　　　一日看百回，簡齊真可從！

《明日再集後湖》

　　一、

　　　　常人惜餘春，春去輒怨嗟。何如載美酒？醉倒風中花。

戒旦來湖壖，眾卉爭晴霞。昨詩急追摹，語未窮餘暇。
茲湖略得地，觸處皆清嘉！轉轉隨所遇，但愁日易斜！
輕舫泛空明，笑語真紛駭！作詩補前遊，應作畫圖誇！

二、

江南三月雨，旦夕搖煙霏。茲晨一何曠？湖水生清輝。
鍾山疑可招；雞籠亦崔嵬；水與山有素，相發無蔽虧。
故洲落湖心，倒影自成圍。居民三兩家，開門見花飛。
世事果何常，洲是名已非；域外販他人，寧免庸妄譏？

三

照眼莉桃花，破白鎮長有；文杏時吹香，輕紅駭在口；
牆東得辛夷，泠澹甘獨守；政如貞士操，抵死不結綬。

———

百昌在亭毒，裙屐競奔走。我來洽芳時，花前閒負手。
驚飆尚未來，何辭酒千斗？〔註44〕

除了以上以景觀為題創作的舊文學作品外，還有一些全面描述南京風貌的詩詞，如李思純的《思遊詩》（二十八）一首短詩中囊括了秦淮水畔、後湖、棲霞山、雞鳴寺、掃葉樓、燕子磯、紫金山、莫愁湖、桃葉渡等景觀，詩人為了合轍押韻，強把這些地名嵌入詩中，有文字過於跳蕩、敘述過分簡潔。

六朝金粉盡，一水秦淮舊。此邦擁皋比，講座昔耽究。
荷香後湖曲，佛影棲霞竇，鳴雞廢堞古。
掃葉秋嵐瘦，榴花燕子磯。五月看江溜，橫窗紫金山。
照眼畫雄秀，莫愁不可見。桃葉哪能夠，辱井燕支深。
豔史齊梁富，庠序植荊棘。坐歎世多繆，平生苦未忘。江南種紅豆。

〔註45〕

吳梅也曾用詞概括南京遺蹟，在《翠樓吟·秦淮遇京華故人》中巧妙地用舊日秦淮勝景反襯當前戰亂頻仍，讓人倍感無奈，尤其最後一句「莫愁愁未」既將莫愁湖帶入詞中，又點出詞中的憂愁的感情基調，與李思純的詩中生硬夾雜地名，境界差別極大。音韻工整，情致溫婉蘊藉，讓人讀之沉醉。

月杵聲沉，霜鐘響寂，今宵水故人無寐。湖山淪小劫，正風鶴

〔註44〕《文藝月刊》第 8 卷第 2 期，1936 年 2 月 1 日。
〔註45〕《學衡》第 65 期，1928 年 9 月。

－190－

長淮兵氣。南雲凝睇，又水國陰晴，千花彈淚，情難寄，庾郎憑處，自傷憔悴。

可記殘粉宮城？指暮虹亭閣，冶春車騎。玉京芳信阻，怕絲管、經年慵理。人間何世？待冷擊珊瑚，西臺如意。秋心碎，板橋衰柳，莫愁愁未？

徐悲鴻在《關於南京拆城的感想》中陳述南京遺蹟的獨特可貴：

我所知南京城之驕視世界者，則自臺城至太平門，沿後湖二千丈一段 Promende 雖巴黎至 Champs-Eises 不能專美。因其寥廓曠遠，雄峻偉麗，據古城俯瞰遠眺，有非人力所擬及者——乃如人束帶而立，望之儼然，且親切有味。於是寄人幽思，宣泄愁緒，憑弔殘陽，緬懷歷史，放浪歌詠，遊目暢懷，人得其所。〔註46〕

朱偰的《金陵覽古》以散文形式描述自己探訪古蹟的歷程，文筆生動，勾畫出明確的南京地理方位，結合自身感受進行條理敘述，不僅是有歷史研究價值的文學賞析作品，更是一篇人文地理佳作。

按南京自明初已有寬敞之通衢及人行道：東西自火星廟至三山門，大中橋至石城門；南北自鎮淮橋至內橋，評事街至明瓦廊，高井至北門橋，其官街之廣，可容九軌，並於兩旁建築官邸，以蔽風雨酷日，而利行人。

綜覽金陵街市，宛如破落戶景況，當日雖稱大家，後裔久已式微；視舊都之崇宏壯麗，別現蕭索景象。出水西門，離市辰漸遠，臨水人家，家家養鴨。既而行盡村落，兩側多菜畦，間以荒冢累累，棺厝未收，荒煙蔓草，不勝蒼涼之感。〔註47〕

舊院當長板橋頭，隔秦淮與貢院相望，又鄰東花園，當在今文德橋秦淮南岸一帶。

更行鈔庫街，沿秦淮河而西南，渡武定橋，望兩岸水榭黯然，蓋繁華久消歇也。渡橋前行，至古長樂渡，據秣陵集考證，蓋為朱雀橋遺址。

訪桃葉渡，晉王獻之愛妾桃葉曾渡此。

〔註46〕轉引自諸榮會：《風生白下——南京人文筆記》，南京師範大學出版社，2005年版，第36頁。

〔註47〕朱偰：《金陵覽古》，《國風》第8號，1932年11月16日。

因於傍晚登雞籠山，步向臺城，半山紅葉，掩映斜陽影裏，燦
然如錦。〔註48〕

盧前在南京陷落後，首先惋惜的是私人藏書和圖書館收藏的珍本書籍的損
失，隨後他忍不住用文白夾雜的句式追憶南京的名勝古蹟：

那堂皇宏麗的中山陵，前面流徽榭月下聽水；譚墓訪梅，靈谷
的玉簪，明孝陵的弔古，還有夕陽中玄武泛舟，槳聲燈影的秦淮，
和秦淮的北岸的歌樓，那夜夜的歌聲。又荷花開滿了的莫愁，白鷺
垂釣，臺城閒步。只要你去過南京，沒有不曉得的。〔註49〕

在舊文學陣營的文人眼中，南京雖荒涼寥落，卻蘊藏了無數歷史陳蹟，風景
秀麗，引人遐思，詩詞曲賦中描摹出的南京儼然是一個詩情畫意的城市，彷
彿是永遠停留在過去的古城。而在新文學作家筆下，南京卻是個不中不西、
不倫不類的城市，沒有現代化都市的便利生活條件，沒有純粹的鄉土田園氣
息。朱自清說：「逛南京像逛古董鋪子，到處都有些時代侵蝕的遺痕。」〔註50〕
他們也懂得鑒賞怡人的自然風光，玄武湖、紫金山等處也是他們筆下常客。
袁昌英曾讚美南京：「你有的是動人的古蹟、新鮮的空氣、明靜的遠山、蕩漾
的綠湖、歡喜的鳥聲、綠得沁心的園地！這是何等令人懷慕啊！」〔註51〕對
秦淮河的垂柳、發人幽思的臺城都進行了詳細描述。王魯彥別出心裁地將玄
武湖中心靠近水閘的地方稱爲「我們的太平洋」，在這裡他與友人們留下了青
春最快樂的印記：

第一個使我喜歡後湖的原因，是在同伴。第二個原因是在船。
他是一種平常的樸素的小漁船，沒有修飾，老老實實的破著，漏
的漏著。第三個原因是湖中的菱兒菜與荷花。當他們最茂盛的時
候，很多地方幾乎只有一線狹窄的船路。第四，是後湖的水閘。
第五我們的太平洋。離開水閘不遠的地方，是湖水最深的所在。
〔註52〕

〔註48〕 朱偰：《金陵覽古（下）》，《國風》第2卷第2號，1933年1月15日。
〔註49〕 盧前：《丁乙間四記·南京雜憶》，《盧前筆記雜鈔》，中華書局，2006年版，
第266頁。
〔註50〕 朱自清：《南京》，《中學生》第34號，1934年10月。
〔註51〕 袁昌英：《遊新都後的感想》，《現代評論》第7卷第176期，1928年4月21
日。
〔註52〕 《文藝月刊》3卷11期。

即便在右翼文學的主力王平陵筆下，玄武湖也是美麗而接近塵世的，遼闊的
湖面在白霧籠罩下若隱若現，在紫金山的倒影分割下，如同親密的戀人在熱
情擁吻。比擬大膽，別有意趣。

> 湖上泛湧起一片白色的霧，像浴女遮著的輕紗，是白天的太陽
> 和湖波熱烈地吻著留在嘴邊的餘沫。此時的湖，是一面不常用的鏡
> 子，上面有一層微微的薄灰，但，因爲不算有風，也不算有聲音，
> 湖是靜靜的，依然看得清倒在湖底的影子，數得清映在湖心的星星。
> 那高峰凸起兩旁逐漸低下去的紫金山也把它的影子拋在湖裏，中間
> 隔著一線狹長的湖徑，如果沒有月光，應該是深褐色的，現在是淺
> 紅得可愛，望上去就是一對戀人的嘴，密合著，試用著全身的吸力，
> 緊緊地銜著彼此的舌尖。〔註53〕

創造社作家倪貽德在《玄武湖之秋（一個畫家的日記）》中，將南京的景致描
寫得傷感而美麗：

> 秋風秋雨，早把這石頭城四郊的山野吹成了一片殘秋得景色。
> 這時倘若策驢到靈谷寺前，定能夠看得見一帶楓林紅葉，掩映在悠
> 碧的蒼空之下；躑躅於明故宮中，也可以對著那斷碣殘碑，斜陽衰
> 草的廢墟唏噓憑弔呢！
>
> 豐潤門外的玄武湖畔，聽說當桃李開得豔麗的時候，當櫻實結
> 得鮮紅的時候，是有許多青年男女，到那邊去歡度良辰的。〔註54〕

在這樣自然天成的美景中，作者描述文中的繪畫老師在秋季，感慨自己缺少
異性的愛戀，大膽對學生發出情書後，又開始憂慮自己將因這不謹慎的舉動
導致生計上的困難甚至人格的破產。小說情節簡單，場景描寫得非常動人，
心理活動也較細膩。在《秦淮暮雨》中倪貽德將秦淮河兩岸支流看作自然天
成的山水畫，「白鷺洲，是一片優秀的水鄉，有清可鑒人的溪流，也有紆回曲
折的堤岸，有風來瀟瀟的蘆荻，也有朦朧含煙的白楊，有臨水的小閣精橡，
也有隔岸的農家草屋。」〔註55〕對明故宮、午朝門等歷史遺蹟的描寫也以畫
家的獨特色彩意識進行構圖刻畫，不落窠臼，清新自然。

相形之下，詩人李金髮的《玄武湖畔》則缺乏王平陵的敏感多情，也沒

〔註53〕王平陵：《靜靜的玄武湖》，《文藝月刊》3卷12期。
〔註54〕倪貽德：《玄武湖之秋》，《玄武湖之秋》，泰東圖書館，1924年版。
〔註55〕倪貽德：《秦淮暮雨》，《創造月報》，1924年43、44號。

有倪貽德的色彩豐富，文字枯澀，把秋季的玄武湖描摹得近似秋天花朵凋零後的枝幹。

> 現在新秋已徐步到人間，紫金山邊白茫茫的細雨繼續地灑向枯槁的園林，怪令人可愛的。習習輕風，吹向兩腋，精神爲之一振，可是沒有漣漪的水，生起如織的波紋，只剩得湖邊的楊柳，滿帶愁思地搖曳。〔註56〕

新文學作家對南京城市設備的不完備和惡劣的社會環境大肆褒貶，在刻薄些的作家筆下秦淮河是條臭水河，「不怕說殺風景的話，我實在不愛秦淮河。什麼六朝金粉，我只看見一溝醃臢的臭水！」〔註57〕略微厚道些的也難把這一河黑水看作六朝遺蹟，「秦淮河也不過是和西直門高梁橋的河水差不多，但是神氣不同。秦淮河裏船也不過是和萬生園松風水月處的船差不多，但是風味大異。我不禁想起從前鼓樂喧天燈火達旦的景象，多少的王孫公子在這裡沉淪迷蕩！其實這裡風景並不見佳，不過在城裏有這樣一條河，月下蕩舟卻也是樂事。」〔註58〕秦淮河的主要魅力並不在於其景致動人，而是因爲這條河上承載的歷史往事和香豔傳奇，「秦淮河裏的船，比北京萬生園，頤和園的船好，比西湖的船好，比揚州瘦西湖的船也好。這幾處的船不是覺著笨，就是覺著簡陋、局促；都不能引起乘客們的情韻，如秦淮河的船一樣。」這種感覺不是因爲船體的特別或內部設施的舒適，而是秦淮河殘留下來的種種「歷史的影像使然」。在作家眼中，「秦淮河的水是碧陰陰的：看起來厚而不膩，或者是六朝金粉所凝麼？我們初上船的時候，天色還未斷黑，那漾漾的柔波是這樣的恬靜，委婉，使我們一面有水闊天空之想，一面又憧憬著紙醉金迷之境了。等到燈火明時，陰陰的變爲沉沉了；黯淡的水光，像夢一般；那偶然閃爍著的光芒，就是夢的眼睛了。」〔註59〕對於現代南京人來說，到秦淮河上來遊玩，主要是爲了在飄蕩著無數畫舫的河上賞玩歌妓。「秦淮河，這條記錄著歷朝韻事，流蕩著無數女人們的脂水的河面上，前後都銜接著一艘艘的畫舫，舫上掛著的紅綠燈光，反映在河面，像閃光的花蛇在抖動。在每一條船上，響著咿啊咿啊的款乃的櫓聲，混雜在淫的蕩笑聲和絲竹的聲音，一齊

〔註56〕《人間世》第13期，1934年10月5日。
〔註57〕陳西瀅，《南京》，《西瀅閒話》，新月書店，1928年版。
〔註58〕梁實秋：《南遊雜感五》，《清華周刊》第280期，1923年5月4日。
〔註59〕朱自清：《槳聲燈影裏的秦淮河》，《蹤迹》，亞東圖書館，1924年版。

在黑夜的陰蔭裏沉默。」〔註60〕與現代都市中的咖啡館、跳舞場、跑馬場相比，這種娛樂方式顯然更接近於傳統社會中狎妓叫局、佐酒行令的應酬。夫子廟是「娼妓游民行樂之地，三教九流聚會之場」，〔註61〕民國時期爲了加強對這些行業人員的管理，曾要求妓女要佩戴桃花證章，以與良家婦女相區別。〔註62〕夫子廟的茶館頗有動人之處，「我所說的就是在這條從古便有而且到如今還四遠馳名的秦淮河畔，夫子廟的左右，貢院的近邊，一座一座舊式的建築物，或樓，或臺，或居，或閣，或園……都是有著斗大的字的招牌：有奇芳，有民眾，有得月，有六朝……這些老的，地道的帶著南京魂的茶館。」〔註63〕

　　1927 年後南京過度承載不斷大量湧入的居民，包括隨行政機關遷移到寧的公職人員、高校學生和學者，房屋越加緊張，除了部分資金雄厚者紛紛買地自建住宅外，〔註64〕政府也加緊建設，保證官邸的舒適合用。這種建築導致「自今而後，實已入於一新的階段，新式之建築，近代之工業，已隨所謂『西化』而俱來；重以街道改築，地名改命，房屋改建，今日之南京，實已盡失其本來之面目，而全然趨於歐化矣。」〔註65〕人口驟增，不僅使南京的歷史景觀受到損害，而且讓南京的生活節奏、生活質量大幅度下降，由田園式悠閒平靜的生活開始向快節奏、多元化的現代都市生活蛻變。「這城市在未繁榮以前，只有三十萬人口，而現在快達到一百萬的人數了，房屋雖然在建築，但無論如何也趕不上人口增加的速度，於是人民的這種自由商業，就全部做起投機的生意來了，擁有房屋的人們，想盡心計的把每幢到每間房子盡量的擡高定價出租，他們自己住到一間最小而黑暗的房間裏，讓自己苦一點，而將其餘的房子，完全租了出去，以便取得大量的金錢。」一間房用竹篾紙板隔成兩間，鄰居雞犬相聞，毫無隱私。房屋雨天漏水，晴天陰暗，找遍整個南京城，無論中式房屋還是西式住宅，沒有一個符合現代生活便利需求，「『中式』的房屋完全是『平房』，每幢式樣差不多一律，那建築的年齡當在前幾十年，每幢內部的情形，也是一律，首先是窗子小，且開的不適宜，使每間屋子的光線顯得暗淡無光，彷彿與外面是兩個世界似的。」西式的則租

〔註60〕陳柏心：《醒後》，《文藝月刊》6 卷 1 期，1934 年 7 月 1 日。

〔註61〕倪貽德：《秦淮暮雨》，《創造月報》，1924 年，43、44 號。

〔註62〕獨清：《南京閒話》，《時代公論》第 3 卷第 20 號，第 124 號，1934 年 8 月 10 日。

〔註63〕繆崇群：《茶館》，《文藝月刊》6 卷 1 期，1934 年 7 月 1 日。

〔註64〕楊步偉：《定居南京》，《一個女人的自傳》，嶽麓書社，1987 年版。

〔註65〕朱偰：《金陵古迹圖考》，中華書局，2006 年版，第 269 頁。

金高昂，空間狹小；「中西合壁式，暗無天日，夏天房子像蒸籠，廚房公用，非常狹小，沒有天井。」兼具了中式和西式的缺點。除此之外，衛生條件十分惡劣，各種昆蟲動物在房內橫行，「無論白天和晚上，成群結隊的大小老鼠在房中遊行，翻箱倒籠，無所不爲，晚間更是他們的世界，你好像沒有份似的，他在你的床上橫行，馳驅，跳躍，偶而高興，他便到你頭上遊戲。甚至於鑽進被窩與你同眠，一樣茱蔬，放在櫥中，總有他一份。」「臭蟲（友邦的人則叫南京蟲，確實名副其實）。他的蹤蹟，神出鬼沒，無法尋覓，他的生命力之強，恐怕爲動物世界之元首，隨你用什麼藥物去殺死他，到了晚上他仍然轉來與你爲難，成千上萬的在你身上爬行，吸血，稍不休息，一直到天明，他又如大腹賈似的搖擺著肚子回巢了！」「常有長短不同的蜈蚣，百腳蟲之類的東西從地板下面爬了出來在牆壁上遊行。」〔註66〕在旅館客棧中，臭蟲更是猖獗，「因爲南京旅社裏，有一種『南京蟲』，是專門吃人的，無論是桌子上，椅子上，都是它們的勢力圈。床上，地板上，那更是它們的發源地，你要是不大量，休想在南京過一天安然的生活，因爲走遍南京的旅社，沒有一家不是『南京蟲』的勢力範圍。」〔註67〕這是城裏鄉下共有的公害，在浦口「我們住在樓上的，水淹入屋內時，尚且常見有極大的錢串子蟲爬上樓來，可以料想他們沒有樓房的在大水時所吃的苦，只論蟲豸一種也已盡夠了。」〔註68〕這種蚊蟲肆虐的衛生狀況自然不符合現代生活衛生標準，臭蟲雖被稱爲南京蟲，並不是南京特產。作家之所以花費許多筆墨來控訴，多半是因爲旅人對首都南京抱有衛生、整潔的現代都市的想像，一旦不符，便大大失望起來。此外新來居民與南京房東的不斷鬥爭使得他們對南京人的品性非常鄙夷，認爲他們愚昧保守、貪婪無知、懶散而不圖上進，「住在這樣的泥房草舍裏，幾乎連生活必需的供給都還沒有充分，卻也與都市中的人同樣下流，終日玩骨牌過活。」〔註69〕整個城市面貌陳舊，房屋質量惡劣，南京之大無處可居，南京人的保守和人類得隴望蜀的天性簡直是中國國民性中無以克服的陋習。「南京自成新都，一切都改了舊觀；惟有這兩條長街，因爲南京土著的

〔註66〕方家達：《覓房日記》，《文藝月刊》第9卷第4、5期，1936年10月、11月。
〔註67〕荊有麟：《南京的顏面》，《中國遊記傳》，亞細亞書局，1934年版。
〔註68〕孫伏園：《浦鎮十三日之勾留（1920、9)》，《伏園遊記》，北新出版社，1926年版。
〔註69〕孫伏園：《浦鎮十三日之勾留（1920、9)》，《伏園遊記》，北新出版社，1926年版。

住戶。特別是佔有最多的數目，所以依然保持著南京原有的古風，他們都不肯把這些古風跟隨著外來的習尚輕易改動了一點，即使是一句極簡單的說話，他們都非常吝惜從老祖宗所傳習下來的語根，房子的款式，當然也不會例外的。」「在我們的經驗中，總覺得大部分的南京人，假使給予人家十分之一的薄薄的好感時，就得責望人家交付百分之百的酬報的。」〔註70〕

新文學作家將南京與上海、北京相比，認爲這座城市缺乏現代娛樂，「南京的缺點，我一天的勾留發現出來，在少一個電影院和一個戲館。」〔註71〕袁昌英乾脆痛罵南京「新都，你的舊名勝困於沉愁之中，你的新名勝盡量發揮光大著。可是你此刻的本身咧，卻只是一個沒有靈魂的城池罷了。」掛著政治中心的牌子，實際上是個空城，政府重要人員貪圖物質享受，多在上海或其他地方居住，缺少現代都市文化，「像你這般空虛的都城？你是個政治的所在地，但是政府人員多半不以你爲家，即或每周或每月來看你一次，也無非是爲著點卯或取薪水的緣故。新都，此豈非君之辱，君之恥嗎？試問在這種散漫空虛的生活裏，你如何能產生、營養、發揮一種固定的、有個性的、光榮的文化出來？你若沒有這種文化，你的城格從何而來，從何而高尙？你被立爲都城已經不少的時間了，然而全城不見一個可觀的圖書館、一個博物館、一個藝術院、一個音樂館、一座國家戲院！你這種只有軀殼而不顧精神生活的存在，實在是一種莫大的沒面子！」〔註72〕這種說法有謬誤之處，南京有柳詒徵掌管的國學圖書館，還有江蘇省立圖書館，具有悠久的文化傳統和新興的文學氛圍。這種判斷是根據西方城市的基本組成部分來衡量南京的，不符合二三十年代中國的社會狀況。如果以這種標準來限定現代都市的話，這一時期中國沒有一所城市符合要求。但是總體看來，南京城市面貌混雜，的確缺乏現代文明，「馬路上的乞丐之多，夫子廟的擺卦攤之多，茶館裏提鳥籠之多，街道上的垃圾之多，在在都足以表示南京之偉大；而況還有機關裏的汽車，裏邊坐著花枝招展的女郎，馳騁於中山路上，那氣派，更是十足的威嚴，敎一個初到南京的人看了，一定覺得『首都』女權之發展。機關裏的要人，全部是女子，豈不懿欽？」〔註73〕南京完全沒達到現代都市的衞

〔註70〕 王平陵：《房客太太》，《文藝月刊》7 卷 5 期（雨果專號），1935 年 5 月 1 日。
〔註71〕 陳西瀅：《南京》，《西瀅閑話》，新月書店，1928 年版。
〔註72〕 袁昌英：《再遊新都的感想》，載丁帆選編《江城子——名人筆下的南京》，北京出版社，1999 年版，第 93 頁。
〔註73〕 荊有麟：《南京的顏面》，《中國遊記傳》，亞細亞書局，1934 年版。

生標準，難以成為中國城市之表率，政治氣息濃厚，公職、軍職人員只要佩戴證章，就可以大搖大擺地出入，以致南京出現了新的景觀：「南京有新三多：一，武裝同志；二，掛證章的朋友；三，坐汽車的要人。」〔註74〕

通俗小說家張恨水筆下的南京兼具新舊文學作品中對南京的描述特點，既欣賞自然美景，又批駁粗劣的生活環境和南京人的品性。他說：「南京是個城市山林，所以袁子才有『愛住金陵為六朝』的句子。若說住金陵為的是六朝那種江南靡靡不振的風氣，那我們自然是未敢苟同，但說此地龍盤虎踞之下，還依然秀麗可愛，卻實在還不愧是世界上一個名都。」他公允地評價了北京和南京，「北平以人為勝，金陵以天然勝；北平以壯麗勝，金陵以纖秀勝，各有千秋。」〔註75〕最欣賞南京的清涼古道，「最讓人不勝徘徊的，要算是漢中門到儀鳳門去的那條清涼古道。」這人蹟稀疏的荒涼山丘邊，讓人「想不到是繁華的首都所在」。〔註76〕在《燕歸來》中他描寫了雨後的玄武湖的美景，感慨這「六朝金粉之地」是一個文化內涵豐厚蘊藉的城市，正如《儒林外史》中所展示的市井走卒都頗有仙風道骨，帶著「領略六朝煙水氣，莫愁湖畔結茅居」的悠閒雅趣。〔註77〕

> 大雨之後，湖水漲得滿滿的，差不多和岸一般的平；只看那岸沿上的綠草，浸在水裏面，這就有一種詩情畫意。太陽照著這蕩漾生光的湖水，人的眼光，似乎就另有一種變化，自然的精神就振興起來。對面的鍾山，格外的綠的了，兩三高低不平的峰，斜立在湖的東南角上；於是一堆巍巍的蒼綠影子，上齊著白雲，下抵平白水。在水裏的倒影子，還隱隱約約地看得出來，隨著水浪，有些晃動。
>
> 〔註78〕

《滿江紅》中張恨水對紫金山讚不絕口，「遠望著紫金山，如一座高大的翠屏，環抱著南京城。山的旁支，微微凸出一座小小的翠巒，好像是有點遺世獨立的樣子。巒頭上面，遠遠望著一座白石牆琉璃瓦的飛角墓殿，亭亭高聳，直入半空，尤覺得紫金山外，另闢一個世界。」對於秦淮河，張恨水倒與現代作家的看法一致，從茶樓的窗子看出去，「窗子外一條大陽溝。這陽溝卻非平

〔註74〕 獨清：《南京閒話》，《時代公論》第3卷第22號，第126號，1934年8月24日。
〔註75〕 張恨水：《窺窗山是畫》，重慶《新民報》，1944年2月5日。
〔註76〕 張恨水：《清涼古道》，重慶《新民報》，1945年1月23日。
〔註77〕 張恨水：《丹鳳街》，中國文聯出版社，2004年版，第1頁。
〔註78〕 張恨水：《燕歸來》，中國文聯出版社，2004年版，第65頁。

常，有四五丈寬，溝裏的水，猶如墨子湯一樣。」〔註79〕這便是聲名遠播的秦淮河。「南京的玩意兒在秦淮河上，秦淮河的玩意兒在船上。」〔註80〕夫子廟是南京城內最為繁華的休閒場所，「順著街向前，又經過了四五處清唱的地方，便走到了空場。這空場上，左一個布棚，右一把大傘，在這傘下，全是些攤子。有賣瓜子花生糖的，許多玻璃格子，裝了吃的。有補牙帶賣藥草的，有小藤筐子裝了許多牙齒，有大牙，有板牙，有門牙。有賣雨花石小玩石的，用清花缸儲滿清水，裏面浸著。花生糖，板鴨，小石頭子，一連三個攤子，倒也映帶生姿。此外賣蒸糕的，賣化妝品的，賣膏藥的，各種不同類的攤子，分著幾排，在三座廟門外排著。」〔註81〕夏天晚上人們在秦淮河邊乘涼，「夜花園像茶館裏一樣桌子擠著桌子的，排上了許多茶座。茶座的盡頭有一所櫃房式的平房，除了擺著那應用的貨物，在那屋檐下，懸著一個廣播無線電的放聲器，有時碰咚碰咚放著大隊音樂。在那船外邊，便是那黑黑的一條河水，水上有那大小的遊船，四圍都去了船篷，敞開了艙位，讓遊人在裏面坐著。」〔註82〕夫子廟之吸引人處從古到今都在於秦淮河的脂粉氣，茶館兼營特殊行業服務，夫子廟的「大世界」、「好萊塢小食堂」等都是南京歌女的舞臺，「在南京請歌女談話是極普通的。」〔註83〕這種情形在張恨水的長篇小說《秦淮世家》中有詳細的描述。張恨水毫不客氣地說：「十個上夫子廟的人，至少有七八個與歌女為友。」〔註84〕張恨水關注市井風情，喜歡觀察街上的販夫走卒，零碎的金錢往來，市民氣的算計和不受時代影響的民間倫理規範。在《丹鳳街》中他說：「唱經樓是條純南方式的舊街。青石板鋪的路面，不到一丈五尺寬，兩旁店鋪的屋檐，只露了一線天空。現代化的商品也襲進了這老街，矮小的店面，加上大玻璃窗，已不調和。而兩旁玻璃窗裏猩紅慘綠的陳列品，再加上屋檐外布制的紅白大小市招，人在這裡走像捲入顏料堆。街頭一幢三方磚牆的小樓，已改成布店的廟宇，那是唱經樓。」〔註85〕

張恨水對南京炎熱的夏天印象深刻，多部小說中極力鋪陳，《如此江山》

〔註79〕張恨水：《滿江紅》，安徽文藝出版社，1985年版，第201頁，第13頁。
〔註80〕張恨水：《如此江山》，中國文聯出版社，2004年版，第17頁。
〔註81〕張恨水：《滿江紅》，安徽文藝出版社，1985年版，第17頁。
〔註82〕張恨水：《如此江山》，中國文聯出版社，2004年版，第12頁。
〔註83〕何德明：《二歌女》，《文藝月刊》，7卷6期，1935年6月1日。
〔註84〕張恨水：《日暮過秦淮》，重慶《新民報》，1944年8月15日。
〔註85〕張恨水：《丹鳳街》，中國文聯出版社，2004年版，第1頁。

中說：「五月尾的天氣，已經把黃梅時節，悶了過去。但是太陽出來了，滿地曬得像火燒一樣，江南一帶的城市人民，都開始走入了火爐的命運。」並認為南京的酷熱因人口眾多而加劇，「到了最近幾年，因為南京改做了首都，猛可地添了幾十萬人口，這城裏戶口，擁擠起來，到了夏季，也成為火爐的第四位。」「那地上的熱氣，猶如火焰向上燃燒著一樣。只看那大太陽地裏，來往的人，草帽子下面的臉色，全是紅紅的。尤其是街頭指揮交通的警察，身上穿這制服，腰上還繫著一根帶子，而且是在烈日下站著，面皮像豬肝一樣的顏色，倒令人隨著起了一種責任心。」〔註 86〕《石頭城外》提到六月三伏天，「舊式的房屋，天井小，地基低，住在裏面的人，感到悶熱難受。而且地面潮濕過甚，把房間裏地領都黴爛了。新式的房子呢，是弄堂式的，四邊是頂厚的磚牆。雖然屋子外面，有一道矮牆圍了個丈來寬的小院子，可是對面就是三層樓的高洋房子，把風擋得絲毫也吹不過來。太陽在長條兒的弄堂上空照下來，像炭火一般。在屋子裏的人，可又感到一種燥熱。」〔註 87〕除了對惡劣自然氣候的反覆描述外，張恨水對南京政治壁壘森嚴的狀況也多諷刺，「南京到處都是警察，稍微形蹤有點不對，巡警就要來盤問。」〔註 88〕社會控制嚴密的必然結果是思想單一，張恨水作品中所譏諷的正是南京特有的官場、軍事領域的緊張氣息和這種氣氛下導致的文化荒漠。

在新、舊和通俗文學三種文學形態中，南京都呈現出優美的自然風貌和豐厚的歷史底蘊。在舊文學作品中文人以簡練的字句概述南京歷經滄桑存留下來的歷史遺蹟，從中引申出「士」對於天下興亡、民族危機的強烈憂患意識。其中記遊詩多帶有舊式文人的閒情逸趣，借景抒情是詩人常用的手法。舊體詩詞風格多變，如唐詩般圓潤蘊藉，似宋詩般枯硬冷直，這是古典文學創作不斷延續的流脈，也是二三十年代南京文化保守主義傳統的具體展示。新文學作品和通俗文學作品中的南京具有兩面性，作者以現代文明來規範南京文化，既有思想意識的前衛性，又不得不忍受南京的保守觀念。在新文學作家倪貽德筆下，在秀麗的南京山水之間，他想要得到與景致相配的綺麗愛情，這是新文化運動提倡的「個人解放」帶來的青春期萌動。對於《玄武湖之秋》中的主人公來說，即便愛情不被祝福、違背人倫，他也依舊渴望得到

〔註 86〕 張恨水：《如此江山》，中國文聯出版社，2004 年版，第 1 頁、第 4 頁。
〔註 87〕 張恨水：《石頭城外》，中國文聯出版社，2004 年版，第 5 頁。
〔註 88〕 張恨水：《燕歸來》，中國文聯出版社，2004 年版，第 49 頁。

心靈和身體的撫慰。這是人性的自然體現，也是對南京保守觀念的大膽突破。王平陵將玄武湖的霧稱爲太陽和湖水親吻後的餘沫，這種比擬類似 30 年代新感覺派新奇大膽的手法。由此可見南京的新文學發展是帶有探索意味的挑戰。由於南京具有的政治文化意義，南京一直被新文學陣營視爲次戰場，未能全部攻克卻也存有相當的影響。南京的城市文化氣質導致南京的市民階層不像上海一樣人數眾多。所以深受南京讀者歡迎的不是鴛蝴派的通俗言情小說，而是張恨水這種帶有濃鬱文化運思的通俗小說。在其小說中，南京的政治意味淡化，他瑣碎地羅列著南京的好處和缺點：風光秀美、富有文化底蘊、民心質樸梗直；氣候不好、管制嚴格、具有城市所共有的缺點。在張恨水以南京爲背景的小說中，常能看到他對南京人樸實熱情的天性的讚美：秦淮河的歌妓對愛情的憧憬，市井中的混混比「大人先生」們還通情達理，普通百姓也懂得享受生活中微小的樂趣。這種讚美吸收借鑒了中國傳統小說中對傳奇人物、事蹟的加工技巧，是以前現代民間倫理觀念作爲衡量尺度的。

　　總而言之，無論在哪種文學形式中，南京的自然形象都是富有魅力的，在歷史長河中沉澱下來的四季山水，不僅帶有自然風味，更容易讓賞鑒者聯想到其背後的歷史意味。而社會環境則不盡然，新文學作家筆下的南京生活表明了他們對南京城市公共設施落後的失望和對南京人根深蒂固的保守品性的厭棄。舊文學作家們感時憂國，在舊時宮廷樓閣面前寄託自己的儒家理想和政治理念，作品具有較闊大的意境；新舊文學家們面對自然山水、田園抒情寫意，作品中展現出隱逸與超越的意境；這兩類作品讓人得到閱讀趣味。當作品主題集中在現實生活和物質欲望上時，以市井里巷和粗礪人生爲場景，雖存留了這一時期社會生活面貌，卻讓人難以感受到其在文學上的價值。

第三節　南京文學與「京派」、「海派」之間的差異

　　西方城市文學研究往往強調「文學中的城市」，關注的是在文學作品中城市究竟是什麼形象，以想像、再現、表述等方式對現實城市進行重新塑造，並試圖在現實城市和話語中的城市之間建立統一關係。文學作品中的城市是人類借助歷史留下的蛛絲馬蹟和斷章殘簡修補、恢復、想像出來的對城市的表述，通過對城市歷史輪廓、城市文化形象的再造，揭示了人類關於城市、關於自己的生存空間、關於自己的創造物的種種矛盾和困惑。「文學城市」參

與了歷史、現在和未來人類對其生存城市的認識、想像和重新構建，並參與
實在的城市規劃和構造。中國的城市文學研究深受西方研究的影響，但更強
調「城市中的文學」。中國學者善於從城市的地理位置、人文歷史中來研磨這
座城市的文化傳統、城市文化的地位和作用以及現代都市文化對於文學的影
響，同時把「城市文學」當作城市文化的反映和組成部分，通過文學來印證、
豐富城市文化。這種做法雖較細緻地展示了城市文學的背景以及文學的外部
影響因素，卻導致對文學作品的細緻分析的缺乏。本書試圖將城市對文學的
影響和文學中的城市結合起來，組成完整的城市文學風貌。「文學南京」既包
括文學中的南京形象，也包括南京這座古都對文學的影響。南京的文學特徵
沒有京派、海派那麼鮮明，文學形式偏保守，文學觀念較沈穩，新舊文學的
交鋒融合始終是這一階段南京文壇的主要內容。這既是對傳統文化精髓的繼
承，也是吸納西方文明的過程。1927 年後南京作爲首都的政治身份，壓倒了
其他城市功能以及城市文化傳統的展現。

　　二三十年代南京人口激增，城市規模膨脹，聶紺弩曾回憶「初到南京的
時候，城內還沒有一條寬闊平坦的馬路，街面上盡是破舊低矮的瓦屋。從北
門橋到唱經樓那一條又窄又短的小街，在那時候還是南北交通的要道，汽車、
馬車、人力車和步行的人們，每天都擠得水泄不通，每天都會有幾件爲了擁
擠而發生的爭吵，撞傷而至撞死人的事情。至於路邊的建築，更是什麼都沒
有，古拙的鼓樓算是這城裏惟一的壯觀。一年兩年，五年十年，南京完全改
換了面目，有了全國最好的柏油路，有了富麗雄偉的會堂、官廨、學校、戲
院、商號、飯店、菜館、咖啡店乃至私人住宅，不說別的，只說那荒涼空寂
的玄武湖，在最近一兩年去的時候，都幾乎認不出是什麼地方了。」〔註 89〕
南京這座城市從傳統的、穩定的、熟知的世界轉變爲文學表現中的城市，作
者的主觀感情滲透進城市形象使城市成爲個人意識不穩定的折射，外在世界
被內在化，文學中的城市越來越表現出躁動不安。因此二三十年代的現代文
學中對南京的再現是傳統思想體系與現代啓蒙思想風潮的產物。

　　城市往往被看作文明的象徵和物質財富的儲藏所，在這一學術平臺上學
者們將眾多城市及其相關的城市文學進行比較。正如緒論中所說，中國城市
文學研究的熱點集中在北京和上海兩大城市，「北京給人的『印象』始終是它

〔註89〕聶紺弩：《失掉南京得到無窮（腐化的首都）》，《歷史的奧秘》，桂林文獻出版
　　　　社，1941 年版。

『堅固的傳統』，上海卻因為它曾經的『西化』的歷史而被看作了中國現代化的代表。」〔註90〕30 年代文學領域曾發起京海之爭，沈從文率先挑起了論爭，文壇一片動蕩，魯迅、曹聚仁、蘇衡、楊晦等紛紛加入，南京作家莊心在也發表言論：

> 中國自有新文學以來，起初吠聲吠形，囂然於浪漫，自然，寫實之爭。繼乃以人為準，各立門户，互相標榜，於是××社啊，××會啊，烏煙瘴氣，自鳴得意，近且有以地域相分，有所謂海派京派之爭。……所謂京派海派，已出於文藝寫作本身之範圍，而涉及於登龍手段，原已盡失衡文本旨。而況作者讀者斷斷於某派某派之爭；反置作品本身之形質於罔顧，作家不事忠實的努力，讀者缺乏正確的眼光，將見派別之爭日甚，而有力有意義的作品日減，這不能不說是不幸的現象。〔註91〕

無論作家們當時如何看待這兩種文學取向，京海之爭已經是現代文學史上的重大課題之一。那麼民國時期政治文化中心南京與老牌帝都北京、經濟中心上海有何差別，南京文學與京派、海派之間又有何關聯呢？

一、南京文學與「京派」的異同

　　中國城市的主要起源是世俗政治權力對其發生及組織中心地位的佔據。這種特性也表現在城市的物質空間布局上。都城以帝王宮殿為中心，其他城市以行政機構為中心，這些宮殿和衙門是權力輻射中心，在中國城市史中佔據主體地位。南京和北京在歷史上相繼成為中華帝國時代的政治文化中心，「南京在明太祖改制後的十年左右，趕上開羅成為世界最大城市，至十五世紀某一時期為北京所接替。」〔註92〕民國階段南京與北京也不斷交換首都地位，就政治局勢看來，民國初期北京執政府的權力影響局限於黄河中上游，軍閥各自為政，國庫虧空，民不聊生，當權者忙於維護軍事、經濟利益，無暇顧及思想控制，北京成為新文化運動的大本營，促進了新思潮的傳播和發展。但由於軍閥混戰不息，軍費開支巨大，長期拖欠學校經費，導致教育難以維持正常運作。軍閥對於新聞自由的戕害及對著名報人的殘酷殺害，使新文化運動的中心很快從北京轉移到上海。民初的北京作為首都，並非經濟繁

〔註90〕陳惠芬：《想像上海的 N 種方法》，上海人民出版社，2006 年版，第 26 頁。
〔註91〕莊心在：《派及其史的發展》，《矛盾》，第 3 卷第 1 期，1934 年 3 月 15 日。
〔註92〕施堅雅：《中華帝國晚期的城市》，中華書局，2000 年版，第 32 頁。

榮和權力集中的政治中心，反而是執政府重點盤剝對象，各地軍閥虎視眈眈、尋機攻入的危城。北京延續了封建帝都的沉悶衰頹，文化遺產遭到執政府的劫掠破壞，是一座相對封閉的古城。廣義上文學「京派」不僅指 30 年代定居北京，主要活動在大學中的自由知識分子，也指北京文學的主要創作者。1926年前後北京成爲棄都，大批文人紛紛從北京書齋南下走進媒體，文化領域相對蕭條。30 年代文人回歸北京，尤其「新月派」文人的重歸北京，是「京派」形成的重要因素。「京派作家以大學融會著淵深的文化傳統，以報刊呼吸著清新的文化思潮空氣。在某種意義上，他們是學院派，對中外古今的文學能超越具體派別之爭取寬容的態度，選擇他們所認爲精華的東西加以融合，把浪漫激情消融在古典法則中，於寫實之處煥發出抒情的神韻，講究文風的渾融、和諧和節制。」〔註93〕

　　二三十年代的南京相較而言更活躍。20 年代北京受到相對嚴密的政治控制；南京則是直系軍閥控制下的城市，沒有江南所常有的富庶資源，軍事上有重要戰略意義，因不是軍閥重點盤剝的對象。另外南京作爲十朝故都，有較好的城市建築基礎，遺留下來的眾多文化遺蹟和傳說足以讓軍閥相信南京殘留的王氣能夠幫助他們在混戰中取得勝利，因此對南京採取相對優待的態度。由於江蘇經濟的整體優勢，南京在教育文化方面一直比較突出。東南大學的成立和發展，是 20 年代中國現代教育發展的奇蹟。在教育經費嚴重匱乏的年代，東南大學以優厚的待遇、自由的學風延攬了大批美國留學生歸國任教，還在南京高等師範學院校舍的基礎上進行了大規模的翻修建設，購買了當時先進的科學設備、圖書，使東南大學迅速崛起爲中國著名大學之一。1925年江蘇教育經費實現獨立，高等教育、初中等教育、職業教育和各種社會教育得到了發展的機遇。1927 年後國民政府定都南京，最初影響力集中在長江中下游，1931 年政治上基本實現統一，政府加強對教育文化的控制，將教育權收歸國有，大力提倡三民主義文化，實行新的文化專制。這一方面促進了南京教育的發展，延續了南京文學中的文化保守主義傳統；一方面則導致了南京文學思潮在政治文化的操控下發展，性靈自由的層面大大削弱。

　　南京文學與「京派」的異同之處表現在：

1、與校園文化的密切關係

南京的文學一直與大學保持密切關係，在第二章中已經詳細陳述二者的

〔註93〕楊義：《京派海派綜論》，中國社會科學出版社，2003 年版，第 30 頁。

關聯。概括地說，20 年代以來南京知識分子的主要活動領域是大學與媒體，大學不僅是知識分子安身立命之處，也是他們傳道授業、傳播自身文學理念和學術精神的場所。在東南大學——中央大學、金陵大學等學校中，師生結社唱和，傳統文學能夠存留並在 30 年代再度興盛，同時新文學也佔有一席之地，新舊並存發展的局面離不開南京高校校園文化的庇護。自國民黨政府盤踞南京之後，北平就開始以中國文化古城的形象出現在世人面前。30 年代國民政府基本掃除異己，鞏固了統治，為教育發展提供了較充沛的經費和較安定的社會環境，高等教育進入了黃金時代。北京大學、清華大學、燕京大學、輔仁大學、北京師範大學等許多著名大學，雲集了全國最優秀的學者和學子。在這些學校知識分子既可以「講學」、「治學」，又可以借大學所特有的自由的學術氛圍從容「議政」。30 年代初，一批從歐美留學歸來的學者，陸續聚集在北平高校或其他學術機關任職，成為「京派」的主要力量。這些文人大部分祖籍南方，而對北京感情格外深厚，錢鍾書在《貓》中調侃，「京派差不多全是南方人。那些南方人對於他們僑居的北京的得意，恰像猶太人愛他們所入籍歸化的國家，不住的掛在口頭上。」「京派」是以學院派文人為主體的文學流派，一方面校園文化環境使得作家有條件崇尚學理，進行高蹈的創作和研究，作家們大多受過比較正規系統的教育，對於學術的信仰和執著一以貫之，創作與研究的並重。另一方面校園環境的封閉性，也進一步培植或強化了他們主觀的心理傾向和人生觀點，他們所試圖構建、推廣或擁有的文化及體驗方式，是以特定政治、經濟結構為支持的，也是以現代教育為知識來源基礎的。這種文學生產過程使「京派」文學具有精英文化的自我封閉性，並使其文化意圖受到了極大的阻遏，而他們對群眾性社會運動的遠離與拒斥往往加強了這種封閉性，使得他們的文化訴求始終缺乏一種與全民大眾的文化生活狀況實現溝通乃至互動的能力。「京派」隊伍中一批重要的力量如林徽因、梁思成、梁宗岱、朱光潛、李健吾等人，在多年國外留學生涯中培養了深厚的西方文化素養，浸染了西方近代知識分子傳統，這成為「京派」文人進行人生選擇的思想背景。南京文學與「京派」的發展都與大學有密切關係，這表明其文學形態和文學觀念的精英化傾向，二者與中國現代化進程的疏離。

　　雖然南京文學與「京派」都與現代教育的發展密切相關，但是通過大學繼承傳播的文學理念不同。對於傳統文化的維護和弘揚，是南京文學中的基

本書化取向，當然這種文化保守主義不是封建保守思想，而是在傳統的基礎上繼往開來。這一點在第一章中有詳細論述。而「京派」對於傳統文化資源的利用是以對文化傳統實行裂解，將之降格為資源作為先決條件的。朱光潛所謂「運用過去的豐富的儲蓄」常通過兩種方式：一是出於當下的現實動機，以現代的眼光，引入西方理論觀念與思維對傳統話語進行闡釋，以此實現中西精神傳統在現代時空語境中的對接，將古代文化精神傳統重新激活成具有當代生存價值的活的思想，成為可資利用的精神資源；二是本土傳統文化精神成為對多種西方理論觀念進行吸納與調和的動因與依據，成為創構新學理的隱在的內部邏輯框架。通過對自成系統並形成一定話語權威的中國文化傳統的裂解與降格，「京派」批評家們從不同角度、範圍以及不同層面重新批判、整合與利用傳統。

2、從文學與政治的關係來看，都呈現多元形態

二三十年代的南京文學中，根據文學與政治之間的關係可以劃分為三類：第一類主要集中在校園和民辦媒體中，第二類主要指民辦報刊，而第三類則是「三民主義」影響下的國民黨右翼文學團體。這三個陣營基本沒有交集，雖然大學校園內的教授、青年學生面對政治腐敗和封建流毒，也進行書面抗爭或街頭抗議。但文學創作基本上不明顯表示政治傾向，以此來維持教育獨立和學術獨立。從「京派」看來，他們「不僅是因為文學觀的相同或相近，也不僅是因為地域的關係，乃至工作上的聯繫和個人情感與私誼，才使『京派』文人最終成為一個文學集體，相同或相近的人生選擇、政治態度和生活狀態，也是十分重要的原因。」[註94] 傳統知識分子「學而優則仕」，以學術謀政治地位的路徑，對「京派」文人集團來說此路不通。「京派」文人所走的則是「行有餘力，則致以學文」的人生道路，他們分化為兩個陣營：一個是「新月派」為主的「參政」、「議政」的亞政治文化團體，以羅隆基、胡適等為主要代表，他們具有明確的政治觀念，也有從政的可能，在傳統的「兼濟天下」的政治理想和西方民主政治觀的影響下，希望能以民間立場從學理角度評判當前政治體系、政治制度和政治觀念，促進中國政治現代化進程；另一個陣營則堅定地選擇了「獨善其身」的人生道路，甘於從事寂寞的學術研究和嚴肅文學創作，認為政治局面不會因知識分子的隻言片語而有所改變，自己力所能及的是促進中國現代文化建設，

〔註94〕高恒文：《京派文人：學院派的風采》，上海教育出版社，2000年版，第3頁。

不願使學術和文學淪爲某種政治目的的工具。二三十年代文化理念和文學規範
被打破，而新規範尚未建立，社會中沒有哪種思想能夠完全佔據權威地位。在
內憂外患面前談文化建設、談「純文學」創作，顯得十分不合時宜，但他們所
作出的努力在 30 年代文化建設方面和文學實績上留下了相對可觀的一筆。京派
文學家把自己的社會關懷意向全部寄託在文化甚至是知識分子文化的建設與改
造之上，從某種程度上來說，他們陷入了狹義文化所規約的局限，爲自己建立
了獨一無二的文學夢境。

3、與左翼文學的矛盾

　　30 年代南京文學深受國民黨文藝政策影響，政治文化薰陶下的右翼黨派
文學與左翼文學針鋒相對。其鬥爭實質上是兩個黨派權力的爭奪，本質上都
是將文學當作政治宣傳的工具。南京文學的傳統文學流脈與左翼文學的矛盾
應該歸結爲從 20 年代延續下來的新舊文學形式和內容的矛盾。「京派」從文
學觀念到文學手法都與左翼文學有差別。30 年代初「新月派」從上海回歸北
京的主要原因是在上海深受左右兩邊的打壓，因爲上海既是「革命文學」的
發源地，左翼文人的大本營；又是國民黨政府壓制「異端」的主要防範地區。
左翼文學攻擊「新月派」爲精英文學，貴族意識濃厚；右翼文學則壓制他們
自由民主的政治理念。從某種意義上說，「京派」的生成是對 20 年代末、30
年代初政治革命及革命文化潮流的一種應激性反應。「京派」不滿於當時的社
會現實，並爲中華民族的前途命運憂心仲仲，但是他們又對正在崛起的左翼
革命力量不瞭解、不信任，對於左翼文化陣營的某些「左」傾激進表現懷有
牴觸情緒。加之這些人大多深受中西傳統文化薰陶，傳統士大夫的精英意識
與西方民主精神已深深浸入他們的骨髓，在政治上持超然於左、右兩翼的自
由主義立場，對於國民黨政權的高壓統治手段極其不滿，在當局對左翼文化
人士進行迫害的時候，有些「京派」人物敢於挺身而出撰文抨擊；同時他們
對左翼陣營的推翻國民黨政權的革命目標以及暴力革命手段也不能贊同。他
們將塑造國民人格精神的重大使命交給文化與文學，極力反對左翼文學作家
將文學作爲政治革命的工具的企圖，更反對文學的商業化，強調文學自身具
有藝術規律，重視對文學的審美風格與藝術技巧的研討，強調對個人情感與
體驗的藝術化的塑造與昇華。〔註95〕京派文學建築在「士大夫」的「烏托邦」

〔註95〕參見黃鍵：《京派文學批評研究》，上海三聯書店 2002 年版，第 46 頁。

式的文學理想上，這種重造文化的自覺表現在執著的文化批判姿態，包括嚴屬的對城市文化的批判，特別是用重筆描寫城市文明侵入內陸後投下的巨大陰影和孜孜不息的對健全的民族新文化的追索。

綜合看來，南京文學與「京派」都與現代大學教育相關，但南京文學通過大學傳承其文化保守主義理念，而「京派」則通過大學傳播其對傳統文化的重新建構。二者與政治之間的關係，導致了文學陣營的分化，南京因是國民政府的政治中心，政治文化佔據 30 年代文化的主潮，而北京相對疏離政治，自由知識分子參政議政的主要方式是創辦刊物、發表言論。南京、北京的知識分子對於在上海勃興的左翼文學都採牴觸態度，南京文學對其態度一方面延續了新舊文學道路的矛盾，一方面則是政治利益集團鬥爭的折射。「京派」與左翼文學的矛盾則主要體現在文學觀念的不同，一方珍視文學自身的審美價值，另一方則將文學視為宣傳的工具。

二、南京文學與「海派」的異同

迄今為止，多數研究者認為城市文學以社會學、歷史學、人文地理學和新聞學理論為基礎，從地域特徵、創作題材、空間景觀等方面表現了城市社會與城市文化形態。作家以城市意識包括城市中的價值觀念、思維方式與審美準則，去描述城市生活，由此創作的城市文學作品被認為是城市生活的客觀再現。實際上在現代城市文學作品中，即使是對同一時期城市社會的表現，也會因作家流派的不同而表現出巨大的差異。中國現代最典型的城市文學恰恰並非寫實作品，而是現代主義創作，對城市外在形態的展現似乎並不比對城市作用於作家內心領域感受的描摹更多。如「新感覺派」，通常以強烈的主觀性滲透進都市生活，感覺成份明顯多於「經驗」成分。城市生活作為人類基本生存方式對人類精神的影響能力，往往超越了城市地域、心理、情感與認知。它給予人們以不同的精神塑造，影響甚至改變著人們對城市的認知與敘述。從城市給予人類的精神影響這一角度來說，「文學中的城市」這一概念，要比「城市的文學」更能揭示城市對文學的作用與兩者的關聯。後者立足於文學形態自身，揭示城市文學形態的發生、發展、流變過程以及其內在構成規律，基本上屬於傳統的文學研究或文學史研究；而前者更關心城市影響下人的精神狀態，以想像性理論來研究城市所特有的文學現象、文學流脈，是現代都市文學研究的新表述。

上海是清末民初中國最早出現的現代化都市之一，其出現歷程容易讓人

聯想到中國近現代歷史上任何一種「文化」產生的情況：不是從本土文化的主流順理成章地發展出來的，而是受到外來強制性甚至病態的逼迫擠壓引發的歧變。它是西方列強在掠奪中國的同時，把十九世紀全盛時期的資本主義的管理方法、組織制度、生產技術，包括對待各種價值準則的態度和規範移植進來，促成了上海與中國傳統社會的分離，使上海在經濟上迅速崛起，成為中國的經濟中心和當時世界主要工業製造中心之一、最主要的金融中心之一、最繁榮的港口之一，被西方歷史學家稱為一個「經濟奇蹟」。租界是帝國主義強加於上海的空間形態，既是中國喪失國家權力和尊嚴的象徵，也是中國現代城市文明的肇源。歷史學家承認：「在清代社會還處於中世紀狀態時，當清朝統治系統內還沒有出現近代城市的管理體繫時，上海城市的近代化，就從租界移植西方近代城市的發展模式開始，逐漸完備起來。隨著上海城市近代化的拓展，由租界肇始的這套近代化城市模式的影響不斷地延伸。」〔註96〕租界是一個特殊的政治、經濟、文化實體，它所實行的政策法規與當時政府的政策之間存在著罅隙，既能避開中國頻仍的戰亂，又不為政府權力完全控制。作為一個相對自由的政治領域，租界在重大政治、文化事件中往往是必不可少的活動區域，為在野時期的維新派、革命黨人、國民黨以及共產黨提供庇護。

傳統觀點認為，人們與其生活的城市環境之間的關係是負面對立的，彼此敵視的。伊麗莎白·威爾遜認為，「在當今的許多城市中集中了世界上最差的東西：危險而沒有快樂，安全而沒有刺激，無選擇的消費主義，龐大而缺乏多樣性。」〔註97〕出於這種觀點以及中國傳統的「重農輕商」的觀念，上海的工商業產生、發展史，民居、市民的生存空間、生活狀況和精神狀態，在90年代前很少受到學者的關注。直至李歐梵的著作出現後，對於上海都市文化、都市文學研究才形成熱點。上海先於中國的許多城市擁有了「城市文化資本」，因而獲得了參與、制定和修改「遊戲規則」的權利。〔註98〕這不僅使上海自身的文化資本增值，也展示了中國現代都市文化的現代性。學者們逐漸認識到上海發展過程中「政治與商業，殖民勢力與國族主義，現代性與

〔註96〕唐振常：《近代上海探索錄》，上海書店出版社，1994年版，第138頁。
〔註97〕Wilson, E.: *The Sphinx in the City: Urban Life, The Control of Disorder and Women*, University of California Press, Berkeley.
〔註98〕潘允康主編《城市社會學新論——城市人與區位的結合與互動》，天津社會科學院出版社，2003年版，第206頁。

傳統性等力量交相衝擊」。〔註99〕上海文化變遷非常複雜，中西文化不斷融合和衝撞，有人稱之為「西方的制度，中國的文化」。隨著上海成為全國的政治、經濟中心，上海現代文化和現代文學也逐漸擺脫了區域性文化和文學的格局，20年代末30年代初，上海已經成為全國傳媒和出版中心。「『文學上海』是中國現當代作家季候性的靈魂鶖趨的熱土。」〔註100〕作為新興的經濟、文化中心，上海文學率先完成了文學商業化的轉型，形成了中國現代文學史上特殊的「海派」文學集團，包括清末「鴛鴦蝴蝶派」為代表的「老海派」，30年代的海派以張資平為代表的三角戀愛小說和「新感覺派」為代表的現代主義探索性文學為代表。40年代的海派以張愛玲、無名氏新穎詭異、充滿現代主義氣息的作品為代表。不同時段及同一時段不同取向的「海派」的文化品位有天壤之別。南京文學與「海派」有密切聯繫，兩地相隔不遠，文人經常頻繁來往於兩地，文學活動分散於南京、上海兩地進行，研究者為了得到整體的印象，經常需要將兩地的文學狀況放在一起觀察。1927年後國民政府建都南京主要是為了便於掌握經濟中心上海，南京與上海都被視為政治控制的重點，兩個城市都有深受政治文化影響的文學形態。由於上海一方面是帝國主義侵略的重點和國民黨政府統治的中心；另一方面，它又是產業工人為主體的工業城市，有強大的無產階級隊伍，因而成為當時中國政治革命的前沿陣地，構成上海文學的多元狀況。南京文學與「海派」的異同表現在：

1、與政治文化的契合

1927年後南京作為中國的政治中心，也就成為官方的文化中心，30年代南京文學的顯性潮流是與國民黨文化政策相呼應的右翼黨派文學。從「三民主義」文學到民族主義文學等文藝理論和創作實踐的提出，都證實了南京文學部分成為官方文化的傀儡。而上海在近現代中國史上都是中國乃至世界上各種政治力量、政治派別亮相的舞臺，它具有特別巨大的凝聚力和向心力，城市設有外國租界，行政長期處於分割狀態，使上海產生不少有利於政治活動的空間，上海曾經是代表不同階級、階層、團體、派別的30多個黨派團體的根據地。同時租界奉行的政治制度、政治觀念給政治家提供參照，激發起他們的政治想像，中國現代史上影響較大的政黨、政派，幾乎無一不與上海有關。在各種政治力量的影響下，上海的文學面貌複雜多變。隨著國民政府

〔註99〕王德威：《如此繁華》，上海書店出版社，2006年版，第146頁。
〔註100〕《文學評論・編後記》，2003年第2期。

的定都，上海受到更加嚴密的政治控制，政治壓力與日俱增，出現了投合官
方政治文化的文學形態，民族主義文藝理論中心在上海，以《前鋒》、《前鋒
周報》等刊物爲主要陣地，進行政治理念的宣傳。30 年代南京文學中的政治
社團都與上海聯繫密切，並且由於南京傳媒不及上海發達，許多刊物爲了達
到更好的宣傳效果轉到上海出版，如南京的《矛盾》月刊 1933 年從第 2 卷開
始轉到上海出版。

　　20 年代末大量知識精英向上海彙集，包括北京南下的、國外歸國的、北
伐前線下來的、從東北淪陷區或內陸省市進入上海的，大量不同政治派別、
不同文學信仰的知識分子的湧入，使得上海各種文學流派、文學形式並存。
出版機構和報刊雜誌繁多優質，形成了良性的競爭機制。官方政治勢力還不
能完全滲透、控制。尤其是 30 年代上海租界所留出的相對自由的政治空間和
上海的繁榮經濟，都給文學提供了發展的機會、堅實的經濟基礎和廣闊的文
學市場。

2、與現代商業文化的關係

　　南京保守主義文學從 20 年代作爲新文學的對立面飽受打壓，始終沒能
走入文學市場，《學衡》、《國風》依靠同人捐款或學校資金撥付，主要大學
及學院派文人範圍內流通外，社會影響較小。《學衡》後期經濟窘困，不能
爲繼，遭中華書局的拒絕出版的主要原因在於它沒有進入市場，由於刊物
性質和內容局限不可能成爲暢銷書，甚至無法保持收支平衡。南京新文學
作家沒有形成有力社團，主要依託於北京、上海的重要報刊發表作品。30
年代南京官方文學則主要依靠政府資金，以優厚稿酬征集相關宣傳文學作
品，刊物銷量慘淡。「海派」則完全不同。受上海城市文化的影響，「那裡
的（姑且說）文化是買辦流氓與妓女的文化，壓根兒沒有一點理性與風致。」
「上海文化以財色爲中心，而一般社會上又充滿著飽滿頹廢的空氣，看不
出饑渴似的熱烈的追求。結果自然是一個滿足了欲望的犬儒之玩世的態
度。」〔註 101〕「海派」文學具有鮮明的商業化特質，「在現代的中國，可
說是與商業社會最至關密切的一種文化現象。」〔註 102〕其本質是趨時務
實、重功利、重物質，精神和行爲方式是入世的。這種性質一部分來源於
它立身於新舊兩種文學夾縫中的兩難處境，另外它與現代商業文明割不斷

〔註 101〕周作人：《上海氣》，《談龍集》，嶽麓出版社，1989 年版，第 90 頁。
〔註 102〕吳福輝：《都市漩流中的海派小說》，湖南教育出版社，1995 年版，第 20 頁。

的聯繫，使其不可避免地物化和市場化。這使它呈現出新興文化與大眾文化的兩面調和性。

「海派」文學中有吳越文化的痕蹟，內部交融著蘇浙各種文化，是南方文化經過內部雜交後變形的發展。這種文化是純個人化的，以個人的興感怡悅為目的，與正統意識形態相悖離，對個人生命的珍重和關懷始終停留在自我欣賞，自我憐惜，自我滿足的小境界上，所以對文學的把玩氣很重。吳越文化影響下的文學形式獨特，原因在於江南文人的心理氣質，他們的感受力細膩敏銳，對形式有精緻的分辨能力。另外他們的生存受到壓抑，智慧只能放在形式創造上。〔註103〕海派對文學的社會責任相對漠視，對文學形式如何能推陳出新格外在意，施蟄存指出，「倘若全中國的文藝讀者只要求著一種文藝，那是我惟有擱筆不寫，否則，我只能寫我的。」〔註104〕海派文學是源於上海新型文化人的文學意識的轉變的新興文化，它是近代上海獨特的文化環境和知識分子傳統的產物。上海的知識分子首先是具有現代意義的大眾傳播媒介報紙刊物的雇傭者，隨著報刊出版業的發展而不斷集結成群，力圖將文人的關注點引向市民層面，既帶來現代文學的另一種文學表述，又可能導致封建性的再次泛起或現代文明的庸俗化。1933 年 10 月，沈從文在《大公報》文學副刊上發表了《文學者的態度》，引發了一場關於「京派」、「海派「的論爭，使南北文學中不同性質與形式的存在彼此相對、「相輕」。他們爭執的根本問題是文學以純文學還是商業文學方式進行建設。杜衡在 1933 年 12 月的上海《現代》雜誌上寫了《文人在上海》予以反駁：「新文學界中的『海派文人』這個名詞，其惡意的程度，大概也不下於在平劇界所流行的。它的涵意方面極多，大概的講，是有著愛錢，商業化，以至於作品的低劣，人格的卑下這種意味。」他承認了上海的商品經濟對文學作品的滲透和作用，並進一步解釋這種作用是通過商品經濟中文人生活不穩定，由此影響到文化心態不穩定所造成的：「文人在上海，上海社會的支持生活的困難，自然不能不影響到文人，於是在上海的文人，也像其他各種人一樣，要錢。再一層，在上海的文人不容易找副業（也許應該說『正業』）。不但教授沒份，甚至再起碼的事情都不容易找，於是上海的文人更迫的要錢。這結果自然是多產，迅速的著書，一完稿便急於送出，沒有閒暇在抽斗裏橫一遍豎一遍的修改。這種不

〔註103〕參見費振鍾：《江南士風與江蘇文學》，湖南教育出版社，1995 年版，第 345 頁。
〔註104〕施蟄存：《我的創作生活之歷程》，《創作的經驗》，天馬書店，1933 年版。

幸的情形誠然是有，但我不覺得這是可恥的事情。」30 年代中國文壇京、海對峙的格局形成之後，擴展到南與北，海與陸，鄉與城，中與西，現代與傳統等基本命題上。僅從審美的尺度看，二者是無所謂優劣的，只看哪一方能更極致地表達美，又與現代性的傳達直接關聯到何種程度。

　　綜合看來，南京文學與「海派」都有與政治文化相契合的一面，但上海所受到的政治控制沒有南京嚴密，內部存在租界這樣特殊的政治實體，擁有相對自由的政治空間，因而上海是各種政治力量、政治集團活動的區域。20年代以來上海成為經濟中心和全國出版中心後，為文學發展提供了雄厚的經濟支持和多元的媒介渠道。這使上海文學不僅具有與政治文化合謀的一面，還具有複雜多變的文學形態。「海派」所具有的濃厚的商業文化氣息，是南京文學所沒有的。這一方面源於城市文化傳統，上海不僅集中了現代建築、出版業、娛樂業、消費業等現代大都市的物質文明和精神文明，各國家、各民族、各地方的文化引發了激烈的文化衝突，城市本身的吸引力和排斥力都為文學提供了現代的主題和觀點，「海派正是又一種實現現代文化的模式，是舶來的，以惡開道的，急進的，突發的，甚至是狂轟亂炸，是外部向內部的侵襲，進攻。」〔註 105〕另一方面是由於海派注重市民日常生活、行為方式、人際關係的文化表達，也重視探討人的內部心靈衝突。在大眾趣味中，同時加入文人趣味，把某種先鋒文學引入大眾層面，並試圖以此獲得商業性。這既是市場對文學的客觀要求，也是海派文人的自覺努力。

〔註105〕吳福輝：《京海遠眺》，江蘇人民出版社，1997 年版，第 6 頁。

結　論

　　「文學南京」之所以呈現出與中國其他城市文學不同的風貌，主要源於
南京所特有的文化保守主義傳統。這種城市文化傳統既有中國傳統文化的精
粹，又包含當時西方保守主義精神的內核，是擺脫了晚清「中體西用」的功
利主義觀念後，對中學、西學的公允考量，帶有非常鮮明的「以學救國」的
意識。同時文化保守主義者並沒有將學術和現實政治完全分隔，他們帶有強
烈的民族主義情緒，試圖用中西文化對決中的中國文化的勝利祛除物質文明
交鋒的挫敗所引起的民族自卑情緒。「學衡派」致力於引介「新人文主義」，
希望能找到一條中西文化融合的道路，即以儒學與希臘精神結合後生成帶有
古典意味的，飽含人文情懷和嚴謹制衡規則的文化。

　　現代教育與大眾傳媒是塑造「文學南京」的重要力量。在傳統向現代轉
型的社會變遷中，教育無疑是重要的組成部分，教育作為社會的文化系統，
承載著守成延續和開拓創新雙重使命。作為新文明的重要傳輸途徑，教育改
革是每次社會變革的前奏和當務之急，作為舊文明的載體，教育往往具有內
在保守性，成為社會變革的首要目標。同時「教育是社會政治、經濟制度的
組成部分。教育改革是涉及文化變遷、社會變遷和制度變遷的複雜系統工程，
是在國家能力和社會力量消長、中央與地方關係、國家意識形態變化、政治
權力與教育、學術的關係，教育現代化的動力集團和動力結構、外來文化與
民族文化等格局的變動中，諸多因素的互動和合力的結果。」﹝註1﹞二三十年
代南京教育的複雜變遷既是南京文化保守主義傳統的體現和推動力量，也是

﹝註1﹞楊東平：《艱難的日出：中國現代教育的20世紀》，文匯出版社，2003年版，
　　　　第3頁。

民國政治變遷的部分內容。它是政治影響文化、文學的明確途徑，也是有時代特徵的政治文化生成的重要動力。通過大學教育的發展與變革，舊文學傳統在南京廣為傳承，新文學理念得以傳播，形成了新舊文學並存的局面，並促使新舊文學在語體形式、詩歌審美標準、文學社團活動等方面不斷進行論爭。總體看來，二三十年代的南京文壇舊文學傳統始終綿延不斷，新文學意識逐步擴大影響。

現代傳媒的出現和中國文學現代化的過程是一致的，現代傳媒出現並推動了中國社會思想文化的過渡和發展。報刊的興盛加強了文壇的活躍性，推動了作家之間的聯繫，使文學與社會、政治等因素聯繫緊密，加強了社會認同，又推動了文學風格的不斷翻新。

南京作為民國時期的政治、教育、文化中心，在文學方面繼承發揚了傳統文學精粹，在舊文學作品中南京呈現出十朝古都所特有的滄桑感，文人們在自然景物或歷史遺蹟面前低吟淺唱，鉤勒出南京曾有過的輝煌，比照當下，更有興亡之歎。新文學陣營雖然對南京的自然風物進行了類似的讚美，對二三十年代南京的城市建築、現代衛生設備和南京人的國民意識卻抱怨多多。總體看來，南京文學既不同於京派的學院化，也不同於海派的商業化，它是南京這座現代城市和傳統鄉村相結合的獨特都市形態下形成的，兼具傳統文學美感和現代文學意識的複雜文學形態。

參考文獻

一、刊物

1、《晨報副鐫》（北京），影印本。

2、《長風》（南京）。

3、《大公報・文學副刊》（天津），影印本。

4、《橄欖》（南京）。

5、《國粹學報》（上海）。

6、《國風》（南京：中央大學）。

7、《國立中央大學日刊》（南京）。

8、《國立中央大學半月刊》（南京）。

9、《國學叢刊》（南京：東南大學）。

10、《金陵大學文學院季刊》（南京）。

11、《金陵大學校刊》（南京）。

12、《金陵光》（南京：金陵大學）。

13、《金陵周刊》（南京：金陵大學）。

14、《金陵半月刊》（南京：金陵大學）。

15、《金陵月刊》（南京：金陵大學）。

16、《金陵學報》（南京：金陵大學）。

17、《京報副刊》（北京）。

18、《流露》（南京）。

19、《開展》（南京）。

20、《矛盾月刊》（南京——上海）。

21、《南社叢刻》（蘇州——上海）。

22、《南京文獻》（南京）。

23、《前途》（南京）。

24、《詩帆》（南京：土星筆會）。

25、《時代公論》（南京：中央大學）。

26、《時事新報·文學旬刊——文學》（上海），影印本。

27、《社會新聞》（上海）。

28、《文藝先鋒》（上海）。

29、《文藝月刊》（南京）。

30、《線路》（南京）。

31、《新壘》（南京）。

32、《現代評論》（北京），影印本。

33、《新月》（上海），影印本。

34、《新民報》，（南京——重慶）。

35、《學衡》（南京——北京），影印本。

36、《藝林》（南京：中央大學中國文學系）。

37、《制言》（蘇州）。

38、《中央日報》（南京）。

二、著作

1、〔英〕阿倫·布洛克：《西方人文主義傳統》（董樂山譯），北京：生活·讀書·新知三聯書店，1997。

2、〔美〕艾愷：《世界範圍內的反現代化思潮——論文化守成主義》，貴陽：貴州人民出版社，1991。

3、〔英〕埃里·凱杜里：《民族主義》（張明明譯），北京：中央編譯出版社，2002。

4、〔英〕安東尼·吉登斯：《民族——國家與暴力》（胡宗澤、趙力濤譯），北京：生活·讀書·新知三聯書店，1998。

5、〔美〕阿爾蒙德：《比較政治學：體系、過程、政策》，上海：上海譯文出版社，1987。

6、〔德〕奧斯瓦爾德·斯賓格勒：《西方的沒落》（上）（齊世榮譯），北京：商務印書館，1991。

7、柏維春：《政治文化傳統：中國和西方對比分析》，長春：東北師範大學出版社，2001。

8、〔英〕柏克:《自由與傳統》,北京:商務印書館,2001。

9、〔美〕保羅・諾克斯,史蒂文・平奇:《城市社會地理學導論》(柴彥威、張景秋譯),北京:商務印書館,2005

10、〔法〕布迪厄:《實踐與反思》(李猛等譯),北京:中央編譯出版社,1998。

11、曹經沅編:《癸酉九日掃葉樓登高詩集》,民國甲戌年(1934)鉛印本(南京大學圖書館藏)。

12、曹經沅編:《甲戌玄武湖修禊豁蒙樓登高詩集》,民國乙亥年(1935)鉛印本(南京大學圖書館藏)。

13、曹經沅遺稿、王仲鏞編校:《借槐廬詩集》,巴蜀書社,1997。

14、常任俠:《常任俠文集》第6卷,合肥:安徽教育出版社,2002。

15、蔡尚偉:《百年「雙城記」:成都・重慶的城市文化與傳媒》,成都:四川大學出版社,2005。

16、成仿吾:《創造社與文學研究會》,《成仿吾文集》,濟南:山東大學出版社,1985。

17、陳青之:《中國教育史》,上海:商務印書館,1936。

18、陳金川主編:《地緣中國——區域文化精神與國民地域性格》,北京:中國檔案出版社,1998。

19、陳旭麓,李華興主編:《中華民國史辭典》,上海:上海人民出版社,1991。

20、陳哲三:《中華民國大學院之研究》,臺北:臺灣商務印書館,1976

21、陳子展:《中國近代文學之變遷:最近三十年中文學史》,上海:上海古籍出版社,2000。

22、陳天華:《猛回頭》,北京:華夏出版社,2002。

23、陳思和:《陳思和自選集》,桂林:廣西師範大學出版社,1997。

24、陳平原:《中國大學十講》,復旦大學出版社,2002。

25、陳平原:《北京:都市想像與文化記憶》,北京:北京大學出版社,2005年。

26、陳平原:《現代中國》第5輯,武漢:湖北教育出版社,2004。

27、陳萬雄:《五四新文化的源流》,香港:三聯書店(香港)有限公司,1992。

28、陳以愛:《中國現代學術研究機構的興起——以北大研究所國學門為中心的探討》,南昌:江西教育出版社,2002。

29、陳中凡:《陳中凡論文集》,上海:上海古籍出版社,1993。

30、陳銘德,鄧季惺等著:《〈新民報〉春秋》,重慶:重慶出版社,1987。

31、陳昌鳳:《蜂飛蝶舞——舊中國著名報紙副刊》,福州:福建人民出版社,1999。

32、程章燦:《舊時燕——一座城市的傳奇》,南京:鳳凰出版社,2006。

33、程千帆:《程千帆全集》第15卷,石家莊:河北教育出版社,2000。

34、程千帆、唐文編:《量守廬學記——黃侃的生平和學術》,北京:生活·讀書·新知三聯書店,1985。

35、程光煒主編:《都市文化與中國現當代文學》,北京:人民文學出版社,2005。

36、程光煒主編:《文人集團與中國現當代文學》,北京:人民文學出版社,2005。

37、程光煒主編:《大眾傳媒與中國現當代文學》,北京:人民文學出版社,2005。

38、陳曉蘭:《文學中的巴黎與上海:以左拉和茅盾為例》,桂林:廣西師範大學出版社,2006。

39、陳惠芬:《想像上海的N種方法——20世紀90年代「文學上海」與城市文化身份建構》,上海:上海人民出版社,2006。

40、戴望舒:《望舒草》,上海:上海書店,1933。

41、〔美〕杜贊奇:《從民族國家拯救歷史:民族主義話語與中國現代史研究》(王憲明譯),北京:社會科學文獻出版社,2003。

42、丁守和等編:《五四時期期刊介紹》(一),北京:生活·讀書·新知三聯書店,1958。

43、丁守和等編:《五四時期期刊介紹》(二、三),北京:生活·讀書·新知三聯書店,1959。

44、丁帆選編:《江城子——名人筆下的老南京》,北京:北京出版社,1999。

45、傅樂詩:《近代中國思想人物論——保守主義》,臺北:時報出版公司,1985。

46、費振鍾:《江南士風與江蘇文學》,長沙:湖南教育出版社,1995。

47、方漢奇主編:《中國新聞事業通史第二卷》,北京:人民大學出版社,1996。

48、顧樹新,張士郎主編:《南京大學校友英華》,南京:南京大學出版社,1992。

49、高恒文:《東南大學與「學衡派」》,桂林:廣西師範大學出版社,2002。

50、高恒文:《京派文人:學院派的風采》,上海:上海教育出版社,2000。

51、高毅:《法蘭西風格:大革命的政治文化》,杭州:浙江人民出版社,1991。

52、龔放等編著：《南大逸事》，瀋陽：遼海出版社，1999。

53、郭秉文：《中國教育制度沿革史》，上海：商務印書館，1916。

54、郭延禮：《中國近代文學發展史》，北京：高等教育出版社，2001。

55、戈公振：《中國報學史》，上海：上海古籍出版社，2003。初版於 1927 年上海商務印書館。

56、賀麟：《五十年來的中國哲學》，北京：商務印書館，2002。

57、〔德〕哈貝馬斯：《公共領域的結構轉型》（曹衛東等譯），上海：學林出版社，1999。

58、湖北大學中國思想文化史研究所主編：《中國文化的現代轉型》，武漢：湖北教育出版社，1995。

59、胡金平：《學術與政治之間的角色困頓──大學教師的社會學研究》，南京：南京師範大學出版社，2005。

60、胡逢祥：《社會變革與文化傳統──中國近代文化保守主義思潮研究》，上海：上海人民出版社，2000。

61、胡建雄主編：《浙大逸事》，瀋陽：遼海出版社，1998。

62、胡夢華、吳淑貞：《表現的鑒賞》，臺北，1984（非賣品）。

63、胡適：《胡適全集》，合肥：安徽教育出版社，2003。

64、胡先驌：《胡先驌文存》（上、下），南昌：江西高校出版社，1995、1996。

65、胡迎建：《一代宗師陳三立》，南昌：江西高校出版社，2005。

66、黃延復：《二三十年代清華校園文化》，桂林：廣西師範大學出版社，2000。

67、黃裳：《黃裳說南京》，成都：四川文藝出版社，2001。

68、黃侃：《黃侃日記》，南京：江蘇教育出版社，2001。

69、黃鍵：《京派文學批評研究》，上海：上海三聯書店，2002。

70、胡樸安選錄：《南社叢選》，北京：解放軍文藝出版社，2000。

71、賈植芳、俞元桂主編：《中國現代文學總書目》，福州：福建教育出版社，1993。

72、蔣曉麗：《中國近代大眾傳媒與中國近代文學》，成都：巴蜀書社，2005。

73、蔣贊初：《南京史話》，南京：南京出版社，1995。

74、蔣述卓等著：《城市的想像與呈現：城市文學的文化審視》，北京：中國社會科學出版社，2003。

75、蔣麗萍，林偉平著：《民間的回聲──〈新民報〉創始人陳銘德鄧季惺伉儷傳》，上海：上海文藝出版社，1998。

76、姜濤:《「新詩集」與中國新詩的發生》,北京:北京大學出版社,2005。

77、金耀基:《大學之理念》,北京:生活‧讀書‧新知三聯書店,2001。

78、金以林:《近代中國大學研究:1895～1949》,北京:中國文獻出版社,2000。

79、〔德〕卡爾‧曼海姆:《保守主義》(李朝暉、牟建君譯),南京:譯林出版社,2002。

80、欒梅健:《民間的文人雅集:南社研究》,上海:東方出版中心,2006。

81、黎錦熙:《國語運動史綱》,上海:商務印書館,1943。

82、柳亞子:《柳亞子文集:自傳‧年譜‧日記》,上海:上海人民出版社,1986。

83、陸志韋:《渡河》,上海:亞東圖書館,1923。

84、柳無忌編:《南社紀略》,上海:上海人民出版社,1983。

85、柳無忌,殷安如編:《南社人物傳》,北京:社會科學文獻出版社,2002。

86、盧前:《冶城話舊》,重慶:萬象周刊社,1944。

87、盧前:《冀野選集》,上海:中國文化服務社,1947。

88、盧前:《盧前詩詞曲選》,北京:中華書局,2006。

89、盧前:《盧前筆記雜鈔》,北京:中華書局,2006。

90、林茂生,王維禮,王檜林:《中國現代政治思想史》,哈爾濱:黑龍江人民出版社,1984。

91、林毓生:《中國意識的危機——「五四」時期激烈的反傳統主義》,貴陽:貴州人民出版社,1988。

92、〔美〕林達‧約翰遜主編:《帝國晚期的江南城市》(成一農譯),上海:上海人民出版社,2005。

93、李天綱:《文化上海》,上海:上海教育出版社,1998。

94、李仲明:《報刊史話》,北京:社會科學文獻出版社,2000。

95、李華興主編:《民國教育史》,上海:上海教育出版社,1997。

96、李飛,王步高主編:《中大校友百年詩詞選》,南京:東南大學出版社,2002。

97、李繼凱、劉瑞春選編:《追憶吳宓》、《解析吳宓》,北京:社會科學文獻出版社,2001。

98、李盛平:《中國近現代人名大辭典》,北京:中國國際廣播出版社,1989。

99、李歐梵:《上海摩登——一種新都市文化在中國1930～1945》(毛尖譯),北京:北京大學出版社,2001。

100、李海榮、金承平主編:《南京稀見文獻叢刊》,南京:南京出版社,2006。

101、劉黎紅：《五四文化保守主義思潮研究》，北京：中國社會科學出版社，2006。

102、劉寶存：《大學理念的傳統與變革》，北京：教育科學出版社，2004。

103、劉軍寧：《保守主義》，北京：中國社會科學出版社，1998。

104、魯迅：《魯迅全集》，北京：人民文學出版社，1981。

105、陸耀東編：《沈祖棻程千帆新詩集》，武漢大學出版社，1992。

106、陸耀東：《中國現代文學大辭典》，北京：高等教育出版社，1998。

107、羅崗、陳春豔編：《梅光迪文錄》，瀋陽：遼寧教育出版社，2001。

108、羅崗：《想像城市的方式》，南京：江蘇人民出版社，2006。

109、羅志田：《裂變中的傳承：20世紀前期的中國文化與學術》，北京：中華書局，2003。

110、羅志田：《國家與學術：清季民初關於「國學」的思想論爭》，北京：生活·讀書·新知三聯書店，2003。

111、馬光仁主編：《上海新聞史（1850～1949）》，上海：復旦大學出版社，1996。

112、馬永強：《文化傳播與現代中國文學》，合肥：安徽大學出版社，2003。

113、冒榮、王運來主編：《南京大學的辦學理念與治校方略》，南京：南京大學出版社，2002。

114、冒榮：《至平至善　鴻聲東南——東南大學校長郭秉文》，濟南：山東教育出版社，2004。

115、莫礪鋒主編：《薪火九秩：南京大學中文系九十週年系慶紀念文集，》南京：南京大學出版社，2004。

116、《南大百年實錄》編輯組：《南大百年實錄》（上、中、下），南京：南京大學出版社，2002。

117、倪貽德：《玄武湖之秋》，上海：泰東圖書館，1924。

118、倪偉：《「民族」想像與國家統制——1928～1949年南京政府文藝政策及文學運動》，上海：上海教育出版社，2003。

119、〔美〕歐文·白璧德：《盧梭與浪漫主義》（孫宜學譯），石家莊：河北教育出版社，2003。

120、〔美〕歐文·白璧德：《文學與美國的大學》（張沛、張源譯），北京：北京大學出版社，2004。

121、潘允康主編：《城市社會學新論——城市人與區位的結合與互動》，天津：天津社會科學院出版社，2003。

122、錢仲聯編校：《陳衍詩論合集》上冊，福州：福建人民出版社，1999。

123、錢理群：《學魂重鑄》，上海：文匯出版社，1999。

124、任時先:《中國教育思想史》,上海:商務印書館,1937。上海書店1984年再版。

125、舒新城編:《近代中國留學史》,上海:中華書局,1927。

126、孫之梅:《南社研究》,北京:人民文學出版社,2003。

127、孫尚揚、郭蘭芳編:《國故新知論——學衡派文化論著輯要》,北京:中國廣播電視出版社,1995。

128、覃召文、劉晟:《中國文學的政治情結》,廣州:廣東人民出版社,2006。

129、〔英〕特里・伊格爾頓:《當代西方文學理論》(王逢振譯),北京:中國社會科學出版社,1988。

130、唐振常:《近代上海探索錄》,上海:上海書店出版社,1994。

131、沈衛威:《回眸學衡派》,北京:人民文學出版社,1999。

132、沈衛威:《吳宓與〈學衡〉》,開封:河南大學出版社,2000。

133、沈衛威:《學衡派譜系研究——歷史與敘事》,南昌:江西教育出版社,2007。

134、尚海等主編:《民國史大辭典》,北京:中央廣播電視出版社,1991。

135、史仲文、胡曉林:《中國全史・中國民國教育史》,北京:人民出版社,1994。

136、申曉雲主編:《動盪轉型中的民國教育》,鄭州:河南人民出版社,1994。

137、〔美〕施堅雅主編:《中華帝國晚期的城市》(葉光庭等譯),北京:中華書局,2000。

138、魏定熙:《北京大學與中國政治文化(1898~1920)》(金安平、張毅譯),北京:北京大學出版社,1998。

139、王季思:《擊鬼集》,麗水:青年讀書通訊社,1941。

140、王德威:《如此繁華》,上海:上海書店出版社,2006。

141、王煥鑣:《因巢軒詩文錄存》,上海:上海古籍出版社,2005。

142、王衛民編:《吳梅和他的世界》,石家莊:河北教育出版社,2002。

143、王衛民:《吳梅評傳》,石家莊:河北教育出版社,2002。

144、王章維等著:《「五四」與中國現代化》,北京:北京師範大學出版社,1999。

145、王一川:《中國現代性經驗的發生:清末民初文化轉型與文學》,北京:北京師範大學出版社,2001。

146、王檜林,朱漢國主編:《中國報刊辭典(1815~1949)》,太原:書海出版社,1992。

147、王訓昭選編:《湖畔詩社評論資料選》,上海:華東師範大學出版社,1986。

148、王娟、張遇主編：《老南京寫照》，合肥：安徽文藝出版社，1999。

149、王曉華：《江蘇舊影往事：杏花煙雨》，太原：山西人民出版社，2005。

150、王幹主編：《城市批評・南京卷》，北京：文化藝術出版社，2002。

151、王運來：《誠真勤仁 光裕金陵──金陵大學校長陳裕光》，濟南：山東教育出版社，2003。

152、王德滋主編：《南京大學百年史》，南京：南京大學出版社，2002。

153、汪靜之：《汪靜之的情書：漪漪訊》，杭州：浙江文藝出版社，2002。

154、吳原編：《民族文藝論文集》，杭州：正中書局，1934。上海書店 1984 年重印。

155、《吳江文史資料》第九輯，《紀念成立南社 80 週年》，1989。

156、吳宓：《吳宓自編年譜》，北京：生活・讀書・新知三聯書店，1995。

157、吳宓：《吳宓詩集》，吳學昭整理，北京：商務印書館，2004。

158、吳宓：《吳宓詩話》，北京：商務印書館，2005。

159、吳宓：《吳宓日記》，北京：生活・讀書・新知三聯書店，1998。

160、吳梅：《吳梅全集》，石家莊：河北教育出版社，2002。

161、吳福輝：《都市漩流中的海派小說》，長沙：湖南教育出版社，1995。

162、吳福輝：《京海遠眺》，南京：江蘇人民出版社，1997。

163、吳新雷編：《學林清暉──文學史家陳中凡》，南京：南京大學出版社，2003。

164、宣浩平編：《大眾語文論戰》，上海：啟智書局，1934。

165、項文惠：《廣博之師──陸志韋傳》，杭州：杭州出版社，2004。

166、薛冰：《家住六朝煙水間──南京》，上海：上海古籍出版社，2000。

167、熊明安：《中華民國教育史》，重慶：重慶出版社，1997。

168、徐耀新主編：《南京文化志》（上、下），北京：中國書籍出版社，2002。

169、徐中玉主編：《中國近代文學大系》第 1 卷，上海：上海書店，1994。

170、〔加〕許美德：《中國大學 1895～1995：一個文化衝突的世紀》（許潔英譯），北京：教育科學出版社，1999。

171、楊東平：《艱難的日出：中國現代教育的 20 世紀》，上海：文匯出版社，2003。

172、楊天石、王學莊編著：《南社史長編》，北京：中國人民出版社，1995。

173、楊心佛：《金陵十記》，蘇州：古吳軒出版社，2003。

174、楊義：《京派海派綜論》，北京：中國社會科學出版社，2003。

175、楊西平：《20 世紀中國新詩主流》，合肥：安徽教育出版社，2004。

176、喻大華：《晚清文化保守思潮》，北京：人民出版社，2001。

177、袁偉時：《中國現代思想散論》，廣州：廣東教育出版社，1998。

178、袁進：《中國文學的近代變革》，桂林：廣西師範大學出版社，2006。

179、余英時：《現代學人與學術》，桂林：廣西師範大學出版社，2006。

180、葉兆言：《老南京》，南京：江蘇美術出版社，1998。

181、葉楚傖、柳詒徵、王煥鑣主編：《首都志》，杭州：正中書局，1935。

182、葉靈鳳：《能不憶江南》，南京：江蘇古籍出版社，2000。

183、章太炎：《章太炎國學講演錄》，揚州：廣陵書社，2003。

184、朱曉進：《非文學的世紀──20世紀中國文學與政治文化關係史論》，南京：南京師範大學出版社，2004。

185、朱壽桐：《中國現代社團文學史》，北京：人民文學出版社，2004。

186、朱義祿、張勁：《中國近現代政治思潮研究》，上海：上海社會科學院出版社，1998。

187、朱漢國主編：《南京國民政府紀實》，合肥：安徽人民出版社，1993。

188、朱禧：《盧冀野評傳》，南京：江蘇古籍出版社，1994。

189、朱國華：《文學與權力──文學合法性的批判性考察》，上海：華東師範大學出版社，2006。

190、朱偰：《金陵古蹟圖考》，北京：中華書局，2006。

191、莊錫華：《斜陽舊影》，北京：文化藝術出版社，1999。

192、鄭逸梅編著：《南社叢談》，上海：上海人民出版社，1981。

193、趙園：《北京：城與人》，北京：北京大學出版社，2002。

194、周蔥秀，涂明：《中國近現代文化期刊史》，太原：山西教育出版社，1999。

195、周作人：《苦茶隨筆・現代散文選序》，上海：北新書局，1936。

196、周作人：《苦茶──周作人回想錄》，北京：敦煌文藝出版社，1995。

197、左惟等編：《大學之道：東南大學的一個世紀》，南京：東南大學出版社，2002。

198、鍾叔河、朱純主編：《過去的大學》，武漢：長江文藝出版社，2005。

199、張憲文主編：《金陵大學史》，南京：南京大學出版社，2002。

200、張連紅主編：《金陵女子大學校史》，南京：江蘇人民出版社，2005。

201、張宏生、丁帆主編：《中華學府隨筆・走近南大》，成都：四川人民出版社，2000。

202、張宏生主編：《南大，南大》，南京：南京大學出版社，2002。

203、張友鸞：《張友鸞紀念文集》，上海：文匯出版社，2000。

204、張恨水：《寫作生涯回憶錄》，北京：中國文聯出版社，2005。

205、張恨水：《滿江紅》，合肥：安徽文藝出版社，1985。

206、張恨水：《秦淮世家》，貴陽：貴州人民出版社，1986。

207、張恨水：《如此江山》，北京：中國文聯出版社，2004。

208、張恨水：《丹鳳街》，北京：中國文聯出版社，2004。

209、張恨水：《石頭城外》，北京：中國文聯出版社，2004。

210、張恨水：《燕歸來》，北京：中國文聯出版社，2004。

211、張寅彭主編：《民國詩話叢編》，上海：上海書店出版社，2002。

212、《中華民國教育法規選編（1912～1949)》，南京：江蘇教育出版社，1990。

213、中國國民黨中央執行委員會宣傳部編印：《審查全國報紙雜誌刊物總報告（十九年七八九月份)》，南京，1930。

214、《中國近代教育史資料彙編‧留學教育》，上海：上海教育出版社，1991。

215、中國國民黨中央宣傳委員會編印：《文藝宣傳會議錄》，1934。

216、中國國民黨中央執行委員會宣傳部編印：《文藝宣傳要旨》，1936。

217、中國文化建設協會編：《十年來的中國》，上海：商務印書館，1937、1938。

218、中國第二歷史檔案館編：《中華民國史檔案資料彙編》第五輯第一編文化，南京：江蘇古籍出版社，1994。

219、中國現代文學館主編：《中國現代作家大辭典》，北京：新世界出版社，1992。

220、中國社會科學院的近代史研究所中華民國史組編：《胡適來往書信選》上冊，北京：中華書局，1979。

221、中央大學七十週年特刊委員會：《中大七十年》，臺灣，1985。

222、中央大學八十年校慶特刊編輯委員會：《中大八十年》，臺灣，1995。

三、論文

1、陳俐：《南社及其主導的「宗唐文學觀」》，《淮北煤師院學報》，2002 年第 4 期。

2、陳平原：《作為文學想像的北京——「五方雜處」說北京之五》，《北京觀察》，2004 年第 5 期。

3、陳利權：《清末國粹主義思潮百年再認識》，《浙江學刊》，2005 年第 4 期。

4、常任俠：《土星筆會和詩帆社》，《新文學史料》，1993 年第 1 期。

5、柴文華：《論中國近現代的文化保守主義》，《天府新論》，2004 年第 2 期。

6、飛白，方素平：《重現汪靜之的本來面貌》，《黃山學院學報》，2006 年第 8 期。

7、何曉明：《近代中國文化保守主義論述》，《近代史研究》，1996 年第 5 期。

8、何曉明：《文化保守主義的歷史必然性平議》，《天津社會科學》，2001 年第 6 期。

9、蔣書麗：《白璧德人文主義在中國的宿命》，《人文雜誌》，2006 年第 6 期。

10、李毅：《中國現代文化保守主義的理想回應——〈學衡〉派文化觀輯釋》，《哲學研究》，1997 年第 7 期。

11、李喜所：《略論辛亥革命時期的國粹主義思潮》，《理論與現代化》，1991 年第 11 期。

12、欒梅健：《文學常態與先鋒性的融合——以南社為例》，《中國現代文學研究叢刊》，2006 年第 6 期。

13、劉小新：《白璧德與 20 世紀初留美學生文化守成思想的形成》，《華僑大學學報》，2006 年第 2 期。

14、錢振綱：《論三民主義文藝政策與民族主義文藝運動的矛盾及其政治原因》，《文學研究》，2003 年第 4 期。

15、蘇桂寧：《學衡的文化立場——關於 20 世紀初中國的文化選擇的一種考察》，《文藝理論研究》，2006 年第 1 期。

16、桑兵：《晚清民國時期的國學研究與西學》，《歷史研究》，1996 年第 5 期。

17、沈衛威：《文化保守主義的語境錯位——以梅光迪為例》，《鄭州大學學報》，2002 年第 1 期。

18、沈衛威：《民族危機與文化認同——從〈國風〉看中央大學的教授群體》，《安徽大學學報》，2005 年第 3 期。

19、汪靜之：《回憶湖畔詩社》，《詩刊》，1979 年 7 月號。

20、汪亞明：《現代主義的本土化——論「詩帆」詩群》，《文學評論》，2002 年第 6 期。

21、王繼平：《論近代中國的文化傳統主義》，《貴州社會科學》，1996 年第 4 期。

22、王鳴劍：《汪靜之〈蕙的風〉的版本變遷及得失》，《求索》，2003 年第 3 期。

23、許小青：《從「國學研究會」到「國學院」——東南大學與 20 年代早期南北學術的地緣與派分》，《歷史學研究》，2006 年第 2 期。

24、鄭師渠：《晚清國粹派的文化觀》，《歷史研究》，1992 年第 6 期。

25、鄭師渠：《近代中國的文化民族主義》，《歷史研究》，1995 年第 5 期。

26、鄭大華：《中國文化保守主義研究的幾個問題》，《天津社會科學》，2005 年第 2 期。

27、朱壽桐：《歐文・白璧德在中國現代文化建構中的宿命角色》，《外國文學評論》，2003 年第 2 期。